Plan und Planung

**Zeitgeschichte
im Gespräch
Band 27**

Herausgegeben vom
Institut für Zeitgeschichte

Redaktion:
Bernhard Gotto und Michael Schwartz

Plan und Planung

Deutsch-deutsche Vorgriffe auf
die Zukunft

Herausgegeben von
Elke Seefried
und Dierk Hoffmann

DE GRUYTER
OLDENBOURG

ISBN 978-3-11-052881-7
e-ISBN (PDF) 978-3-11-053260-9
e-ISBN (EPUB) 978-3-11-053014-8
ISSN 2190-2054

Library of Congress Control Number: 2018957795

Bibliografische Information der Deutschen Nationalbibliothek
Die Deutsche Nationalbibliothek verzeichnet diese Publikation in der Deutschen
Nationalbibliografie; detaillierte bibliografische Daten sind im Internet über
http://dnb.dnb.de abrufbar.

© 2018 Walter de Gruyter GmbH, Berlin/Boston
Titelbild: Sozialistische Neuplanung des Alexanderplatzes mit dem Fernsehturm
(Modell um 1980); Quelle: IRS/Wissenschaftliche Sammlungen
Einbandgestaltung: hauser lacour
Satz: Dr. Rainer Ostermann, München
Druck und Bindung: CPI books GmbH, Leck

Inhalt

Elke Seefried/Dierk Hoffmann
Einleitung 7

Elke Seefried/Andreas Malycha
Planen, um aufzuschließen: Forschungsplanung in der
Bundesrepublik und der DDR........................... 35

Wilfried Rudloff
Öffnung oder Schließung: Bildungsplanung in West und Ost
Vergesellschaftung und Ökonomisierung der Bildung 68

Dierk Hoffmann
Planung des Lebensstandards
Verwissenschaftlichung und Professionalisierung in der DDR
der 1960er und 1970er Jahre 86

Sebastian Voigt
Vorstellung und Realität
Die Planungskonzeptionen der bundesrepublikanischen
Gewerkschaftsbewegung in den 1960er und 1970er Jahren 101

Detlev Brunner
„Plane mit, arbeite mit, regiere mit"
Planung und Gewerkschaften in der DDR 118

Agnes Bresselau von Bressensdorf
Fortschritt und Entwicklung
Die beiden deutschen Staaten in der Dritten Welt seit den
1960er Jahren 131

Hermann Wentker
Zwischen hochgesteckten Zielen und internationaler Realität
Planung in der Außenpolitik der DDR 149

Matthias Peter
Geplante Außenpolitik?
Der Planungsstab des Auswärtigen Amts 164

Harald Engler
Zwischen Zukunftsverheißung, Planungseuphorie
und kulturellem Wandel
Urbane Planung in West- und Ost-Berlin. 180

Silke Mende
Ausstieg aus der Megamaschine?
Planungskritik in den Neuen Sozialen Bewegungen. 198

Abkürzungen 214

Autorinnen und Autoren 216

Elke Seefried/Dierk Hoffmann
Einleitung

„Was bringt und erfordert die Zukunft? Mit den Mitteln der Prognose und Planung bemühen wir uns um Antworten. Die betonte Skepsis gegen Planung ist teilweise in eine Planungseuphorie umgeschlagen. In der Tat bietet uns die Wissenschaft eine Reihe neuer Methoden und Hilfsmittel für diese Aufgabe, und nachdem auch die Sozialdemokraten die Vorstellung von Planwirtschaft als quantitativer Produktionsbestimmung durch den Staat aufgegeben haben, ist der Begriff der Planung von manchem Ballast befreit worden."[1]

Der bundesdeutsche Forschungsminister Gerhard Stoltenberg bekannte sich 1968 nicht nur zu Planung als Konzept vorausschauender und verwissenschaftlichter Politik. Ebenso unterschied er zwischen einer – positiv verstandenen – *Planung* und der im Systemwettbewerb verfemten staatssozialistischen *Planwirtschaft*. Umgekehrt legitimierte die SED zeitgleich ihre Reformbemühungen im „Neuen Ökonomischen System der Planung und Leitung der Volkswirtschaft" (NÖS). In der DDR wurde damit das seit den frühen 1950er Jahren tradierte Verständnis des Plans – die ideologische Konstruktion „bewusst beherrschter gesellschaftlicher Prozesse und die utopische Vision einer weitgehend durchorganisierten Gesellschaft"[2] – mit Methoden verwissenschaftlichter Steuerung und Prognostik angereichert, die in mancher Hinsicht denjenigen bundesdeutscher Planung stark ähnelten.

Plan und Planung prägten damit in einem gewissen Abgrenzungs- und Interaktionsverhältnis die deutsch-deutsche Politik der 1960er Jahre. Obwohl die Geschichte politischer Planung seit den frühen 2000er Jahren in den Fokus zeithistorischer Forschung rückte, ist die systemübergreifende Dimension deutscher Planungsgeschichte bislang nicht systematisch ausgeleuchtet worden.

---

[1] Gerhard Stoltenberg, Zukunftsaufgaben der Bildungspolitik (1968), in: ders., Staat und Wissenschaft. Zukunftsaufgaben der Wissenschafts- und Bildungspolitik, Stuttgart 1969, S. 11–24, das Zitat S. 11f.
[2] Peter Caldwell, Plan als Legitimationsmittel, Planung als Problem: Die DDR als Beispiel staatssozialistischer Modernität, in: GG 34 (2008), S. 360–374, das Zitat S. 362; vgl. André Steiner, Die DDR-Wirtschaftsreform der sechziger Jahre. Konflikt zwischen Effizienz- und Machtkalkül, Berlin 1999.

1. Planung in der zeitgeschichtlichen Forschung

Die zeitgeschichtliche Forschung hat sich seit den 2000er Jahren intensiv mit der Geschichte politischer Planung befasst. *Erstens* rückte mit wissenshistorischen Zugriffen die Geschichte von Expertise und Verwissenschaftlichungsprozessen in den Blickpunkt.[3] Anknüpfend an neue Interpretationen der Moderne, die sich von linearen Modernisierungsverständnissen lösten und stärker die Ambivalenz der Moderne betonten, argumentierte die Forschung, dass der moderne Staat die „rational geplante Gesellschaft" zum Ziel erklärt habe.[4] Mit der vollen Ausprägung der modernen Industriegesellschaft im letzten Drittel des 19. Jahrhunderts sei die Spezialisierung von Aufgaben- und Wissensfeldern in Verwaltung, Politik und Militär gewachsen. Politische Akteure hätten der Wissenschaft neue Bedeutung zugemessen, und daraus sei die Sozialfigur des „Experten" entstanden.[5] Kennzeichnend für die europäische „Hochmoderne" seien deshalb Prozesse der Bürokratisierung, Technisierung und Verwissenschaftlichung des Politischen sowie „technokratische Machbarkeits- und Planbarkeitsutopien" gewesen, die sich aus technisch gedeuteten Fortschritts- und Modernisierungsverständnissen speisten.[6] Planung als „öffentlicher, verfahrensgestützter Vorgriff auf die Zukunft, der räumliche, infra-

---

[3] Vgl. u. a. Jakob Vogel, Von der Wissenschafts- zur Wissensgeschichte. Für eine Historisierung der „Wissensgesellschaft", in: GG 30 (2004), S. 639–660.
[4] Zygmunt Bauman, Moderne und Ambivalenz. Das Ende der Eindeutigkeit, Frankfurt a. M. 1995, S. 35.
[5] Vgl. Lutz Raphael, Die Verwissenschaftlichung des Sozialen als methodische und konzeptionelle Herausforderung für eine Sozialgeschichte des 20. Jahrhunderts, in: GG 22 (1996), S. 165–193; Margit Szöllösi-Janze, Wissensgesellschaft in Deutschland. Überlegungen zur Neubestimmung der deutschen Zeitgeschichte über Verwissenschaftlichungsprozesse, in: GG 30 (2004), S. 277–313; Wilfried Rudloff, Einleitung, in: Stefan Fisch/Wilfried Rudloff (Hrsg.), Experten und Politik. Wissenschaftliche Politikberatung in geschichtlicher Perspektive, Berlin 2004, S. 13–57.
[6] Uwe Fraunholz/Thomas Häneseroth/Anke Woschech, Hochmoderne Visionen und Utopien, in: Uwe Fraunholz/Anke Woschech (Hrsg.), Technology Fiction. Technische Visionen und Utopien in der Hochmoderne, Bielefeld 2012, S. 11–24, das Zitat S. 18; vgl. Ulrich Herbert, Europe in High Modernity. Reflections on a Theory of the 20th Century, in: JMEH 5 (2007), S. 5–21; kritisch: Lutz Raphael, Ordnungsmuster der „Hochmoderne"? Die Theorie der Moderne und die Geschichte der europäischen Gesellschaften im 20. Jahrhundert, in: Ute Schneider/Christof Dipper (Hrsg.), Dimensionen der Moderne. Festschrift für Christof Dipper, Frankfurt a. M. 2008, S. 73–91.

strukturelle und daseinssichernde Ausgestaltung von Gesellschaften betreibt", habe demnach, so Dirk van Laak, zwei Ebenen umgriffen: Zum einen erwuchsen Planungskonzepte als „notwendige Voraussetzung und Begleiterscheinung des Funktionierens moderner, komplexer und arbeitsteiliger Gesellschaften" im konkreten Verwaltungs- und Raumordnungshandeln. Zum anderen formierten sich geschichtsphilosophisch durchtränkte Gesamtentwürfe gesellschaftlicher Zukunft – wie in Nationalsozialismus und Marxismus-Leninismus –, die Planung ins Utopische hoben, ja als Neu-Ordnung und Perfektionierung von Mensch und Natur verstanden. Damit verweise Planung auf einen „Grundzug der ambivalenten Moderne im 20. Jahrhundert".[7]

Zum *Zweiten* wurde die Planungsforschung durch den „temporal turn" in der Geschichtswissenschaft vitalisiert.[8] Bekanntermaßen öffnete Reinhart Koselleck in den 1970er und 1980er Jahren die Geschichtswissenschaft für eine Theorie historischer Zeiten, die Zeit als wandelbares Phänomen zum Gegenstand historischer Forschung machte.[9] Dynamisiert von kulturwissenschaftlichen Ansätzen thematisierte die Geschichtswissenschaft seit den 1990er Jahren Zeitwahrnehmungen und -deutungen. Zunächst dominierte der Ansatz, die Erinnerung als vergegenwärtigte Deutungsformen des Vergangenen zu erkunden,[10]

---

[7] Dirk van Laak, Planung. Geschichte und Gegenwart des Vorgriffs auf die Zukunft, in: GG 34 (2008), S. 305–326, die Zitate S. 306; Anselm Doering-Manteufel, Ordnung jenseits der politischen Systeme. Planung im 20. Jahrhundert, in: GG 34 (2008), S. 398–406.
[8] Vgl. Rüdiger Graf, Zeit und Zeitkonzeptionen in der Zeitgeschichte, in: Docupedia-Zeitgeschichte, 22.10.2012, URL: http://docupedia.de/zg/Zeit_und_Zeitkonzeptionen_Version_2.0_R.C3.BCdiger_Graf?oldid=92888, abgerufen am 10.1.2018; Chris Lorenz/Berber Bevernage (Hrsg.), Breaking up Time. Negotiating the Borders between Present, Past and Future, Göttingen 2013; Elke Seefried (Hrsg.), Politics and Time from the 1960s to the 1980s [=JMEH 13 (2015), 3]; Alexander C. T. Geppert/Till Kössler (Hrsg.), Obsession der Gegenwart. Zeit im 20. Jahrhundert, Göttingen 2015; Fernando Esposito (Hrsg.), Zeitenwandel. Transformationen geschichtlicher Zeit nach dem Boom, Göttingen 2017.
[9] Vgl. Reinhart Koselleck, „Erfahrungsraum" und „Erwartungshorizont" – zwei historische Kategorien, in: Ulrich Engelhardt/Volker Sellin/Horst Stuke (Hrsg.), Soziale Bewegung und politische Verfassung. Beiträge zur Geschichte der modernen Welt, Stuttgart 1976, S. 13–33; ders., Vergangene Zukunft: Zur Semantik geschichtlicher Zeiten, Frankfurt a. M. 1985.
[10] Mit weiterer Literatur: Christoph Cornelißen, Erinnerungskulturen, in: Docupedia-Zeitgeschichte, 22.10.2012, URL: http://docupedia.de/zg/Erinnerungskulturen_Version_2.0_Christoph_Corneli.C3.9Fen?oldid=84892, abgerufen am 11.1.2018.

während in den letzten Jahren verstärkt vergangene Zukünfte, also damals gegenwärtige Möglichkeitshorizonte beleuchtet wurden. Die neue Forschung betont, dass Gesellschaften „pluritemporal" sind, also stets unterschiedliche Zeitwahrnehmungen und -deutungen existier(t)en;[11] sie untersucht dominierende Verständnisse von Vergangenheit, Gegenwart und Zukunft, die im Koselleck'schen Sinn miteinander verkoppelt sind, als Zeitregime; und sie erkundet „Chronopolitik", die sich auf temporale Ordnungen bezieht, in denen sich Politik bewegte, und zugleich auf Zeitregime und Zeitordnungen, die politische Akteure schufen.[12] Eine Geschichte der Zukünfte zielt damit nicht nur auf Zeitordnungen und Zukunftsentwürfe – normativ oder explorativ gedacht –, sondern auch auf Praktiken und Formen des Umgangs mit Zukünften, darunter die Erhaltung der Zukunft, die Vorsorge als Modus, der auf die Vermeidung antizipierter Gefahren zielt, und schließlich Planung, die den Zukunftsentwurf mit einer konkreten Ausgestaltungsabsicht verbindet.[13]

Damit verknüpft erweiterte sich zum *Dritten* im Kontext der Sozialismusforschung der Kenntnisstand über staatssozialistische Zukunfts- und Planungsverständnisse. Der Marxismus-Leninismus war mit seiner Prognose vom Zusammenbruch des Kapitalismus teleologisch auf das Ziel der klassenlosen Gesellschaft ausgerichtet. Entsprechend der vermeintlich wissenschaftlichen Vorgaben des Marxismus-Leninismus legitimierten die kommunistischen Parteien in Osteuropa und in der DDR ihre Herrschaft mit dem Entwurf einer neuen, besseren Welt, die

---

[11] Achim Landwehr, Geburt der Gegenwart. Eine Geschichte der Zeit im 17. Jahrhundert, Frankfurt a. M. 2014, hier S. 38.
[12] Vgl. mit weiterer Literatur Fernando Esposito, Zeitenwandel. Transformationen geschichtlicher Zeitlichkeit nach dem Boom, in: ders. (Hrsg.), Zeitenwandel, S. 7–63; zum Zeitregime Aleida Assmann, Ist die Zeit aus den Fugen? Aufstieg und Fall des Zeitregimes der Moderne, München 2013.
[13] Vgl. Elke Seefried, Zukünfte. Aufstieg und Krise der Zukunftsforschung 1945–1980, Berlin u.a. 2015; Lucian Hölscher, Die Entdeckung der Zukunft, Frankfurt a. M. 2016; zum Planungsbegriff: van Laak, Planung, S. 306; mit einem erweiterten Begriff der Vorsorge: Nicolai Hannig/Malte Thießen, Vorsorge und Prävention in der Moderne. Konzeption, Erweiterung und Erkundung eines Forschungsfelds, in: dies. (Hrsg.), Vorsorgen in der Moderne. Akteure, Räume und Praktiken, Berlin 2017, S. 1–26; zur Abgrenzung von Vorsorge und Planung: Rüdiger Graf/Benjamin Herzog, Von der Geschichte der Zukunftsvorstellungen zur Geschichte ihrer Generierung. Probleme und Herausforderungen des Zukunftsbezugs im 20. Jahrhundert, in: GG 42 (2016), S. 497–515, hier S. 508ff.

vollständig planbar erschien.¹⁴ Als selbsternannte Avantgarde der Arbeiterklasse sahen sie sich wiederum als Vollstrecker dieses scheinbar gesetzmäßigen Prozesses, den sie in ein Planungs- und Fortschrittsparadigma kleideten, das eine „diskursive Leitkategorie" des Staatssozialismus bildete.¹⁵ Fünf- oder Siebenjahrespläne etablierten nach dem Vorbild der Sowjetunion ein zyklisches Zeitregime: Zukunft erschien kontrollierbar, weil sie an das Handeln der politischen Führung gekoppelt war.¹⁶ Entsprechend der marxistisch-leninistischen Interpretation, die von den Produktivkräften und ihrer zentralen Lenkung ausging, galt Planung als „wissenschaftliche Begründung, Festlegung und Kontrolle der Durchführung der Pläne zur ökonomischen und gesellschaftlichen Entwicklung".¹⁷ Damit reichte der Planungsanspruch der SED weit über die Plan*wirtschaft* hinaus: Planung war in der frühen DDR, so Peter C. Caldwell, „a technical means of organizing an entire industrial economy, a political ideal of the total governance of society, and a road map toward a qualitatively different world." Der Plan hatte geradezu „a metaphysical status", weil er innerhalb des Planungs-Regimes nicht in Frage gestellt werden konnte. Dies habe besonders für die DDR gegolten, weil ihre Legitimation im Vergleich zu den anderen sozialistischen Staaten nicht auf einer eigenen nationalen Identität beruhte.¹⁸

In den 1960er Jahren, so die Forschung, nahm die sozialistische Planung neue Formen an. Technologische Durchbrüche wie der Start des

---

¹⁴ Martin Schulze Wessel, Zukunftsentwürfe und Planungspraktiken in der Sowjetunion und der sozialistischen Tschechoslowakei: Zur Einleitung, in: Martin Schulze Wessel/Christiane Brenner (Hrsg.), Zukunftsvorstellungen und staatliche Planung im Sozialismus. Die Tschechoslowakei im ostmitteleuropäischen Kontext 1945–1989, München 2010, S. 1–18, hier S. 3; vgl. Stefan Plaggenborg, Experiment Moderne. Der sowjetische Weg, Frankfurt a. M. 2006, S. 81–119.
¹⁵ Martin Sabrow, Zukunftspathos als Legitimationsressource. Zu Charakter und Wandel des Fortschrittsparadigmas in der DDR, in: Heinz Gerhard Haupt/Jörg Requate (Hrsg.), Aufbruch in die Zukunft. Die 1960er Jahre zwischen Planungseuphorie und kulturellem Wandel. DDR, ČSSR und Bundesrepublik Deutschland im Vergleich, Weilerswist 2004, S. 165–184, hier S. 167.
¹⁶ Vgl. Plaggenborg, Experiment, S. 97; Gunnar Lenz, Planwirtschaft, in: Benjamin Bühler/Stefan Willer (Hrsg.), Futurologien. Ordnungen des Zukunftswissens, Paderborn 2016, S. 133–141.
¹⁷ Artikel Planung, in: Akademie für Staats- und Rechtswissenschaft der DDR (Hrsg.), Wörterbuch zum sozialistischen Staat, Berlin (Ost) 1974, S. 220 f., hier S. 220.
¹⁸ Peter C. Caldwell, Dictatorship, State Planning and Social Theory in the German Democratic Republic, Cambridge (MA) 2003, die Zitate S. 2; vgl. Joachim

sowjetischen Erdsatelliten Sputnik 1957 und neue systemtheoretisch unterlegte Ansätze von Planung und Steuerung rückten die Zukunft der „wissenschaftlich-technischen Revolution" und ihre Steuerung in den Blickpunkt. Das Reformprogramm des NÖS in der DDR sollte nicht nur Marktmechanismen simulieren, indem Betriebe mehr Eigenverantwortung erhielten, sondern durch als modern geltende Organisations-, Planungs- und Steuerungsinstrumente wie die Kybernetik die Planwirtschaft effizienter und wissenschaftsbasierter organisieren. Die Kybernetik ging davon aus, dass Prozesse der Regelung und Übertragung von Nachrichten sowohl Menschen als auch Maschinen kennzeichneten. Sie versprach, Prozesse effizient und in einer technischen, funktionalistischen Logik zu steuern, und damit erschien sie auch kongenial für das sozialistische Planungssystem nutzbar.[19] Die Konzepte technischer Planung unterminierten aber tendenziell den totalen Anspruch des Planes, denn technische Experten, so Peter Caldwell, traten für mehr Selbstregulation innerhalb des Planungs-Systems ein und damit für ein „decentering of the plan". Mithin seien Plan und Planung auseinander getreten.[20] Welche Bedeutung diese Planungskonzepte in verschiedenen Politikfeldern hatte und wie sich in der DDR Planungskulturen und -praktiken in den 1970er und 1980er Jahren veränderten, darüber wissen wir wenig. Dasselbe gilt für die DDR-Prognostik, die analog zur westlichen Zukunftsforschung in den 1960er Jahren Planungspraktiken prägte.[21] Intensiver ist bislang vor allem untersucht

Radkau, Geschichte der Zukunft. Prognosen, Visionen, Irrungen in Deutschland von 1945 bis heute, München 2017, S. 300.
[19] Vgl. u. a. Jakob Tanner, Komplexität, Kybernetik und Kalter Krieg. „Information" im Systemantagonismus von Markt und Plan, in: Michael Hagner/Erich Hörl (Hrsg.), Die Transformation des Humanen. Beiträge zur Kulturgeschichte der Kybernetik, Frankfurt a. M. 2008, S. 377–413; Uwe Fraunholz/Thomas Hänseroth, Transzendierungen von Wissenschaft und Technik im Systemwettstreit. Innovationskulturen im deutsch-deutschen Vergleich, in: dies. (Hrsg.), Ungleiche Pfade? Innovationskulturen im deutsch-deutschen Vergleich, Münster 2012, S. 9–26.
[20] Caldwell, Dictatorship, S. 2; zur „Technokratie-Affinität" der DDR-Macht- und Funktionseliten, die zwischen machtpolitischen Zielen und der Berücksichtigung technischer und ökonomischer Effizienzkriterien pendelten, Peter Hübner, Menschen – Macht – Maschinen. Technokratie in der DDR, in: ders. (Hrsg.), Eliten im Sozialismus. Beiträge zur Sozialgeschichte der DDR, Köln u. a. 1999, S. 325–360, das Zitat S. 338.
[21] Vgl. Elke Seefried, Der kurze Traum von der steuerbaren Zukunft. Zukunftsforschung in West und Ost in den „langen" 1960er Jahren, in: Lucian Hölscher

worden, wie die SED und die Staatliche Plankommission das System der Planwirtschaft organisierten. Diese geriet in den 1970er und 1980er Jahren in wachsende ökonomische Schwierigkeiten,[22] so dass der „Mythos des Planes" seine Anziehungskraft einbüßte.[23]

Dies führt zum *vierten* Punkt. Die Planungsgeschichte wurde von der Debatte dynamisiert, inwiefern die frühen 1970er Jahre als „key watershed" und Beginn einer zweiten Moderne bezeichnet werden können. Diese Debatte bezog sich bislang aber nahezu ausschließlich auf die westlichen Industriestaaten.[24] Demnach sei Planung in der Bundesrepublik der 1960er Jahre zu einem schillernden politischen Leitbegriff avanciert. Dies habe nicht nur im stabilen wirtschaftlichen Boom gegründet, der verlängerte politische Handlungsspielräume zu bieten schien. Ebenso hätten sich Planungskonzepte aus einem gewachsenen politischen Vertrauen in wissenschaftliche Prognostik und in neue Ansätze politischer Steuerung – wie der aus den USA kommenden Kybernetik – gespeist, die als sachlich-technische und damit „rationale"[25]

(Hrsg.), Die Zukunft des 20. Jahrhunderts. Dimensionen einer historischen Zukunftsforschung, Frankfurt a. M. 2017, S. 179–220; Karlheinz Steinmüller, Aufstieg und Niedergang der Prognostik. Zur Geschichte der Zukunftsforschung in der DDR, in: Zeitschrift für Zukunftsforschung (2014), H. 2, S. 5–17, URL: http://www.zeitschrift-zukunftsforschung.de/ausgaben/2014/ausgabe-2-2014/4069, abgerufen am 6.4.2018.

[22] Vgl. Steiner, Wirtschaftslenkung; ders., Von Plan zu Plan; Dierk Hoffmann, Aufbau und Krise der Planwirtschaft. Die Arbeitskräftelenkung in der SBZ/DDR 1945 bis 1963, München 2002; ders. (Hrsg.), Die zentrale Wirtschaftsverwaltung in der SBZ/DDR. Akteure, Strukturen, Verwaltungspraxis, Berlin 2016.

[23] Caldwell, Plan, S. 366. Zu den Grenzen der Politikberatung in der DDR: Ralf Kessler, Politikberatung in der DDR und ČSSR der 60er Jahre vor dem „Prager Frühling", in: Haupt/Requate (Hrsg.), Aufbruch, S. 233–248; André Steiner, Wissenschaft und Politik: Politikberatung in der DDR?, in: Fisch/Rudloff (Hrsg.), Experten, S. 101–125.

[24] Geoff Eley, End of the Post-war? The 1970s as a Key Watershed in European History, in: JMEH 9 (2011), S. 12–17; vgl. Thomas Raithel/Andreas Rödder/Andreas Wirsching (Hrsg.), Auf dem Weg in eine neue Moderne? Die Bundesrepublik Deutschland in den siebziger und achtziger Jahren, München 2009; Anselm Doering-Manteuffel/Lutz Raphael, Nach dem Boom. Perspektiven auf die Zeitgeschichte seit 1970, Göttingen ³2012; Niall Ferguson u.a. (Hrsg.), The Shock of the Global. The 1970s in Perspective, Cambridge (MA) 2010.

[25] Zu Planung als „systematische(r) Entwurf einer rationalen Ordnung auf der Grundlage allen verfügbaren einschlägigen Wissens" Joseph H. Kaiser, Vorwort, in: ders. (Hrsg.), Planung I. Recht und Politik der Planung in Wirtschaft und Gesellschaft, Baden-Baden 1965, S. 7–9, das Zitat S. 7.

Form des Regierens eine neue Verwissenschaftlichung des Politischen verhießen. Förderlich sei zudem ein „optimistisches Meinungsklima" gewesen, welches dem Glauben an Fortschritt und Modernität folgte.[26] Ende der 1960er Jahre habe sich geradezu eine „Planungseuphorie" entwickelt, auch weil die keynesianische Globalsteuerung als Schlüssel dafür galt, die kleine Rezession 1966 beendet zu haben.[27] In den frühen 1970er Jahren allerdings, so Teile der Forschung, erodierten im Zuge der Öl- und Wirtschaftskrisen finanzielle Spielräume, und damit sei auch Planung in eine Krise geraten. Dies habe sich nicht zuletzt in der amerikanischen und westeuropäischen Debatte über „Unregierbarkeit" manifestiert.[28] Die wissenschaftliche Rationalität von Planung sei entplausibilisiert worden, und Modelle planerischer Steuerung seien im Kontext eines neoliberalen Zeitgeistes einer „Hegemonie wettbewerblicher Selbstregulationskonzepte" gewichen.[29] Gegenstimmen der Forschung stellen die These von einer Krise der Planung in Frage: Damit würden auch zeitgenössische Krisennarrative reproduziert. Im Feld der inneren Sicherheit etwa hätten sich neue Planungs- und Kontrollpraktiken etabliert, die auf den Möglichkeiten der Computerisierung basierten.[30] Zum Teil wird argumentiert, Planung habe sich pragmatisiert

---

[26] Hans Günter Hockerts, Einführung, in: Matthias Frese/Julia Paulus/Karl Teppe (Hrsg.), Demokratisierung und gesellschaftlicher Aufbruch. Die sechziger Jahre als Wendezeit der Bundesrepublik, Paderborn 2003, S. 249–257, das Zitat S. 249; vgl. Winfried Süß, „Wer aber denkt für das Ganze?" Aufstieg und Fall der ressortübergreifenden Planung im Bundeskanzleramt, in: ebenda, S. 349–377; Gabriele Metzler, Konzeptionen politischen Handelns von Adenauer bis Brandt. Politische Planung in der pluralistischen Gesellschaft, Paderborn 2005; Michael Ruck, Westdeutsche Planungsdiskurse und Planungspraxis der 1960er Jahre im internationalen Kontext, in: Haupt/Requate (Hrsg.), Aufbruch, S. 289–325; Seefried, Zukünfte, S. 411–452.
[27] Metzler, Konzeptionen, S. 18; Ruck, Planungsdiskurse, S. 290; vgl. Süß, Ganze, S. 360; Alexander Nützenadel, Stunde der Ökonomen. Wissenschaft, Politik und Expertenkultur in der Bundesrepublik 1949–1974, Göttingen 2005.
[28] Zum „Scheitern" der Planung Ruck, Planungsdiskurse, S. 323; vgl. Metzler, Konzeptionen, S. 349, 404–417; dies., Staatsversagen und Unregierbarkeit in den siebziger Jahren?, in: Konrad H. Jarausch (Hrsg.), Das Ende der Zuversicht? Die siebziger Jahre als Geschichte, Göttingen 2008, S. 243–260.
[29] Ulrich Bröckling, Zukunftsmanagement zwischen Planung, Selbstorganisation und Prävention, in: Ariane Leendertz/Wencke Meteling (Hrsg.), Die neue Wirklichkeit. Semantische Neuvermessungen und Politik seit den 1970er-Jahren, Frankfurt a. M. 2016, S. 269–280, das Zitat S. 270.
[30] Vgl. Jonathan Voges, Die Angst vor der Datendiktatur. Die Volkszählung in den 1980er Jahren und ihre Gegner, in: Cornelia Rauh/Dirk Schumann (Hrsg.),

oder gewandelt. Die langen Planungshorizonte – bislang auf 12 bis 15 Jahre ausgerichtet – schrumpften,[31] und Planung sei einer Politik der Vorsorge oder einer offener verstandenen Steuerung gewichen, die auf „nudging" – auf ein Stupsen des Bürgers in eine gewünschte Richtung durch bestimmte Anreize – setzte.[32] Zugleich führt die damit verknüpfte Debatte um die zweite Moderne zurück zu Kosellecks Theorie: Diese lässt sich auch als Quelle für die These verstehen, dass in den 1970er und 1980er Jahren Zeit- und Modernitätsverständnisse auf den Prüfstand gestellt wurden.[33]

Erkennbar entfalteten jedenfalls Konzepte und Praktiken politischer Planung in West und Ost Anziehungskraft. Es ist ein weitgehendes Desiderat der Forschung, diese Planungsgeschichten systematischer aufeinander zu beziehen.

2. Planung in der deutsch-deutschen Geschichte

Der vorliegende Band macht politische Planungen der 1960er bis 1980er Jahre zum Gegenstand einer deutsch-deutschen Frageperspektive. Er erkundet, wie sich Planungskonzepte und Planungspraktiken in verschiedenen Politikfeldern entwickelten und welche Implikationen dies für politische Fortschrittsverständnisse hatte. Im Mittelpunkt stehen deutsch-deutsche Parallelen und Unterschiede über die Systemgrenzen hinweg, doch werden auch gegenseitige Wahrnehmungen, Abgrenzungsmuster und Wissenstransfers einbezogen. Der Band

Ausnahmezustände. Entgrenzungen und Regulierungen in Europa während des Kalten Krieges, Göttingen 2015, S. 177–192; Eva Oberloskamp, Auf dem Weg in den Überwachungsstaat? Elektronische Datenverarbeitung, Terrorismusbekämpfung und die Anfänge des bundesdeutschen Datenschutzes in den 1970er Jahren, in: ebenda, S. 158–176; Rüdiger Bergien, „Big Data" als Vision. Computereinführung und Organisationswandel im BKA und Staatssicherheit (1967–1989), in: Zeithistorische Forschungen 14 (2017), H. 2, S. 258–285; Rüdiger Graf, Öl und Souveränität. Petroknowledge und Energiepolitik in den USA und Westeuropa in den 1970er Jahren, München 2014, S. 231–239.

[31] Vgl. Tim Schanetzky, Die große Ernüchterung. Wirtschaftspolitik, Expertise und Gesellschaft in der Bundesrepublik, 1966 bis 1982, Berlin 2007; Seefried, Zukünfte, S. 452–489.

[32] Vgl. Hannig/Thießen, Vorsorge; Rüdiger Graf, Sorglosigkeit und Versicherheitlichung. Der Aufstieg der Verhaltensökonomie und die Transformation des Verkehrsverhaltens, in: ebenda, S. 169–190.

[33] Vgl. Esposito, Zeitenwandel, S. 17; dazu als Wissenschaftler(in) und Zeitzeugen: Assmann, Zeit; François Hartog, Regimes of Historicity. Presentism and Experiences of Time, New York 2016.

bündelt die Ergebnisse eines Workshops, welchen das Cluster „Transformationen in der neuesten Zeitgeschichte" des Instituts für Zeitgeschichte München-Berlin Ende 2015 organisierte und der dankenswerterweise von der Bundesstiftung zur Aufarbeitung der SED-Diktatur unterstützt wurde.

Die zeithistorische Forschung zur deutschen Zweistaatlichkeit fokussierte lange die Unterschiede zwischen Demokratie und Diktatur.[34] Christoph Kleßmann forderte in den 1990er Jahren, eine deutsch-deutsche Geschichte zwischen „Abgrenzung und Verflechtung" zu schreiben.[35] Diese Geschichte sei „asymmetrisch verflochten", weil die Systemkonkurrenz beide Gesellschaften prägte, doch für Machteliten und Bevölkerung der DDR die Bundesrepublik immer eine Referenzgesellschaft bildete, „mit der man sich aggressiv auseinandersetzte oder an der man sich insgeheim in seinen materiellen und politischen Wünschen zumindest partiell orientierte". Hingegen habe die Bundesrepublik auch ohne die DDR existieren können.[36] Die Überlegung, sowohl nach deutsch-deutschen Parallelen wie nach Verflechtungen zu fragen, blieb allerdings nicht unumstritten. Sie setzte sich vor dem Hintergrund der tiefen politischen Unterschiede dem Vorwurf aus, eine „Weichzeichnung der SED-Diktatur" voranzutreiben.[37] Gleichwohl wächst mit dem Abstand zum Jahr 1990 die Erkenntnis, dass ein solcher Ansatz nicht die Unterschiede zwischen Demokratie und Diktatur nivellieren muss, sondern diese gerade mit Blick auf Abgrenzungsmuster und politische Reaktionen auf Kontakte herausarbeiten kann.[38]

---

[34] Zum Forschungsstand: Frank Bösch, Geteilt und verbunden. Perspektiven auf die deutsche Geschichte seit den 1970er Jahren, in: ders. (Hrsg.), Geteilte Geschichte. Ost- und Westdeutschland 1970–2000, Göttingen 2015, S. 7–37; Dierk Hoffmann/Michael Schwartz/Hermann Wentker, Die DDR als Chance. Desiderate und Perspektiven künftiger Forschung, in: Ulrich Mählert (Hrsg.), Die DDR als Chance. Neue Perspektiven auf ein altes Thema, Berlin 2016, S. 23–70.
[35] Christoph Kleßmann, Verflechtung und Abgrenzung. Aspekte der geteilten und zusammengehörigen deutschen Nachkriegsgeschichte, in: Aus Politik und Zeitgeschichte (APuZ), B 29–30 (1993), S. 32–41, das Zitat S. 40.
[36] Ders., Spaltung und Verflechtung. Ein Konzept zur integrierten Nachkriegsgeschichte 1945 bis 1990, in: ders./Peter Lautzas (Hrsg.), Teilung und Integration. Die doppelte deutsche Nachkriegsgeschichte als wissenschaftliches und didaktisches Problem, Bonn 2005, S. 20–37, das Zitat S. 22.
[37] Klaus Schroeder, Der SED-Staat. Geschichte und Strukturen der DDR 1949–1990, Köln 2013, S. 902.
[38] Vgl. Andreas Wirsching, Für eine pragmatische Zeitgeschichtsforschung, in: APuZ 3 (2007), S. 13–18.

Allerdings wurde der deutsch-deutsche Fokus in den 2000er Jahren von einer starken Internationalisierung der Zeitgeschichte verdrängt.[39] In den 2000er Jahren entstanden deshalb nur wenige integrierende Arbeiten, darunter ein Sammelband von Heinz-Gerhard Haupt und Jörg Requate zu kultureller Aufbruchstimmung und Zukunftsplanungen in Bundesrepublik, DDR und Tschechoslowakei in den 1960er Jahren[40] und zwei Bände aus dem Dresdner Sonderforschungsbereich „Transzendenz und Gemeinsinn" zu deutsch-deutschen Innovationskulturen.[41] Zuletzt nahm der facettenreiche Sammelband „Geteilte Geschichte" von Frank Bösch vor allem die sozialgeschichtliche Dimension deutsch-deutscher Zeitgeschichte seit den 1970er Jahren in den Blick und überschritt dabei die Zäsur 1989/90.[42]

Diese vorliegende Forschung hat die deutsch-deutsche Planungsgeschichte nur punktuell beleuchtet. Im Fokus standen deutsch-deutsche Wege zu Plan und Planung bis Mitte der 1960er Jahre vor allem im Feld wirtschaftlicher Planung. So zeigte die Forschung *erstens*, dass der Gegensatz von Markt und Plan in der Wirtschaftspolitik schon vor der doppelten Staatsgründung 1949 eine der wichtigsten Arenen war, in der der Systemwettstreit besonders heftig ausgetragen wurde.[43] So hatte der Ko-Vorsitzende der SED Otto Grotewohl der westdeutschen Magnettheorie, die maßgeblich von Kurt Schumacher (SPD) und Konrad Adenauer (CDU) geprägt wurde, eine ostdeutsche Variante entgegengestellt,[44] die von der langfristigen Überlegenheit des planwirtschaftlichen Modells ausging. Daran hielt die SED-Führung bis zum Mauerbau 1961 unbeirrt fest, obwohl der einsetzende Wirtschaftsboom

---

[39] Vgl. Bösch, Geteilt, S.7.
[40] Heinz-Gerhard Haupt/Jörg Requate, Einleitung, in: dies. (Hrsg.), Aufbruch, S.7–28; vgl. auch Dierk Hoffmann, Zweierlei Neuanfang. Die Gründung der Bundesrepublik und der DDR 1949, Erfurt 2009; Hermann Wentker/Udo Wengst (Hrsg.), Das doppelte Deutschland. 40 Jahre Systemkonkurrenz, Berlin 2008.
[41] Johannes Abele/Gerhard Barkleit/Thomas Hänseroth (Hrsg.), Innovationskulturen und Fortschrittserwartungen im geteilten Deutschland, Köln 2001; Fraunholz/Hänseroth (Hrsg.), Pfade.
[42] Vgl. Bösch (Hrsg.), Geteilte Geschichte.
[43] Ralf Ahrens/André Steiner, Wirtschaftskrisen, Strukturwandel und internationale Verflechtung, in: Bösch, Geteilte Geschichte, S.79–115, hier S.79; Dierk Hoffmann, Einleitung, in: ders. (Hrsg.), Wirtschaftsverwaltung, S.1–16, hier S.1.
[44] Dirk Spilker, The East German Leadership and the Division of Germany. Patriotism and Propaganda 1945–1953, Oxford 2006, S.94.

in der Bundesrepublik und die Massenflucht aus der DDR die Glaubwürdigkeit der Ost-Berliner Zukunftsverheißungen unterminierten.

Zweitens führte die Forschung an, dass in der Bundesrepublik der 1950er Jahre vor allem Union und FDP skeptisch gegenüber Konzepten sektoren- und regionenübergreifender Planung waren, weil sie von der delegitimierenden Wirkung der DDR-Planwirtschaft ausgingen.[45] Die ostdeutsche Zentralverwaltungswirtschaft diente somit als negative Kontrastfolie in der Bonner Republik und trug unter anderem dazu bei, dass das Bundeswirtschaftsministerium unter Ludwig Erhard rasch ein eigenständiges Profil entwickeln und sich als Hüter der Sozialen Marktwirtschaft etablieren konnte.[46]

Drittens belegten wirtschaftsgeschichtliche Studien, dass Ende der 1950er Jahre mit der wirtschaftlichen Konsolidierung auf beiden Seiten und dem erfolgreichen Start des sowjetischen Sputnik-Satelliten eine neue Phase des Systemwettbewerbs einsetzte, und daraus erkläre sich die Wendung zu Keynesianismus bzw. neuen Planungs- und Steuerungskonzepten. Bundesdeutsche Ökonomen trieb damals verstärkt die (letztlich auf einer Fehleinschätzung der DDR-Wirtschaft beruhende) Sorge um, der eigenen Wirtschaft fehle Zukunftsorientierung und Steuerung, und deshalb laufe sie Gefahr, trotz augenblicklich hoher Wachstumsziffern im Systemwettbewerb von der DDR eingeholt zu werden. Auch deshalb verlor der Ordoliberalismus zugunsten des Keynesianismus an Boden. Die Konjunktur der Planung nahm so in den Wirtschaftswissenschaften ihren Anfang.[47] Umgekehrt maß auch die SED-Führung die eigenen Wachstumsziffern an denen des westdeutschen Konkurrenten. Walter Ulbricht gab auf dem V. SED-Parteitag 1958 als Hauptaufgabe aus, bis 1961 den westdeutschen Pro-Kopf-Verbrauch von wichtigen industriellen Konsumgütern und Nahrungsmitteln zu erreichen und zu übertreffen. Aus diesem offen kommunizierten Systemwettbewerb speiste sich dann das Reformprogramm des

---

[45] Vgl. Metzler, Konzeptionen, v. a. S. 225–306; Ruck, Planungsdiskurse, S. 289–325.
[46] Bernhard Löffler, Soziale Marktwirtschaft und administrative Praxis. Das Bundeswirtschaftsministerium unter Ludwig Erhard, Stuttgart 2002, S. 12.
[47] Vgl. Nützenadel, Stunde, S. 27–62, 177–185, 197–204; Alfred Plitzko (Hrsg.), Planung ohne Planwirtschaft. Frankfurter Gespräch der List-Gesellschaft, 7.–9. Juni 1963, Basel 1964; Bergedorfer Gesprächskreis zu Fragen der freien industriellen Gesellschaft (Hrsg.), Protokoll Nr. 13: Planung in der freien Marktwirtschaft, Hamburg 1964.

NÖS, das wie gesehen neue Planungs- und Steuerungsinstrumente wie die Kybernetik einsetzen sollte, um die Planwirtschaft effizienter zu organisieren.[48]

Viertens verweist die Forschung darauf, dass konvergenztheoretische Ansätze in der Bundesrepublik zur Revision des Planungsbegriffs beitrugen. In den USA und Westeuropa argumentierten Ökonomen wie John Kenneth Galbraith Ende der 1950er Jahre, dass sich angesichts ähnlicher sozioökonomischer Strukturen und neuer Planungs- und Steuerungskonzepte der entwickelten Industriegesellschaften Ost und West annähern würden. In der Bundesrepublik stießen diese Überlegungen angesichts der direkten Systemkonkurrenz auf deutlich weniger Resonanz. Doch ab 1963/64 verliehen erste Entspannungssignale Thesen von der Konvergenz der modernen Industriegesellschaften Auftrieb, und planungsaffine linke Intellektuelle – wie der Zukunftsforscher Robert Jungk – setzten Thesen vom notwendigen „Dritten Weg" in Umlauf. Ihre Überlegung, dass West und Ost sich in Zukunft annäherten, gründete in einem im Kern technisch-funktionalen Planungsbegriff und war geprägt von der Hoffnung, dass die Reformbestrebungen in den Planwirtschaften Ostmitteleuropas einer politischen Öffnung den Weg bahnten.[49]

Mithin hat sich die Forschung bislang vor allem mit der Frage befasst, welche Bedeutung die Systemkonkurrenz für deutsch-deutsche Wege zur Planwirtschaft bzw. Wirtschaftsplanung bis Mitte der 1960er Jahre spielte. Wenig wissen wir hingegen über den Verlauf der Planungsgeschichte in der Systemkonkurrenz der 1960er bis 1980er Jahre abseits des Felds der Wirtschaftsplanung.

Vor diesem Hintergrund beleuchtet der vorliegende Band politische Verständnisse und Deutungen von Planung – also Planungskulturen –

---

[48] Walter Ulbricht, Der Kampf um den Frieden für den Sieg des Sozialismus, für die nationale Wiedergeburt Deutschlands als friedliebender, demokratischer Staat, in: Protokoll der Verhandlungen des V. Parteitages der Sozialistischen Einheitspartei Deutschlands. 10. bis 16. Juli 1958, Berlin 1959, S. 22–221, insbesondere S. 68; vgl. Steiner, Plan, S. 124.
[49] Vgl. Robert Jungk/Hans J. Mundt (Hrsg.), Wege ins neue Jahrtausend. Wettkampf der Planungen in Ost und West, München 1964; Nützenadel, Stunde, S. 185–197; Fraunholz/Hänseroth, Transzendierungen; Michael Ruck, Vom „geplanten Wunder" zur „Pleite der Praxis". Wahrnehmungen der DDR-Planwirtschaft in der westdeutschen Wirtschaftspresse während des Jahrzehnts der Entspannung, in: Detlef Brunner/Mario Niemann (Hrsg.), Die DDR – eine deutsche Geschichte. Wirkung und Wahrnehmung, Paderborn 2011, S. 389–409.

und die Funktion von Planung als gedachter Ordnung, Legitimationsmittel und Machtfaktor. Die Beiträge erkunden vergleichend, welche Konzepte von und Erwartungen an politische(r) Planung sich in Bundesrepublik und DDR bildeten und wie sich inhärente Modernisierungs- und Fortschrittsverständnisse sowie Zeit- und Planungshorizonte entwickelten. Ebenso ist zu prüfen, wie Planungskonzepte umgesetzt wurden und welche Rolle Prognostik bzw. wissenschaftliche Expertise dabei spielten. Probleme und Enttäuschungen in Planungsprozessen sind ebenso zu verfolgen wie Kritik an Planung bzw. alternative Verständnisse von Planung, die sich auf zivilgesellschaftlicher Ebene – auch unter den Bedingungen des SED-Staates – formierten. Im Besonderen wird gefragt, wann und inwiefern ein Wandel oder eine Transformationsdynamik auf dem Feld der Planung erkennbar wird. Dieser Aspekt bezieht sich auf die genannte Diskussion um die Bedeutung der 1970er Jahre, die in der deutschen und internationalen Forschung zuletzt als Transformationsphase auch und gerade für Zukunfts- und Fortschrittsverständnisse des 20. Jahrhunderts verhandelt wurden. Damit prüfen die Beiträge die genannten Thesen von der Planungseuphorie der 1960er Jahre und einer Krise der Planung in den 1970er Jahren bzw. von einer Erstarrung der DDR in einer „verstetigte[n] Gegenwart", die Stefan Plaggenborg für die Sowjetunion der 1970er und 1980er Jahre anführte.[50] Schließlich erkundet der Band in einem verflechtungsgeschichtlichen Ansatz, wie jeweilige Planungskonzepte und Planungspraxis im anderen deutschen Teilstaat wahrgenommen wurden und ob deutsch-deutsche Kontakte und Ideen- bzw. Wissenstransfers auf dem Feld von Prognostik und Planung auszumachen sind.

Somit analysiert der Band auch das Verhältnis von Planung und Systemkonkurrenz. Er argumentiert, dass Planungskonzepte der 1960er Jahre maßgeblich in einer verstärkten Verwissenschaftlichung der Politik gründeten. Der Geist des Rationalen und Technischen, der die Einbindung von Experten für Prognostik und Planung begleitete, schien Systemgrenzen partiell zu überblenden. Gleichzeitig war politische Planung untrennbar mit Zukunftsentwürfen und Gestaltungsab-

---

[50] Plaggenborg, Experiment, S. 98f.; zur „Erstarrung" von Partei und Medien in der DDR der 1980er Jahre: Frank Bösch/Jens Gieseke, Der Wandel des Politischen in Ost und West, in: Bösch (Hrsg.), Geteilte Geschichte, S. 39–78, hier S. 55.

sichten verbunden und stand damit in besonderer Weise im Modus der Systemkonkurrenz.

Um dieses Verhältnis zu erhellen, nimmt der Band exemplarisch einzelne Politikfelder in den Blick. Die Beiträge fokussieren die Forschungs- und Bildungspolitik, die als besonders zukunftswichtige Felder galten, untersuchen Planungskonzepte in den Gewerkschaften und in der Sozial- und Konsumplanung (unter dem Stichwort des „Lebensstandards"), Planung und Fortschrittsverständnisse in der Außen- und Entwicklungspolitik und Stadtentwicklung sowie Planungskritik auf zivilgesellschaftlicher Ebene. Die Wirtschaftsplanung im engeren Sinne und das Feld der inneren Sicherheit werden angesichts vorliegender Forschungen[51] nicht explizit thematisiert.

Dabei wird von einem erweiterten, dynamischen Politikbegriff ausgegangen, der sich in den letzten Jahren in der Forschung unter dem Signum einer „(Kultur-)Geschichte des Politischen" Bahn brach und der staatliche Kategorien im engeren Sinne zu überwinden sucht.[52] Insofern gilt der Blick nicht nur staatlichen Akteuren, sondern ebenso wissenschaftlichen Experten, Verbänden und zivilgesellschaftlichen Akteuren, die sich im Kommunikationsraum des Politischen bewegten und politische Planung vorantrieben, kritisierten oder neu dachten.

3. Ergebnisse

Die Beiträge des Bandes verdeutlichen *erstens*, dass sich im Hinblick auf Planungskulturen und -funktionen auffallende deutsch-deutsche Parallelitäten ausmachen lassen. Auf beiden Seiten keimte um 1960 ein politischer Glaube an die Machbarkeit und Planbarkeit der Zukunft, der in erster Linie aus einem technisch und ökonomisch ausgerichteten Verständnis von Modernität hervorging. Wie gesehen waren die Ausgangsbedingungen verschieden: Der SED-Staat hatte sich von Beginn an einer Planung verpflichtet, die getreu dem Marxismus-Leninismus von scheinbar ökonomischen Gesetzmäßigkeiten ausging und in deren System die führende Partei nach sowjetischem Vorbild Zukunft

---

[51] Vgl. u.a. Hoffmann, Planwirtschaft; Steiner, Wirtschaftslenkung; Nützenadel, Stunde; vgl. zudem zur Stadtplanung Thomas Großbölting/Rüdiger Schmidt (Hrsg.), Gedachte Stadt - gebaute Stadt. Urbanität in der deutsch-deutschen Systemkonkurrenz 1945-1990 Köln 2015.
[52] Barbara Stollberg-Rilinger (Hrsg.), Was heißt Kulturgeschichte des Politischen? Berlin 2005; Thomas Mergel, Kulturgeschichte der Politik, in: Frank Bösch (Hrsg.), Zeitgeschichte. Konzepte und Methoden, Göttingen 2012, S. 187–203.

durch Planwirtschaft operationalisierte.[53] Dieses enge Planungsverständnis war in der demokratischen, föderal organisierten und den Regeln der sozialen Marktwirtschaft verpflichteten Bundesrepublik diskreditiert.

Gleichwohl ähnelten sich die Bedingungen für ein neues Verständnis und einen neuen Boom von Planung um 1960. Der Wiederaufbau schien Ende der 1950er Jahre abgeschlossen, die Wirtschaft wuchs, und der Ausbau der Verwaltung und der Infrastruktur im hochmodernen Staat erforderten veränderte Verfahren der Informationsverarbeitung und Entscheidungsaufbereitung. Zugleich gründete die Konjunktur der Planung in besonderer Weise im neuen Stellenwert, den politische Eliten beider deutscher Staaten Wissenschaft, Technik und wissenschaftlicher Expertise zusprachen. Erkennbar wird dieser neue Stellenwert an der Allgegenwärtigkeit der Topoi von der wissenschaftlich-technischen „Revolution" bzw. des „wissenschaftlich-technischen Fortschritts", den die Beiträge von *Elke Seefried/Andreas Malycha*, *Wilfried Rudloff* und *Dierk Hoffmann* verdeutlichen. Die Aspirationen, mittels technisch-wissenschaftlicher Expertise vorausplanen zu können, wurden durch die entsprechenden wissenschaftlichen Angebote, die Zukunft vermessen und steuern zu können, genährt. Vor allem die Beiträge zur Forschungs- und Bildungsplanung unterstreichen, dass neue wissenschaftlich-technische Methoden und Instrumente der Vorausschau und Steuerung wie Systemtheorie, Kybernetik und vor allem der Computer versprachen, Wissen über die Zukunft zu generieren, dieses Wissen aus verschiedenen Entscheidungsbereichen in seinen systemischen Zusammenhängen und Interdependenzen zu vernetzen und entsprechend bestimmter Ziele aufzubereiten. Diese Instrumente prägten beide Planungskulturen.[54] In der Bundesrepublik suchten politische Eliten verschiedener Couleur – vor allem jedoch reformeuphorische Protagonisten in der SPD – das Regieren mittels wissenschaftlicher Politikberatung sach- und wissenschaftsbasierter, also rationaler und systematisierter zu gestalten und ihm zugleich eine größere Zukunftsorientierung zu verleihen, indem prognostisches Wissen aus verschiedenen Disziplinen einbezogen wurde. Die Beiträge

---

[53] Vgl. Plaggenborg, Experiment.
[54] Vgl. mit weiterer Literatur zur Computerisierung: Jürgen Danyel/Annette Schuhmann, Wege in die digitale Moderne. Computerisierung als gesellschaftlicher Wandel, in: Bösch (Hrsg.), Geteilte Geschichte, S. 283–319; Bergien, Big Data.

des Bandes zeigen, dass dies nicht nur in den bislang gut erforschten Fällen des Bundeskanzleramts und der Wirtschaftspolitik fassbar wird.[55] Experten- und EDV-basierte Prognostik sowie Planungsstäbe etablierten sich Mitte der 1960er Jahre in der Forschungs- und Bildungspolitik (*Elke Seefried/Andreas Malycha* und *Wilfried Rudloff*), in der Außen- und Entwicklungspolitik (so *Matthias Peter* und *Agnes Bresselau von Bressensdorf*) und erschienen, wie *Sebastian Voigt* zeigt, ebenso westdeutschen Gewerkschaften zunehmend unverzichtbar. Fast zeitgleich schuf auch die SED – so die Beiträge von *Elke Seefried/ Andreas Malycha*, *Dierk Hoffmann* und *Hermann Wentker* – über die bestehende Zentrale Plankommission hinaus einen Forschungsrat für die Forschungsprognostik und -planung, neue Abteilungen der Plankommission wie jene zur „Planung des Lebensstandards" und einen Planungsstab im Ministerium für Auswärtige Angelegenheiten.

Dabei wurde Wissen insofern zur Information, als es – so demonstriert insbesondere der Beitrag von *Wilfried Rudloff* für die Bildungspolitik – in erster Linie in seiner *quantifizierten* Form gehandelt wurde. Dies ging zum einen auf den binären Informationsstandard des Computers zurück, zum anderen auf die Bedeutung des Ökonomischen. Auch das ökonomische Kalkül prägte den Planungsboom der 1960er Jahre: Das Wirtschaftswachstum – als Bruttosozialprodukt – war im Kalten Krieg und im Wettbewerb der OECD-Staaten zum Kriterium für volkswirtschaftlichen Erfolg und Wohlstand avanciert, und auch für beide deutschen Staaten wurden die wirtschaftlichen Wachstumsziffern zum Gegenstand im Systemwettstreit; dies galt besonders stark für die SED-Führung, die in der marxistisch-leninistischen Lesart ökonomische Gesetzmäßigkeiten zum Kern ihres Zukunftsverständnisses machte.

Politischer Planung wurde nicht nur die Funktion zugeschrieben, wissenschaftsbasierte Expertise einzubinden, sondern auch Entscheidungen zukunftsorientierter zu gestalten und dabei längere Zeithorizonte zu avisieren. Dementsprechend verlängerte sich die Planungsperspektive Mitte der 1960er Jahre. Schon im Rahmen der „Generalperspektive" hatten die RGW-Länder 1959 beschlossen, über die Fünf- bzw. Sieben-

---

[55] Vgl. Bernd Faulenbach, Das sozialdemokratische Jahrzehnt. Von der Reformeuphorie zur neuen Unübersichtlichkeit. Die SPD 1969–1982, Bonn 2011; Seefried, Zukünfte, S. 418–435; zum Kanzleramt Süß, Ganze; Metzler, Konzeptionen, S. 362–371; zur Wirtschaftsplanung Nützenadel, Stunde.

Jahrespläne hinaus Perspektivpläne bis 1975 bzw. 1980 zu erarbeiten.[56] Mit der zweiten Phase des Reformprogramms des NÖS ab 1967, das als Ökonomisches System des Sozialismus (ÖSS) firmierte, galten in der Forschungsplanung Perspektivpläne bis 1980. Auch das Ministerium für Außenpolitische Angelegenheiten erweiterte seine Planungsperspektive auf 15 bis 20 Jahre. In der Bundesrepublik verfolgten die Planungsstäbe ebenfalls mittel- und langfristige Planungshorizonte, die auf bis zu 15 Jahre ausgerichtet waren.[57] Hier ist allerdings nach Politikfeldern zu differenzieren: Der Planungsstab im Auswärtigen Amt verfolgte eine genuin kurz- bis mittelfristige Perspektive. Dies lasse sich, so *Matthias Peter*, als pragmatischer Zugang lesen, der in Rechnung stellte, dass in der Außenpolitik mit ihren wechselnden Herausforderungen flexibles Handeln unerlässlich war.

Neue Planungskonzepte entsprangen damit einerseits einem technisch und ökonomisch grundierten Fortschrittsverständnis, das – darauf zielten auch die DDR-Gewerkschaften mit ihrer Unterstützung des NÖS – den Fortschritt in einem linearen Sinne hin zur „planmäßige(n) Verbesserung der Lebensbedingungen" sichern sollte (*Detlev Brunner*). Andererseits lagen nicht nur Machbarkeitsdenken und Technikoptimismus an der Wurzel der Planungskulturen der 1960er Jahre. Ebenso speiste sie sich aus Krisenerfahrungen, die zu Reformforderungen führten, nämlich der Erfahrung der Massenflucht vor dem Mauerbau oder der kleinen Rezession in der Bundesrepublik 1966; zugleich wirkten Krisenkonstruktionen, die ein drohendes „Zurückfallen" im deutsch-deutschen oder internationalen Systemwettbewerb beschworen, etwa aufgrund einer „technologischen Lücke" gegenüber den USA, wie *Elke Seefried/Andreas Malycha* argumentieren. Zweifellos sollten solche Warnungsprognosen auch dazu dienen, die drohende Krise abzuwenden. Doch sie verdeutlichen, dass die Planungswelle auch durch die Wahrnehmung einer wissenschaftlich-technischen und sozialen Beschleunigung und einen dadurch evozierten Handlungsdruck ausgelöst wurde; der Planungsboom verstärkte sich damit nochmals aus sich selbst heraus.

Zweitens lassen sich im Hinblick auf Planungspraktiken Unterschiede im deutsch-deutschen Vergleich herauspräparieren, die in den Di-

---

[56] Vgl. Steiner, Plan, S. 112.
[57] Siehe den Beitrag von Wilfried Rudloff zur Bildungsplanung in diesem Band; vgl. Metzler, Konzeptionen, S. 354 ff.

vergenzen der politischen Systeme gründeten. So verdeutlichen alle Beiträge, dass Planung im System der Planwirtschaft einen wesentlich umfassenderen Geltungsanspruch besaß. Zentralität und Hierarchie bestimmten nicht nur die Idee der Planwirtschaft, sondern auch die technischen Planungs- und Steuerungskonzepte der 1960er Jahre in der DDR in starkem Maße. Vor allem an der Rolle des FDGB, der für die Erfüllung des Plans durch die Werktätigen zu sorgen und diese zu mobilisieren hatte, lässt sich die Enge von Planungsprozessen vermessen: Wesentliche Planveränderungen waren – im Gegensatz zum Korporatismus in der Bundesrepublik – im System des demokratischen Zentralismus mit der führenden Rolle der Partei nicht vorgesehen. Weil die politischen Systeme in West- und Ostdeutschland differierten, unterschieden sich Planungsprozesse „grundlegend" (*Detlev Brunner*).

Ferner differierte die Verwissenschaftlichung von Politik durch Prognostik und Planung. In beiden deutschen Staaten formierte sich eine neue Gruppe von Prognose- und Planungsexperten, die unterschiedlichen Disziplinen entstammte. In der Bundesrepublik rechneten sich diese teilweise zur Zukunftsforschung als neuer Meta-Disziplin, die sich in den 1960er Jahren institutionalisierte. Die Zukunftsforschung entstand hier weitgehend in einem *bottom up*-Prozess und organisierte sich auf Vereinsebene. Nicht zufällig setzte sich der – vom Französischen entlehnte – offene Begriff der „Zukünfte" durch, wenngleich – so *Elke Seefried/Andreas Malycha* – das bundesdeutsche Forschungsministerium „das spekulative Element der Zukunftsforschung in engen Grenzen" halten wollte und vor allem Unternehmen wie die Prognos AG oder die ministeriumsnahe Studiengruppe für Systemforschung mit anwendungsorientierten Expertisen beauftragte. Hingegen ging die fast zeitgleich entstehende sozialistische Prognostik vielmehr aus dem Kalkül der SED hervor, einerseits äquivalent zum Westen ein methodisch gestärktes Feld von Zukunftsexpertise aufzubauen, andererseits zu demonstrieren, dass wissenschaftliche Vorausschau schon immer ein Element marxistisch-leninistischer Parteien gewesen sei. Der Aufbau von Planungsexpertise trug damit auch zum Entstehen einer technischen Intelligenz in der DDR der 1960er Jahre bei, die einer neuen Generation angehörte und in besonderer Weise im Spannungsfeld von wissenschaftlicher Rationalität und politischer Orientierung arbeitete.[58]

---

[58] Vgl. Hübner, Menschen, S. 344–359; zur Wissenschaft im Kalten Krieg vgl. u.a. Richard Ned Lebow, Social Science, History, and the Cold War. Pushing the

In der sozialistischen Prognostik kollidierten – so auch *Elke Seefried/ Andreas Malycha* – Überlegungen zu möglichen Wegen in die Zukunft mit dem marxistisch-leninistischen Zeitregime und der Realität der Parteidiktatur. Zudem unterschieden sich die jeweiligen Rollen der Öffentlichkeit in West- und Ostdeutschland: Wurden die Expertisen für die bundesdeutsche Planung größtenteils publiziert, auch weil um 1970 gesellschaftliche Forderungen nach mehr Transparenz anschwollen, so unterlagen die entsprechenden ostdeutschen Prognosen der Geheimhaltung. In der DDR waren dem Expertenwissen – so auch *Dierk Hoffmann, Hermann Wentker* und *Agnes Bresselau von Bressensdorf* – Grenzen gezogen, da die SED im Kern ideologischen Mustern folgte und den Anspruch besaß, den Raum des Sag- und Vermittelbaren zu kontrollieren.

Dies führt zum *dritten* Aspekt, der Frage des Wandels und des Zäsurcharakters der Jahre um 1970. Mehrere Beiträge arbeiten heraus, dass den hohen Erwartungen an Planung, die sich bis Mitte der 1960er Jahre formierten, die Erkenntnis von Grenzen in den frühen 1970er Jahren folgte. In der Bildungsplanung lässt sich auf beiden Seiten eine „Kurve von plötzlicher Aufwertung in den sechziger Jahren und allmählicher Rückstufung in den 1970er Jahren" ausmachen (*Wilfried Rudloff*), und ganz ähnlich fällt der Befund für die Forschungsplanung aus. In der Tat wurde Planung in West und Ost hinterfragt, allerdings aus unterschiedlichen Gründen. In der Bundesrepublik wuchsen Spannungen zwischen Politik, Ministerialbürokratie und Experten. So waren Expertisen der Zukunftsforschung für die Forschungsplanung nur bedingt verwendbar für die politische Entscheidungsfindung, weil die systemanalytisch durchsetzte Sprache der Experten der juristisch geschulten Ministerialbürokratie fremd blieb. Die ökonomische Prognostik in der Wirtschaftsforschung geriet mit den unvorhergesehenen Öl- und Wirtschaftskrisen der 1970er Jahre in Bedrängnis, und in der Exekutive bröckelten die finanziellen Handlungsspielräume für große Planungsprojekte. Umgekehrt reflektierte ein Teil der Experten über Unsicherheitspotenziale der Vorausschau. Im Zuge einer neuen, um 1970 einsetzenden Ökologisierung in der Planungsexpertise – etwa in der Zukunftsforschung – erschöpfte sich das technizistische Steuerungsdenken. Verstärkter Zweifel an der Beherrschbarkeit von Tech-

Conceptual Envelope, in: Odd Arne Westad (Hrsg.), Reviewing the Cold War. Approaches, Interpretations, Theory, London 2000, S.103–125.

nik evozierte Risikoabschätzungen, und damit trug auch die Wissenschaft zu einer Infragestellung der technisch-industriellen Moderne bei. Zugleich sorgte die Forderung nach einer Demokratisierung von Planung, die – so *Elke Seefried/Andreas Malycha* – auch Experten formulierten, für Konflikte mit der Exekutive.[59]

In Westdeutschland erschien Planung mit gesellschaftlichen Konzepten der Selbstorganisation, wie sie nun vermehrt in den neuen sozialen Bewegungen zirkulierten – so *Silke Mende* und *Harald Engler* –, nicht mehr vereinbar. Im alternativen Milieu etablierte sich in den 1970er und frühen 1980er Jahren offene Planungskritik, die sich mit einem Unbehagen an der Moderne und an einem technisch und wirtschaftlich ausgerichteten Fortschrittsverständnis verflocht: Bürgerinitiativen und neue soziale Bewegungen entstanden aus der „Opposition gegen die spür- und sichtbaren Folgen einer aus ihrer Sicht verfehlten Planungspolitik", richteten sich aber rasch auch gegen die übergreifenden Ordnungsmuster, die ihr zugrunde lagen. Insofern ging die Kritik an der „Kälte" der verwalteten Welt, an Technokratie und „totaler Planung" teilweise mit einer Absetzbewegung von der technisierten Industriegesellschaft und einem neuen Kreislauf- und Gleichgewichtsdenken einher, wie *Silke Mende* betont. Dabei richtete sich die bundesdeutsche Planungskritik von unten aber ebenso gegen das System der Planwirtschaft in der DDR, das nicht nur als ähnlich bürokratisch, sondern als ebenso auf ökonomisches Wachstumsdenken fixiert gedeutet wurde.

Im ideologisch viel stärker der industriellen Moderne verpflichteten politischen System der DDR konnte Planungskritik nicht in dieser Form kommuniziert werden. Doch artikulierten Ende der 1970er Jahre – so zeigt *Harald Engler* am Beispiel der Stadtplanung in Ost-Berlin – Experten und Bevölkerung Kritik an Kahlschlagsanierungen und technokratischer Planung. Ebenso wuchs in der ostdeutschen Gesellschaft – nicht zuletzt angesichts der sichtbaren Luftverschmutzung – ein ökologisches Bewusstsein, das sich in der Zahl von Eingaben zur Umweltpolitik niederschlug und das den Keim der Umweltbewegung der 1980er Jahre bildete.[60]

---

[59] Vgl. Schanetzky, Ernüchterung; Elke Seefried, Experten für die Planung? „Zukunftsforscher" als Berater der Bundesregierung 1966–1972/73, in: AfS 50 (2010), S. 109–152.
[60] Vgl. Tobias Huff, Natur und Industrie im Sozialismus. Eine Umweltgeschichte der DDR, Göttingen 2015, S. 219–225; Gabriele Metzler, Krisenbewusstsein,

Wachsende Kritik bedeutete freilich kein Ende der Planung. In der Bundesrepublik leiteten die gedämpften Erwartungen zum Teil zu einer Pragmatisierung, weil die Möglichkeiten und Grenzen von Planung reflektiert wurden. Politik und Planer reagierten auf zivilgesellschaftliche und medial verstärkte Kritik. Experten in der bundesdeutschen Forschungsplanung rückten die „Bedürfnisse" der Betroffenen (ein Kernbegriff des Sprechens über Planung in den 1970er Jahren) in den Fokus. Die Spannung zwischen dem Versprechen, „mehr Demokratie wagen" zu wollen, und expertenbasierten, zunächst technokratischen Planungsverständnissen in der sozialliberalen Koalition reflektierten auch Teile der Sozialdemokraten, wie *Elke Seefried/Andreas Malycha* verdeutlichen. Die West-Berliner Stadtverwaltung entwickelte, so *Harald Engler*, das Konzept der „behutsamen Stadterneuerung", welches die Bewohner in Sanierungskonzepte einbezog und damit die wachsenden Partizipationsforderungen seit den späten 1960er Jahren aufgriff. Auch in der DDR – dies zeigt *Harald Engler* am Beispiel Ost-Berlins – reagierten die Planer auf Kritik, was einen Paradigmenwechsel hin zur „komplexen Modernisierung" nach sich zog. Doch hatte die Einbeziehung der Betroffenen in die Planung und die stärkere Vernetzung von Experten in internationale Netzwerke, so Engler, oft „Feigenblattfunktion", da die zivilgesellschaftliche Artikulationsfähigkeit im ostdeutschen Staat grundsätzlich eingeschränkt war. Damit markieren die 1970er Jahre in der Tat einen Übergang, ab dem die Bundesrepublik in eine „‚selbstreferentielle' Phase eintrat" und ähnlich die DDR mit den Folgen ihres Projekts konfrontiert wurde.[61]

Die Erosion der hohen Erwartungen an Planung trug in der Bundesrepublik zu neuer Politisierung bei. Da auch Experten die Unsicherheit der Prognosemethoden konzedierten und die Grenzen politischer Expertise deutlich wurden, bröckelte die angenommene Trennung zwischen wissenschaftlicher Entscheidungsvorbereitung und politischer Entscheidung. Daraus speisten sich Repolitisierung und wachsende Konflikte, gerade in der Bildungspolitik (*Wilfried Rudloff*), und beförderten Mitte der 1970er Jahre die Diskussion um eine politische

---

Krisendiskurse und Krisenbewältigung. Die Frage der „Unregierbarkeit" in Ost und West nach 1972/73, in: Zeitgeschichte 34 (2007), S. 151–161.
[61] Ralph Jessen, Bewältigte Vergangenheit – blockierte Zukunft? Ein prospektiver Blick auf die bundesrepublikanische Gesellschaft am Ende der Nachkriegszeit, in: Jarausch (Hrsg.), Ende, S. 177–195, das Zitat S. 182.

„Tendenzwende".[62] Dabei waren Pragmatisierung in der Planungskultur und neue Politisierung nicht unbedingt ein Widerspruch: Die Zukunfts-Experten legten stärker ihre eigenen Vorannahmen offen und streiften überzogene Objektivitätspostulate ab, und damit politisierten sie sich – etwa auch durch das Engagement in den neuen sozialen Bewegungen.[63]

Für die DDR lässt sich von einer Rezentralisierung der Planung in den 1970er Jahren sprechen, weil Planungswissen wieder verstärkt politisch-ideologisch eingehegt wurde. Die Planwirtschaft mit ihren klassischen Instanzen – vor allem der Zentralen Plankommission – existierte zwar weiter; zunehmende Bedeutung gewannen aber informelle Netzwerke in der SED-Spitze, insbesondere zwischen Honecker und dem ZK-Sekretär für Wirtschaft Günter Mittag.[64] Die in den 1960er Jahren entwickelte, verwissenschaftlichte Planungsexpertise geriet unter Druck, denn sie war trotz aller politischen Einbindung eben auch mit einer Suche nach wissenschaftlicher Objektivität und Rationalität verbunden – und dies stieß Anfang der 1970er Jahre auf wachsende Kritik im Politbüro. Der neue Generalsekretär Erich Honecker schränkte die Kybernetik und den Wirkungskreis der Prognosegruppen ein, und Kurt Hager warnte 1971: „Wenn versucht wird, das Wesen der sozialistischen Gesellschaft mit dem kybernetischen Systembegriff darzustellen, hat das zur Folge, daß der sozialökonomische und klassenmäßige Inhalt des Sozialismus positivistisch ausgehöhlt wird".[65] Dahinter stand das „Bestreben, einer durch wissenschaftliches Fachwissen legitimierten Expertenkultur, wie sie in den späteren Jahren der Ära Ulbricht Leitbildstatus genossen hatte, wieder stärker den klassenbewussten Facharbeiter als Verkörperung und soziales Fundament des SED-Staates entgegen zu stellen" *(Wilfried Rudloff;* siehe auch den Beitrag von *Dierk Hoffmann).*

Darüber hinaus unterlagen die Planungskulturen in beiden deutschen Staaten einer Ökonomisierung. In der DDR führten die wachsenden Ressourcenprobleme zu einem Primat der ökonomischen

---

[62] Vgl. Martina Steber, Die Hüter der Begriffe. Politische Sprachen des Konservativen in Großbritannien und der Bundesrepublik Deutschland, 1945–1980, Berlin 2017, S. 245ff.
[63] So auch Seefried, Zukünfte, S. 500; Schanetzky, Ernüchterung, S. 249.
[64] Vgl. Hoffmann, Einleitung, S. 8.
[65] Zitiert nach Heinz Liebscher, Fremd- oder Selbstregulation? Systemisches Denken in der DDR zwischen Wissenschaft und Ideologie, Münster 1995, S. 127.

Machbarkeit, ja einer „Ökonomisierung" etwa in der DDR-Außenpolitik (*Hermann Wentker*; siehe den Beitrag von *Agnes Bresselau von Bressensdorf*). In der Bundesrepublik wurden in der Unregierbarkeitsdebatte die Effizienz und Legitimität staatlicher Planungs- und Steuerungspolitik in Frage gestellt. Auch mit dem Argument, die komplexe moderne Gesellschaft zu ordnen, plädierten vor allem Ökonomen für mehr Vertrauen in den Markt und eine Verbindung von Planung und Wettbewerbsförderung im Rahmen „neoliberaler" Politikkonzepte.[66] Die bundesdeutsche Entwicklungs- und Forschungspolitik setzte in den 1980er Jahren, wie *Agnes Bresselau von Bressensdorf* und *Elke Seefried/Andreas Malycha* betonen, auf eine Verbindung von Regulierung und Marktorientierung. Zugleich bahnte sich damit in der Bundesrepublik ein neuer Technik- und Planungsoptimismus an, der nun allerdings von ökonomischer Knappheit ausging und stärker den Markt als Steuerungsagenten definierte.[67]

Die Planungsgeschichte der 1970er und 1980er Jahre lässt sich damit nicht nur als Krisen- und Verlustgeschichte schreiben. Der Planungsstab des Auswärtigen Amtes etwa erfuhr in den späten 1970er und 1980er Jahren, so *Matthias Peter*, einen Bedeutungszuwachs, weil er von seinen Leitern geschickt als Sprachrohr genutzt wurde, aber auch weil er von Beginn an einem pragmatischen Verständnis von Planung gefolgt war. In der international endlich anerkannten DDR stand die Außen- und Entwicklungspolitik in den frühen 1970er Jahren zunächst ganz im Zeichen neuer Aufbruchstimmung und erweiterter Handlungsoptionen, trotz der wachsenden Spannungen im Nord-Süd-Verhältnis. Zunehmend allerdings wichen in beiden deutschen Staaten die großen Konzepte nachholender Entwicklung einer Ernüchterung, weil lineare Modernisierungs- und Fortschrittsmodelle nicht nur im geteilten Deutschland, sondern gerade in den Adressatenländern – in den Ländern des globalen Südens – in Frage gestellt wurden. Für die DDR – dies verdeutlichen die Beiträge von *Agnes Bresselau von Bressensdorf* und *Hermann Wentker* – verengten sich angesichts des Devisenmangels die außenpolitischen Planungsspielräume. Zugleich keimte in Eliten beider deutscher Staaten die Überlegung,

---

[66] Vgl. u.a. Metzler, Unregierbarkeit; Bröckling, Zukunftsmanagement, S. 271f.
[67] Vgl. Andreas Wirsching, Durchbruch des Fortschritts? Die Diskussion über die Computerisierung in der Bundesrepublik, in: ZeitRäume. Potsdamer Almanach des Zentrums für Zeithistorische Forschung 2009, S. 207–218.

dass es globale, zunehmend komplexe Probleme in den modernen Industriegesellschaften gebe – wie Umweltverschmutzung, Energie- und Ressourcensicherung –, für die eine nationale oder blockspezifische Planung nicht mehr ausreichend sei. Auch deshalb – so *Elke Seefried/ Andreas Malycha* – beteiligten sich beide deutschen Staaten an einer blockübergreifenden, global angelegten Planungsforschung im Rahmen des „Internationalen Instituts für Angewandte Systemanalyse" (IIASA), die sich vor allem mit Energieplanung beschäftigte. Mithin konnten Planungselemente in Politikfeldern, die neu entstanden oder plötzliche Aktualität erhielten – wie der Umwelt- und Energiepolitik –, in den 1970er Jahren eine Ausweitung erfahren.[68] Dies gilt in der Bundesrepublik auch für das Feld der inneren Sicherheit im Kontext der Terrorismusbekämpfung.[69]

Genauer zu untersuchen bleibt, inwiefern die emphatische Zukunfts- und Planungsorientierung in beiden politischen Kulturen dann in den 1980er Jahren von einem qualitativ neuen Vergangenheitsbezug abgelöst wurde: Die Geschichtspolitik Helmut Kohls suchte ebenso wie die „Tradition und Erbe"-Politik der DDR Identität aus der Geschichte zu konstruieren und in einem eigenen Zeitregime Vergangenheit, Gegenwart und Zukunft auszutarieren.[70]

Blickt man schließlich *viertens* auf gegenseitige Wahrnehmungen, deutsch-deutsche Abgrenzungsmuster und Verflechtungen, so verdeutlichen die Beiträge des Bandes, dass die Systemkonkurrenz einen wichtigen Faktor für die Planungswelle der 1960er Jahre bildete. Zwar verlor der Planungsbegriff in der Bundesrepublik erst durch die Entspannung an Abschreckungskraft und deutete die beiderseitige Verwissenschaftlichung der Politik durch Planung scheinbar auf eine Konvergenz der Systeme. Doch war politische Planung in den 1960er Jahren mit positiv besetzten Zukunfts- und Gestaltungssemantiken verbunden, und damit wuchs im *Systemwettstreit* der Anspruch einer zukunftsgerichteten und wissenschaftlichen Legitimation von Politik.

---

[68] Vgl. den Beitrag von Seefried/Malycha in diesem Band; so auch Graf, Öl, S. 219–239.
[69] Vgl. Bergien, Big Data; Oberloskamp, Überwachungsstaat.
[70] Vgl. u. a. Andreas Wirsching, Abschied vom Provisorium. Geschichte der Bundesrepublik Deutschland 1982–1990, München 2006, S. 467–491; Edgar Wolfrum, Die Preußen-Renaissance: Geschichtspolitik im deutsch-deutschen Konflikt, in: Martin Sabrow (Hrsg.), Verwaltete Vergangenheit. Geschichtskultur und Herrschaftslegitimation in der DDR, Leipzig 1997, S. 316–345; Assmann, Zeit.

Deshalb lässt sich nur sehr bedingt von einer Planungseuphorie der 1960er Jahre sprechen. Vorausschauende, wissenschaftlich abgestützte Planung – insbesondere in den als zukunftsträchtig begriffenen Feldern der Forschungs-, Bildungs- und Wirtschaftspolitik – wurde in beiden Staaten vielmehr als Notwendigkeit im Systemwettstreit und im Zeitalter der wissenschaftlich-technischen „Revolution" begriffen.

Die gegenseitige Wahrnehmung war allerdings asymmetrisch, denn auf beiden Seiten der Elbe blickten die Akteure stärker nach Westen. Die bundesdeutschen Planer hatten die DDR im Konkurrenzmodus im Blick, doch dienten ihnen – gerade in der Forschungs- und Bildungspolitik – die USA und ab den 1970er Jahren zunehmend Japan als Vorbild. Dabei – so argumentiert insbesondere *Wilfried Rudloff* – überschätzte man in Bonn zunächst die DDR-Produktion und -Forschung. In den 1980er Jahren hingegen leiteten westdeutsche Planer gerade aus der ökonomischen Krise der DDR das Bewusstsein eigener Fortschrittlichkeit ab.[71] Die ostdeutschen Politiker und Planer orientierten sich im formellen Sprachgebrauch an den sozialistischen Bruderstaaten. Doch die SED-Führung beobachtete die bundesdeutschen Entwicklungen ganz genau, weil sie hoffte, mittels neuer Prognose- und Planungskonzepte ökonomisch zur Bundesrepublik aufzuschließen. Vor allem außen- und entwicklungspolitische Planungen folgten, so *Hermann Wentker* und *Agnes Bresselau von Bressensdorf*, ganz deutschlandpolitischen Maximen. Zudem verortete die DDR-Forschungspolitik, wie *Elke Seefried/Andreas Malycha* zeigen, den „Westhöchststand" in den USA, so dass vor allem US-Prognosemethoden adaptiert wurden.

Weil die Systemkonkurrenz auch in den Zeiten der Entspannung und der deutsch-deutschen „Verantwortungsgemeinschaft" im Zweiten Kalten Krieg[72] Wirkung entfaltete, waren Austauschprozessen von Planungswissen enge Grenzen gezogen. Am deutlichsten zeigen sich Verflechtungen als Wissenstransfer im Feld der Forschung, wo mit Kybernetik und „Delphi" amerikanische Wissensbestände in der Sowjetunion und in der DDR Anwendung fanden. Das Beispiel des blockübergreifenden IIASA illustriert, dass Planungswissen zwischen West und Ost zirkulieren konnte und damit Gegenstand sowohl

---

[71] So auch Danyel/Schumann, Wege, S. 318.
[72] Dazu Philipp Gassert/Tim Geiger/Hermann Wentker (Hrsg.), Zweiter Kalter Krieg und Friedensbewegung. Der NATO-Doppelbeschluss in deutsch-deutscher und internationaler Perspektive, München 2011.

deutsch-deutscher Kooperation als auch Konkurrenz wurde, und gerade dieses Spannungsverhältnis erscheint als Frageperspektive fruchtbar. In einem asymmetrischen Sinne rezipierte offenkundig die zunehmend verschuldete und im technologischen Bereich den Anschluss verlierende DDR – wenn auch widerwillig – bundesdeutsches oder westliches Wissen.[73] Dies wäre in weiteren Forschungen zu prüfen, etwa mit Blick auf deutsch-deutsche Umweltplanungen, die in diesem Band nicht explizit thematisiert wurden.[74]

Schließlich verweist *Hermann Wentker* auf eine hochinteressante Episode deutsch-deutscher Zusammenarbeit in der Außenpolitik: 1990 repräsentierten fast ausschließlich westdeutsche Politikwissenschaftler und Friedensforscher den Planungsstab des letzten DDR-Ministeriums für Außenpolitische Angelegenheiten. Dies ging auf deutsch-deutsche Kontakte in der Friedensforschung zurück. Die Verflechtung trug dazu bei, dass Außenminister Markus Meckel den Prozess der Wiedervereinigung mit einer Dynamisierung der europäischen Integration zu verkoppeln suchte, um Sicherheitsstrukturen abseits von NATO und Warschauer Pakt zu generieren.

Mit dem Ende der DDR verschwand das ideologisierte Leitbild des Plans von einer durchorganisierten, beherrschten Gesellschaft aus der deutschen Geschichte. In beiden deutschen Staaten hatten Konzepte langfristiger, steuerungsorientierter und verwissenschaftlichter Planung bereits in den frühen 1970er Jahren an Kraft verloren. In der Bundesrepublik wichen sie zum Teil „neoliberal" durchsetzten Politikmodellen, die in ambivalenter Weise Marktorientierung und Steuerung verbanden, weil sie auch Erwartungen zur Selbstoptimierung des einzelnen und zur Steuerung durch den Markt in sich trugen. Politische Planung blieb aber nicht nur auf der Ebene des konkreten Infrastruktur- und Verwaltungshandelns lebendig. Politiken der Versicherheitlichung, die mit einer Gefahren- oder Risikokommunikation

---

[73] Vgl. die Beiträge von Seefried/Malycha und Rudloff; Danyel/Schuhmann, Wege, S. 299f. Dazu arbeitet ein Forschungsfeld der DFG-Forschergruppe „Kooperation und Konkurrenz in den Wissenschaften", URL: http://www.kooperation-und-konkurrenz.geschichte.uni-muenchen.de/index.html , abgerufen am 7.4.2018.
[74] Vgl. Astrid M. Eckert, Geteilt, aber nicht unverbunden. Grenzgewässer als deutsch-deutsches Umweltproblem, in: VfZ 62 (2014) S. 69–99; Frank Uekötter, Deutschland in Grün. Eine zwiespältige Erfolgsgeschichte, Göttingen 2015, S. 119–136, 177–190.

politische Handlungen legitimierten, übertrugen tradierte Sicherheitsverständnisse von der militärisch-außenpolitischen Dimension auf neue Felder – wie Umwelt und innere Sicherheit –, und damit entfalteten sich wie gesehen zum Teil neue Kontroll- und Planungskulturen. Zudem erfuhren in den 1990er und 2000er Jahren technizistische Planungs- und Steuerungsintentionen verstärkte politische Relevanz, die sich etwa in Szenarien über die technologisierte Informations- und Wissensgesellschaft spiegelten.[75] Ihnen zugrunde lagen Deutungen einer beschleunigten Technologisierung und Digitalisierung in der Welt der Globalisierung, die in vielem an die Planungskulturen der 1960er Jahre erinnern. Angesichts der problembehafteten Geschichte war aber wenig von „Plan" und „Planung" die Rede, sondern vor allem von „Strategie". Diese Geschichte muss noch erzählt werden.

---

[75] Vgl. Bröckling, Zukunftsmanagement; Doering-Manteuffel/Raphael, Boom, S. 9; Andreas Wirsching, Der Preis der Freiheit. Geschichte Europas in unserer Zeit, München 2012, S. 247–256; zu Politiken der Versicherheitlichung zuletzt Christoph Kampmann/Wencke Meteling/Angela Marciniak (Hrsg.), „Security turns its eye exclusively to the future". Zum Verhältnis von Sicherheit und Zukunft in der Geschichte, Baden-Baden 2018.

Elke Seefried/Andreas Malycha
Planen, um aufzuschließen: Forschungsplanung in der Bundesrepublik und der DDR

Im Februar 1969 veröffentlichte „Der Spiegel" eine Titelgeschichte zur „technologischen Lücke", die ein drohendes Zurückfallen der Bundesrepublik und Westeuropas gegenüber den USA beschwor. Die US-Regierung habe die „Zeitwende" der postindustriellen Gesellschaft erkannt, ähnlich wie Japan und die UdSSR, und auch die Große Koalition müsse nun die „Sicherung der Zukunft" in Angriff nehmen und in die Technik der Zukunft – elektronische Datenverarbeitung, Weltraum- und Atomtechnik – investieren.[1] In der Tat hatte Forschungsminister Gerhard Stoltenberg 1968 angekündigt, die „Zukunftsaufgaben der Wissenschaftspolitik" durch stärkere staatliche Förderung von Schlüsseltechnologien und neue Methoden der Planung von Forschung zu lösen.[2]

Nicht nur in der Bundesrepublik beriet man in den 1960er Jahren intensiv über die zukunftsorientierte Planung der Forschung. Auch in der DDR – in der die Planwirtschaft ohnehin ein umfassenderes Verständnis von Planung bedingte – rückten die Prognose und Planung von Wissenschaft verstärkt auf die politische Agenda. SED-Chef Walter Ulbricht erläuterte auf dem VII. Parteitag der SED 1967, dass die „wissenschaftlich-technische Revolution" einen Ausbau der „marxistisch-leninistischen Gesellschaftsprognostik" erfordere, um „die voraussichtliche Entwicklung von Wissenschaft und Technik" in den Blick zu nehmen. Daraus sollten Planungen für Forschung und Produktion abgeleitet werden.[3] Sahen die DDR-Wirtschaftsreformen der 1960er Jahre vor, marktwirtschaftliche Anreize in die sozialistische Planwirtschaft zu integrieren, so gingen diese zugleich mit dem Ausbau der Prognostik und einer neuen Form von Forschungsplanung einher. Ziel war es, zum Westen aufzuschließen: Man müsse

---

[1] Unbewältigte Zukunft. Technologische Lücke, in: Der Spiegel, 24.2.1969, S. 38–54, die Zitate S. 38, 41, 42.
[2] Gerhard Stoltenberg, Notwendige Zukunftsaufgaben der Wissenschaftspolitik. Maßnahmen der Wissenschaftsförderung und Wissenschaftsplanung, in: Bulletin der Bundesregierung, 8.2.1968, S. 130–134.
[3] Walter Ulbricht, Die gesellschaftliche Entwicklung in der Deutschen Demokratischen Republik bis zur Vollendung des Sozialismus. Schlußansprache, VII. Parteitag der SED, 17. bis 22.4.1967, Berlin (Ost) 1967, S. 96, 92, 100.

„einiges schneller machen [...] als in den USA oder anderen Ländern, um zur Weltspitze zu kommen. D.h., wir müssen auf einigen Gebieten eine sprunghafte Entwicklung der Technik und der Produktionsbasis erreichen."[4]

Damit avancierte die Planung von Forschung Mitte der 1960er Jahre in West- wie in Ostdeutschland zu einem zentralen Instrument der Zukunftssicherung. Politische und wissenschaftliche Eliten beider Seiten orientierten sich an einem technischen Verständnis von Modernität und an der Planung wissenschaftlichen „Fortschritts", die die 1960er Jahre zu einem „Jahrzehnt der Zukunft"[5] werden ließen. Übergeordnetes Ziel war es jeweils, mittels moderner Technologien im internationalen Wettbewerb und in der Systemkonkurrenz des Kalten Krieges Prestige zu sammeln und zugleich ökonomische Vorteile zu erzielen. Systemübergreifend verband das Planungsinteresse ein optimistisch unterlegtes Machbarkeitsdenken mit einer Krisenwahrnehmung, die auf ein drohendes nationales „Zurückfallen" verwies. Nicht nur die westdeutsche Forschungspolitik blickte in erster Linie in die USA, sondern auch das ostdeutsche Pendant orientierte sich vor allem am Westen. Die deutsch-deutsche Forschungsplanung war damit von einer Asymmetrie in der gegenseitigen Wahrnehmung geprägt. Auf beiden Seiten allerdings schwand das Vertrauen in Prognostik und Planung, welches die 1960er Jahre prägte, aus unterschiedlichen Gründen bereits Anfang der 1970er Jahre.

1. Planung und Großforschung als neue Leitlinien

Der Kalte Krieg war nicht zuletzt ein technologischer Wettlauf. Die US-Regierung hatte bereits im Zweiten Weltkrieg mit dem „Manhattan Project" zur Entwicklung der Atombombe Strukturen der Großforschung

---

[4] Wirtschaftspolitische ZK-Abteilungen, 1968, zitiert nach André Steiner, Von Plan zu Plan. Eine Wirtschaftsgeschichte der DDR, München 2004, S. 145f., vgl. ebenda, S. 140–151.
[5] Alexander Schmidt-Gernig, Das Jahrzehnt der Zukunft. Leitbilder und Visionen der Zukunftsforschung in den 60er Jahren in Westeuropa und den USA, in: Uta Gerhardt (Hrsg.), Zeitperspektiven. Studien zu Kultur und Gesellschaft, Stuttgart 2003, S. 305–345; vgl. Heinz-Gerhard Haupt/Jörg Requate (Hrsg.), Aufbruch in die Zukunft. Die 1960er Jahre zwischen Planungseuphorie und kulturellem Wandel. DDR, ČSSR und Bundesrepublik Deutschland im Vergleich, Weilerswist 2004; Elke Seefried, Der kurze Traum von der steuerbaren Zukunft. Zukunftsforschung in West und Ost in den „langen" 1960er Jahren, in: Lucian Hölscher (Hrsg.), Die Zukunft des 20. Jahrhunderts. Dimensionen einer historischen Zukunftsforschung, Frankfurt a. M. 2017, S. 179–220.

geschaffen, in denen disziplinübergreifend Projekte verfolgt wurden, die für Politik und Wirtschaft von besonderem Interesse waren. Im Kalten Krieg bauten die USA aus strategisch-militärischem Interesse die „Big Science" aus und investierten umfangreiche Mittel in Forschung und Entwicklung. Die Sowjetunion zog rasch nach.[6]

In der Bundesrepublik war eine Forschungspolitik des Bundes zunächst durch alliierte Beschränkungen und unklare Kompetenzabgrenzungen zwischen Bund und Ländern erschwert. Der sowjetische Sputnik-Flug 1957, der den technologischen Wettlauf im Kalten Krieg beschleunigte, und der wirtschaftliche Boom, der die Planungs- und Handlungsspielräume für den Bund erweiterte, trugen zu institutionellen Reformen bei. Das 1955 geschaffene Atomministerium wurde 1962 zum Bundesministerium für wissenschaftliche Forschung (BMwF) erweitert, das die Koordinierungskompetenz für Wissenschaft und Forschung erhielt.[7] Mitte der 1960er Jahre erfuhr die Forschungspolitik einen Schub und rückte mit der Zuschreibung, ‚zukunftsorientiert' zu sein, ins Licht der bundesdeutschen Öffentlichkeit. Dafür waren mehrere Faktoren maßgebend. Zum Ersten richtete sich der Blick nicht mehr nur auf den Systemwettbewerb im Kalten Krieg,[8] sondern auch auf eine „amerikanische Herausforderung".[9] Dies ging vor allem auf die zugespitzte Auslegung einer OECD-Studie zurück, die ermittelt hatte, die Ausgaben für Forschung und Entwicklung in den USA sei-

---

[6] Als Literaturschau vgl. Corinna R. Unger, Cold War Science. Wissenschaft, Politik und Ideologie im Kalten Krieg, in: Neue Politische Literatur 51 (2006), S. 51–68; Audra J. Wolfe, Competing with the Soviets. Science, technology, and the state in Cold War America, Baltimore (MD) 2013.

[7] Vgl. Thomas Stamm, Zwischen Staat und Selbstverwaltung. Die deutsche Forschung im Wiederaufbau 1945–1965, Köln 1981, S. 244–252; Helmuth Trischler, Planungseuphorie und Forschungssteuerung in den 1960er Jahren am Beispiel der Luft- und Raumfahrtforschung, in: ders./Margit Szöllösi-Janze (Hrsg.), Großforschung in Deutschland, Frankfurt a. M. 1990, S. 117–139.

[8] Gerhard Stoltenberg, Ziele und Methoden der Wissenschaftspolitik, in: ders., Staat und Wissenschaft. Zukunftsaufgaben der Wissenschafts- und Bildungspolitik, Stuttgart 1969, S. 25–51, hier S. 30.

[9] Johannes Bähr, Die „amerikanische Herausforderung". Anfänge der Technologiepolitik in der Bundesrepublik Deutschland, in: AfS 35 (1995), S. 115–130; Helmuth Trischler, Die „amerikanische Herausforderung" in den „langen" siebziger Jahren, in: Gerhard A. Ritter/Margit Szöllösi-Janze/Helmuth Trischler (Hrsg.), Antworten auf die amerikanische Herausforderung. Forschung in der Bundesrepublik und der DDR in den „langen" siebziger Jahren, Frankfurt a. M. 1999, S. 11–18.

en rund fünfzehnmal höher als in der Bundesrepublik.[10] Forschungsminister Gerhard Stoltenberg forderte eine erhebliche Erhöhung der Bundesmittel für Forschung, die sich (proportional zum BNP) am US-Niveau orientieren sollten. Kanzler Kurt Georg Kiesinger erklärte 1966, man müsse der „Gefahr eines technologischen Rückstands" entgegenwirken.[11]

Zum Zweiten sollte mit technologischer Innovation eine wirtschaftliche Krisensituation überwunden werden. 1966 war die Bundesrepublik erstmals in eine Rezession geschlittert, und im Lichte der Diskussion um eine „Innovationslücke"[12] dienten Investitionen in Forschung im keynesianischen Verständnis dazu, die wirtschaftliche Entwicklung anzukurbeln: „Wir brauchen eine leistungsfähige Forschung zur Sicherung unseres wirtschaftlichen Wachstums und der Modernisierung unseres politischen und sozialen Lebens", postulierte Stoltenberg.[13]

Der Begriff „Modernisierung", der nach dem Ende der Ära Adenauer in die politische Sprache drang, signalisierte drittens, dass die Dynamik in der Forschungspolitik aus einem neuen politischen Modernisierungsdenken hervorging. Der Wiederaufbau schien abgeschlossen, und die Parteien konkurrierten nun zunehmend darum, sich als modern zu präsentieren.[14] Wissenschaft und Technik spielten dabei eine entscheidende Rolle – nicht nur als Gegenstand, der beschleunigtem Wandel unterlag, sondern auch als Mittel, Zukunftsaufgaben zu lösen. Der Bundesbericht Forschung II forderte:

„Forschungspolitik darf sich nicht nur davon leiten lassen, Rückstände aufzuholen. Sie muß sich stärker und konsequenter als bisher solcher Aufgaben annehmen, von deren Lösung die weitere Entwicklung von Gesellschaft und

---

[10] Christopher Freeman/A. Young, The Research and Development Effort in Western Europe, North America and the Soviet Union. An Experimental International Comparison of Research Expenditures and Manpower in 1962, Paris 1965.
[11] Kurt Georg Kiesinger, Regierungserklärung vom 13.12.1966, in: Dieter Oberndörfer (Hrsg.), Kurt Georg Kiesinger. Die Große Koalition 1966–1969. Reden und Erklärungen des Bundeskanzlers, Stuttgart 1979, S. 6–27, hier S. 12; vgl. Stoltenberg, Ziele, S. 26–28.
[12] Martin Urban, Forschung in Deutschland. Bilanz nach 20 Jahren, in: Süddeutsche Zeitung, 6.8.1969; vgl. Trischler, Herausforderung.
[13] Stoltenberg, Ziele, S. 29.
[14] Vgl. u. a. Gabriele Metzler, Konzeptionen politischen Handelns von Adenauer bis Brandt. Politische Planung in der pluralistischen Gesellschaft, Paderborn 2005; Elke Seefried, Reconfiguring the Future? Politics and Time from the 1960s to the 1980s. Introduction, in: JMEH 13 (2015), S. 306–316.

Wirtschaft in besonderem Maße abhängt. Ohne einen Beitrag von Wissenschaft und Technik können diese Zukunftsaufgaben, etwa auf den Gebieten der Welternährung, Energieversorgung, Raumordnung, Umwelthygiene, des Massenverkehrs oder der Bildungsplanung nicht mehr bewältigt werden."[15]

Das gewachsene politische Vertrauen in Wissenschaft und Technik speiste sich viertens daraus, dass die Wissenschaft verstärkt kommunizierte, die Zukunft vermessen zu können. In der Tat waren im transatlantischen Kontext Methoden der Prognose, der Planung und Steuerung der Zukunft entwickelt worden. Dies galt nicht nur für die keynesianische „Globalsteuerung" in den Wirtschaftswissenschaften.[16] Vor allem waren in den großen staatlich geförderten US-Think Tanks (wie der RAND Corporation) neue Methoden militärisch-strategischer Prognostik entstanden. Aus dem *Operations Research* – statistischen Optimierungsanalysen für Waffen- und Gerätesysteme, die bereits im Weltkrieg entwickelt worden waren – und neuen methodisch-theoretischen Ansätzen der Kybernetik und der Spieltheorie waren innovative Methoden der Vorausschau (wie computerunterstützte Modellsimulationen und „Delphi" als systematisierte Expertenbefragung) hervorgegangen. Zentrale Bedeutung hatte die Kybernetik als Wissenschaft von der Nachrichtenübermittlung, Kontrolle und Steuerung in belebten und unbelebten Systemen, die davon ausging, dass Regelungsprozesse sowohl Menschen als auch Maschinen kennzeichneten; soziale Prozesse erschienen so in Modellen erfassbar, prognostizier- und steuerbar. Eine besondere Rolle spielte der Computer als Instrument, der eine Vielzahl an Daten sammeln und aufbereiten konnte. Aus diesen Methoden und einem transatlantischen Wissensaustausch entstand um 1960 die westliche Zukunftsforschung (*futures research* oder Futurologie).[17]

Diese wissenschaftlichen Angebote, die Zukunft steuern zu können, nährten Mitte der 1960er Jahre die Wahrnehmung, Forschungspolitik sei ein zentrales, *planbares* Politikfeld. Zugleich verlor im Zeichen der Entspannung im Kalten Krieg der Planungsbegriff an Abschreckungskraft. Der Bundesbericht Forschung II beschrieb 1967 noch die For-

---

[15] Bundesministerium für wissenschaftliche Forschung (BMwF), Bundesbericht Forschung II, in: Verhandlungen des Deutschen Bundestages, Drs. V/2054, 28.7.1967, S.7.
[16] Vgl. die Einleitung in diesem Band.
[17] Vgl. Elke Seefried, Zukünfte. Aufstieg und Krise der Zukunftsforschung 1945–1980, Berlin 2015, S.59–74.

schungsförderung „im anderen Teil Deutschlands" als „umfassende[s] System staatlicher Planung, Lenkung und Kontrolle".[18] Der folgende Bericht thematisierte die DDR gar nicht mehr eigens. Damit ließ sich in der Großen Koalition semantisch leichter zwischen Planwirtschaft und Planung differenzieren. Nachdem „auch die Sozialdemokraten die Vorstellung von Planwirtschaft als quantitativer Produktionsbestimmung durch den Staat aufgegeben haben", so Stoltenberg, „ist der Begriff der Planung von manchem Ballast befreit worden".[19] Der CDU-Politiker forderte den Einsatz „moderner Planungstechniken".[20] In der Tat postulierte die SPD, die sich im Godesberger Programm noch mit Blick auf die kommunistische Planwirtschaft von weitreichender Planung distanziert hatte, nun eine Politik der „mittel- und langfristigen Planung": „Der technische Fortschritt [...] muß gefördert werden."[21] Auch in den Wissenschaftsorganisationen wie der DFG zirkulierten Konzepte von Forschungsplanung,[22] und Medien wie der „Spiegel" sahen die Zukunft des Menschen durch Wissenschaft und Forschung „geplant".[23] Mithin etablierte sich in der Großen Koalition das Ziel einer mittelfristigen, auf drei bis fünf Jahre angelegten Sach- und Finanzplanung der Forschung. Die sozialliberale Koalition, die 1972 mit dem Bundesministerium für Forschung und Technologie ein „Zukunftsministerium" schuf,[24] propagierte gar eine „umfassende Forschungsplanung".[25]

Forschungsplanung zielte dabei auf zweierlei: Zum einen sollte sie zukunftsorientierte Politik ermöglichen, die wichtige Forschungs-

---

[18] Bundesbericht Forschung II, S. 128.
[19] Gerhard Stoltenberg, Zukunftsaufgaben der Bildungspolitik, in: ders., Staat und Wissenschaft, S. 11–24, hier S. 11f.
[20] Gerhard Stoltenberg, Forschungsplanung. Möglichkeiten und Grenzen in: ders., Hochschule, Wissenschaft, Politik. Zwölf Beiträge, Frankfurt a. M. 1968, S. 113–126, das Zitat S. 125.
[21] Sozialdemokratische Perspektiven im Übergang zu den siebziger Jahren, in: Horst Ehmke (Hrsg.), Perspektiven. Sozialdemokratische Politik im Übergang zu den siebziger Jahren, Reinbek b. Hamburg 1969, S. 33.
[22] Deutsche Forschungsgemeinschaft (Hrsg.), Kolloquium über Forschungsplanung, Wiesbaden 1971.
[23] Futurologie. Die Zukunft des Menschen wird geplant, in: Der Spiegel, 26.12.1966 (Titel).
[24] Bähr, Herausforderung, S. 128.
[25] Zitiert nach Gerhard A. Ritter, Großforschung und Staat in Deutschland. Ein historischer Überblick, München 1992, S. 97.

trends früh ausmachte und „rational",[26] also sach- und wissenschaftsbasiert Prioritäten setzte. Dies galt als nötig, weil sich wissenschaftlich-technische Entwicklungen beschleunigten und neue technische Apparaturen höhere Kosten verursachten. Zudem wuchs (auch mit der Grundgesetzänderung von 1969) der Anteil der Bundesmittel an der Forschungsförderung, der vorausschauend verteilt und mit der Mittelfristigen Finanzplanung abgestimmt werden musste.[27] So präsentierte der Bundesbericht Forschung, der zweijährlich vorgelegt wurde, ein Gesamtbudget Forschung für die Mittelfristige Finanzplanung. Zentrale Bedeutung hatte der Ausbau der Großforschung, der sich am amerikanischen Modell orientierte, aber in den föderalen Rahmen der Bundesrepublik eingepasst wurde. Im Rahmen dieser Großforschung investierte der Bund gezielt – 1967 ca. 70% seiner Forschungsmittel – in übergreifende Schwerpunkte: Zunächst waren dies die Kernenergie, welche zur „Sicherstellung einer billigen und krisenfesten Energieversorgung" beitragen sollte, und die Weltraum- und Luftfahrtforschung, dann auch die elektronische Datenverarbeitung und Neue Technologien (Mikroelektronik, Biotechnik und biologische Kybernetik).[28]

Zum anderen zielte Planung auf eine zukunftsorientierte Verwissenschaftlichung von Politik und stärkere Verzahnung von Staat, Wissenschaft und Wirtschaft. Experten aus der ressortnahen Forschung wie Helmut Krauch aus der Studiengruppe für Systemforschung argumentierten, der bundesdeutschen Forschungspolitik fehle eine moderne Struktur, wie sie in den USA die Think Tanks verkörperten, die neueste Methoden der Planungsforschung – des *Operations Research,* der Kybernetik und der *Systems Analysis* – anwendeten und „wegen der Langfristigkeit der Zielsetzungen Grundlagenforschung, Anwendungsforschung, Entwicklung, Planung und Design eng miteinander

---

[26] Bundesminister für wissenschaftliche Forschung (Hrsg.), Ziele und Wege rationaler Forschungsplanung, Bonn 1969.
[27] Stoltenberg, Forschungsplanung, S.123; vgl. Helmuth Trischler, Das bundesdeutsche Innovationssystem in den „langen 70er Jahren". Antworten auf die „amerikanische Herausforderung", in: Johannes Abele/Gerhard Barkleit/Thomas Hänseroth (Hrsg.), Innovationskulturen und Fortschrittserwartungen im geteilten Deutschland, Köln 2001, S.47–70, hier S.68.
[28] BA Berlin, B 138/1549, Forschungs- und Finanzplanung, IIA2-1619 vom 29.4.1968; vgl. Bundesbericht Forschung I, in: Verhandlungen des Deutschen Bundestages, Drs. IV/2963, 18.1.1965; Bundesbericht Forschung II, S.12f.; Bundesbericht Forschung III, in: ebenda, Drs. V/4335, 12.6.1969, S.11; Trischler, Innovationssystem, S.55.

gekoppelt" bearbeiteten.[29] Ohnehin stand das Wissenschaftsministerium seit seiner Gründung stark unter dem Einfluss von politikberatenden Kommissionen wie der Atomkommission. In der Folge richtete es weitere Expertenstäbe ein, etwa 1967 den Beratenden Ausschuss für Forschungspolitik.[30]

Auch in den sozialistischen Staaten setzte sich – vor dem Hintergrund des technologischen Wettlaufs mit den USA und beflügelt von den Erfolgen des „Sputnik" 1957 und des Gagarin-Fluges 1961 – ein technologisch ausgerichtetes Verständnis von Modernität durch. In den 1960er Jahren rückte die „wissenschaftlich-technische Revolution"[31] – als These von der neuen gesellschaftlichen Bedeutung von Wissenschaft und Technik – ins Zentrum staatssozialistischer Zukunftsbetrachtungen und „überformte ideologisch die Wissenschafts- und Technologiepolitik".[32] Die Wissenschaft verwandle sich durch Automation und Rechenanlagen, so war vielfach zu lesen, in eine unmittelbare Produktivkraft. Mithilfe der Technik werde der Mensch zum Beherrscher der modernen Maschinenwelt. Damit verband sich nicht nur das Ziel einer Modernisierung und Intensivierung der industriellen Produktion, sondern der wissenschaftlich-technische „Fortschritt" wurde zum politischen Legitimationsinstrument sozialistischer Herrschaft.[33]

Für die DDR-Wissenschaftspolitik bedeutete dies vor allem eine gezielte staatliche Förderung anwendungsnaher Forschung, die einen

---

[29] Hans Paul Bahrdt, Eindrücke und Ergebnisse von der Columbus-Konferenz und der Studienreise „Forschungsplanung", in: Helmut Krauch/Werner Kunz/Horst Rittel (Hrsg.), Forschungsplanung. Eine Studie über Ziele und Strukturen amerikanischer Forschungsinstitute, München 1962, S. 22–25, hier S. 23; vgl. Bähr, Herausforderung, S. 123.

[30] Vgl. Andreas Stucke, Institutionalisierung der Forschungspolitik. Entstehung, Entwicklung und Steuerungsprobleme des Bundesforschungsministeriums, Frankfurt a. M. 1993; Seefried, Zukünfte, S. 326.

[31] Vgl. Ulbricht, Entwicklung, S. 99; Kurt Tessmann, Die wissenschaftlich-technische Revolution und das System des Sozialismus, in: Deutsche Zeitschrift für Philosophie 15 (1967), S. 291–309.

[32] Uwe Fraunholz/Thomas Hänseroth, Transzendierungen von Wissenschaft und Technik im Systemwettstreit. Innovationskulturen im deutsch-deutschen Vergleich, in: dies. (Hrsg.), Ungleiche Pfade? Innovationskulturen im deutsch-deutschen Vergleich, Münster 2012, S. 9–26, das Zitat S. 15; vgl. Raymond G. Stokes, Constructing Socialism. Technology and Change in East Germany, 1945–1990, Baltimore (MD) 2000, S. 131–152.

[33] Vgl. Hubert Laitko, Produktivkraft Wissenschaft, wissenschaftlich-technische Revolution und wissenschaftliches Erkennen. Diskurse im Vorfeld der Wissen-

raschen Transfer von Ergebnissen in die Industrie ermöglichen sollte. Seit Ende der 1950er Jahre hatte die SED-Regierung der Förderung angewandter Forschung wachsende Bedeutung zugemessen. Ein Grund dafür war auch der wachsende wirtschaftliche Rückstand zur Bundesrepublik, der Parteichef Ulbricht bewog, auf dem V. SED-Parteitag 1958 die ökonomische Hauptaufgabe auszugeben, bis 1961 den westdeutschen Pro-Kopf-Verbrauch von wichtigen industriellen Konsumgütern und Nahrungsmitteln zu übertreffen.[34] Um die wissenschaftlich-technische „Revolution" zu nutzen und das Wirtschaftswachstum zu stärken, baute die SED-Regierung auch die Forschungsplanung aus, die bis dahin in den Händen der zuständigen Ministerien bzw. der Staatlichen Plankommission gelegen hatte. Über den zentralen Plan Forschung und Technik hinaus wurden auf nachgeordneten Leitungsebenen neue Verfahren und technologische Innovationen erfasst. 1957 entstand der Forschungsrat, dessen Arbeitskreisen Wissenschaftler, Praktiker aus der Industrie und (auf der Vorstandsebene) Vertreter der SED angehörten. Er war als Schnittstelle zwischen Politik, Wissenschaft und Industrie dem Ministerbüro unterstellt. Seine Aufgabe war es, Schwerpunkte der Forschungsplanung zu empfehlen, gemeinsam mit der Staatlichen Plankommission Perspektivpläne für Forschung und Entwicklung zu erstellen und dabei Forschung auf ökonomische Erfordernisse auszurichten.[35] Zugleich verlängerte sich die Planungsperspektive über die Fünf- bzw. Siebenjahrespläne hinaus. Die RGW-Länder beschlossen auf einer Konferenz in Sofia 1959, Perspektivpläne bis 1975 (bzw. dann 1980) zu erarbeiten. Im Kontext dieser „Generalperspektive" erhielt

schaftswissenschaft, in: Hans-Christoph Rauh/Peter Ruben (Hrsg.), Denkversuche. DDR-Philosophie in den 60er Jahren, Berlin 2005, S. 459–540.

[34] Walter Ulbricht, Der Kampf um den Frieden für den Sieg des Sozialismus, für die nationale Wiedergeburt Deutschlands als friedliebender, demokratischer Staat, in: Protokoll der Verhandlungen des V. Parteitages der Sozialistischen Einheitspartei Deutschlands, 10. bis 16. Juli 1958, Berlin 1959, S. 22–221, insbesondere S. 68.

[35] Vgl. Steiner, Plan, S. 101; ders., Anschluss an den „Welthöchststand"? Versuche des Aufbrechens der Innovationsblockaden im DDR-Wirtschaftssystem, in: Abele/Barkleit/Hänseroth (Hrsg.), Innovationskulturen, S. 71–88, hier S. 75f.; zum Forschungsrat Matthias Wagner, Der Forschungsrat der DDR im Spannungsfeld von Sachkompetenz und Ideologieanspruch, Diss. Humboldt-Universität Berlin 1992.

der DDR-Forschungsrat die Aufgabe, entsprechende Entwicklungen von Naturwissenschaft und Technik zu planen.[36]

1963 installierte die SED-Regierung das Reformprogramm des „Neuen Ökonomischen Systems der Planung und Leitung", welches die DDR-Volkswirtschaft „auf der Grundlage des höchsten Standes von Wissenschaft und Technik" modernisieren sollte.[37] Das NÖS suchte die betriebliche Eigenverantwortung zu stärken und ökonomische Anreizstrukturen zu schaffen. Zugleich rangierte nun die Wissenschaft als gleichrangiger Produktionsfaktor neben Arbeit, Boden und Kapital. In diesem Sinne forderte Ulbricht auf einer ZK-Tagung 1964 „eine prognostische Einschätzung der Entwicklung der Produktivkräfte", die sich an den Haupttrends in Wissenschaft und Technik für die nächsten 15 bis 20 Jahre orientieren und dazu dienen sollte, Erkenntnisse von Wissenschaft und Technik „ohne Zeitverlust nutzbar machen zu können".[38]

In diesem Kontext zielte das NÖS auf eine Nutzung moderner Organisations- und Steuerungsinstrumente. Dazu gehörten Kybernetik und Systemtheorie, die nun Einzug in die Entwicklung von Volkswirtschafts- und Forschungsplänen hielten. Die Kybernetik war in den sozialistischen Staaten zunächst als unbedeutende Hilfswissenschaft und – aufgrund ihrer amerikanischen Wurzeln – als bürgerliche Pseudowissenschaft abgewertet worden. Doch nun erlebte sie eine enorme wissenschaftliche und politische Aufwertung und galt als bedeutendes Instrument für die „Planung und Leitung gesellschaftlicher Prozesse im Sozialismus".[39] Tatsächlich erschien die Kybernetik wegen ihrer prozessualen Steuerungslogik *einerseits* als anschlussfähig an die sozialistische Planung. Sie versprach, Forschung und Entwicklung rational zu steuern und effizienter zu gestalten, und erschien als the-

---

[36] Andreas Malycha, Biowissenschaften/Biomedizin im Spannungsfeld von Wissenschaft und Politik in der DDR in den 1960er und 1970er Jahren, Leipzig 2016, S. 50, vgl. ebenda, S. 50–55, 101–120.
[37] Zitiert nach André Steiner, Die DDR-Wirtschaftsreform der sechziger Jahre. Konflikt zwischen Effizienz- und Machtkalkül, Berlin 1999, S. 58, vgl. auch im Folgenden ebenda.
[38] Walter Ulbricht, Referat auf der 5. Tagung des ZK der SED, 3.–7.2.1964, in: ders., Zum neuen ökonomischen System der Planung und Leitung, Berlin (Ost) 1967, S. 441; vgl. Eckart Förtsch, Wissenschafts- und Technologiepolitik in der DDR, in: Dieter Hoffmann/Kristie Macrakis (Hrsg.), Naturwissenschaft und Technik in der DDR, Berlin 1997, S. 17–33, S. 25.
[39] Ulbricht, Entwicklung, S. 94.

oretischer Schlüssel für das Verständnis der elektronischen Datenverarbeitung, die in der DDR-Forschungsplanung zunehmend an Bedeutung gewann. *Andererseits* konnte sie Reformern und Intellektuellen dazu dienen, unter dem Signum der Selbstregulation für dezentralisierte Planung und marktwirtschaftliche Elemente einzutreten.[40]

Semantisch von der Kybernetik inspiriert war die zweite Phase der Wirtschaftsreform (1967–70), das „Ökonomische System des Sozialismus" (ÖSS), welches Forschungs- und Wirtschaftsplanung noch enger verknüpfte. Um die Volkswirtschaft durch strukturbestimmende Planung zu steuern, sollte sich die Produktion nun auf „die entscheidenden Erzeugnisse" konzentrieren, die als besonders effektiv galten, auf dem Weltmarkt hohe Rentabilität erbrachten und dem wissenschaftlich-technischen „Höchststand" entsprachen. Diese sollten zu Investitionsschwerpunkten erklärt werden. Nur durch Prognostik, so Ulbricht,

„könnten diejenigen Entscheidungen vorbereitet werden, die es ermöglichen, die Struktur der Wirtschaft und das Produktionssortiment entsprechend den Anforderungen der wissenschaftlich-technischen Revolution umzugestalten, systematisch bei den entscheidenden Haupterzeugnissen und Verfahren das Weltniveau zu erreichen und mitzubestimmen und einen maximalen Zuwachs an Nationaleinkommen zu sichern".[41]

Mithin hatte die Forschungsplanung die Aufgabe, die Trends der wissenschaftlich-technischen Entwicklung zu ermitteln und entsprechend der Wirtschafts- und Produktionsplanung Schwerpunkte künftiger Forschung zu bestimmen. Im Kontext staatswirtschaftlicher Planwirtschaft war die Forschungsplanung im Rahmen der Fünfjahr- und Jahrespläne organisiert. Der Perspektivplan Wissenschaft und Technik legte ab 1967 genaue Themenfelder, Prioritäten, materielle und finanzielle Bedingungen sowie Ziele der Forschungsvorhaben in Akademien und Universitäten fest und wurde nun ganz vom Ministerium für Wissenschaft und Technik verantwortet, das 1967 aus dem

---

[40] Vgl. Jakob Tanner, Komplexität, Kybernetik und Kalter Krieg. „Information" im Systemantagonismus von Markt und Plan, in: Michael Hagner/Erich Hörl (Hrsg.), Die Transformation des Humanen. Beiträge zur Kulturgeschichte der Kybernetik, Frankfurt a. M. 2008, S. 377–413; Peter C. Caldwell, Dictatorship, State Planning and Social Theory in the German Democratic Republic, New York 2003, S. 141–184.
[41] Ulbricht, Entwicklung, S. 121, 125, 102; vgl. Steiner, Wirtschaftsreform, S. 135–162.

entsprechenden Staatssekretariat hervorging. Mithin verband sich die verstärkte Forschungsplanung mit einem Professionalisierungs- und Zentralisierungsprozess in der Wissenschaftspolitik.[42]

Diesem Prozess diente auch eine neue Organisationsform der Forschung, die der bundesdeutschen Entwicklung nachempfunden war. Im letzten Drittel der 1960er Jahre entstanden sozialistische Großforschungseinrichtungen, die sich auf Schlüsseltechnologien wie hochpolymere Chemie, Biochemie und Datenverarbeitung konzentrierten. In der DDR zielte Großforschung nicht nur darauf, eine problemorientierte, interdisziplinäre Forschung mit Großgeräten zu ermöglichen, sondern auch Forschungen der Betriebe, der Universitäten und Akademien zusammenzuführen. Auf die Großforschungsvorhaben entfielen ein Drittel aller Mittel aus dem Staatshaushalt für Forschung und Technik und ein Drittel der in der Forschung tätigen Hoch- und Fachschulkader.[43] Die sozialistische Großforschung war auch eine Antwort auf die im Vergleich zur Bundesrepublik bislang „mangelnde Verknüpfung von Forschung, Entwicklung und Produktion in der DDR".[44] In der Tat diente sie in besonderer Weise dem Ziel, den Westen ökonomisch zu überholen. So hatte der Direktor des Instituts für Biophysik im Forschungszentrum Berlin-Buch nach einer Studienreise nach England und Westdeutschland 1965 ein düsteres Bild der DDR-Biophysik gemalt, „denn die biologische Strukturforschung wird nur in ganz bescheidenem Umfang (z.B. in zwei kleinen Arbeitsgruppen in Berlin-Buch) betrieben".[45] Es nimmt deshalb nicht wunder, dass Ulbricht auf einer Politbürositzung 1969 erklärte: „Der echte Sinn der Großforschung besteht darin, den Durchbruch zu Weltspitzenleistungen zu vollbringen."[46]

---

[42] Vgl. Agnes Charlotte Tandler, Geplante Zukunft. Wissenschaftler und Wissenschaftspolitik in der DDR 1955–1971, Freiberg 2000, S. 260f.

[43] Vgl. ebenda, S. 302–305; dies., Visionen einer sozialistischen Großforschung in der DDR 1968–1971, in: Ritter/Szöllösi-Janze/Trischler, Antworten, S. 361–374, hier S. 367.

[44] Johannes Abele, Großforschung in der DDR. Das Zentralinstitut für Kernforschung Rossendorf in den siebziger Jahren, in: Ritter/Szöllösi-Janze/Trischler, Antworten, S. 316–338, hier S. 317; vgl. Förtsch, Wissenschafts- und Technologiepolitik, S. 25–27; Tandler, Geplante Zukunft, S. 310.

[45] BA Berlin, DY 30/IV A 2/9.04/307, Information Karlheinz Lohs für die Abteilung Wissenschaft des ZK der SED vom 9.11.1965.

[46] BA Berlin, DE 1/58491, Niederschrift über die Beratung im Politbüro vom 18.04.1969.

Doch die sozialistische Großforschung blieb zum Großteil ein Wunschbild. Eines der wenigen Großforschungsvorhaben, das in Ansätzen umgesetzt wurde, war MOGEVUS (Molekulare Grundlagen der Entwicklungs-, Vererbungs- und Steuerungsprozesse), das eine interdisziplinäre Kooperation von Biologie, Medizin, Pflanzenphysiologie, Pharmazie und Agrarwissenschaften für die Erforschung komplexer biologischer Phänomene schuf. Die Forschung in MOGEVUS glich in manchem den westdeutschen Großforschungszentren, etwa mit Blick auf projektorientierte Forschergruppen und Interdisziplinarität. Doch fehlten der sozialistischen Großforschung finanzielle Mittel und genügend hochqualifiziertes Personal. Zudem engte die Planungsbürokratie die Autonomie der Forscher zunehmend ein und griff immer stärker in die Formulierung von Forschungsthemen sowie die Organisation der Forschung ein.[47]

Wenngleich Forschungsplanung in der DDR zentralistischer und hierarchisierter organisiert war als in der Bundesrepublik, unterlag sie doch ähnlichen Tendenzen: In den Mittelpunkt rückte zum einen die Prioritätensetzung entsprechend zentraler wissenschaftlich-technischer Zukunftstrends und Schlüsseltechnologien, um den ökonomischen Nutzen von Forschung im internationalen Wettbewerb zu steigern. Zum anderen wurden verstärkt Experten eingebunden, um die Planung der Forschung zu rationalisieren.

Wie in der Bundesrepublik verband die DDR-Forschungsplanung der 1960er Jahre Krisenwahrnehmung und Aufbruchsstimmung. Einerseits gründete die Reform des NÖS auch in der Reaktion auf die Massenflucht aus der DDR bis 1961 und im Scheitern der Pläne, etwa 1961 des Siebenjahresplans. Zudem speiste sich Forschungspolitik ab Ende der 1950er Jahre verstärkt aus der Sorge, wirtschaftlich gegenüber der Bundesrepublik und technologisch gegenüber dem von den USA repräsentierten „Welthöchststand" zurückzubleiben. Dieses Messen mit dem Westen verstärkte eine „Ökonomisierung" der Wissenschaft, die im Historischen Materialismus (und seiner Ausrichtung auf das Ökonomische) zwar angelegt war, aber in den 1960er Jahren mit dem Verständnis von der „Produktivkraft" Wissenschaft noch deutlicher ökonomischen Zielen dienen sollte.[48] Andererseits folgte die Forschungsplanung ähnlich wie in der Bundesrepublik einem technisch

---

[47] Vgl. Tandler, Geplante Zukunft, S. 304–312.
[48] Förtsch, Wissenschafts- und Technologiepolitik, S. 26.

geprägten Machbarkeitsdenken, das teilweise Züge von „Technikgläubigkeit"[49] trug.

2. Prognostik für die Forschungsplanung

In West- und Ostdeutschland hatte sich in der zweiten Hälfte der 1960er Jahre ein neues Verständnis von Forschungsplanung etabliert, das sich mit „Mitteln der Prognose und Planung"[50] den Zukunftsaufgaben stellen wollte und dafür entsprechende Zukunfts-Expertise benötigte.

In den sozialistischen Staaten entstand in den 1960er Jahren – parallel zur westlichen Zukunftsforschung – die sozialistische Prognostik. Das Reformklima der Kossygin-Ära hatte die Voraussetzungen dafür geschaffen, dass aus dem tradierten marxistisch-leninistischen Fortschrittsverständnis, der neuen Wissenschafts- und Technikaffinität und dem Schlüsselkonzept der „wissenschaftlich-technischen Revolution" eine jeweils zentral koordinierte Prognostik hervorging. Ein Ausgangspunkt war die „Generalperspektive" der RGW-Länder 1959 gewesen, die mittel- bis langfristige Perspektivpläne bis 1975 bzw. 1980 einforderte. Im Lauf der 1960er Jahre schufen die Akademien der Wissenschaften und Ministerien eigene Einheiten oder Institute für Prognostik.[51] Sozialistische Eliten betonten, dass die wissenschaftliche Vorausschau „schon immer ein hervorstechendes Element der Führungstätigkeit der marxistisch-leninistischen Parteien" gewesen sei.[52] In der Tat wurde die Prognostik als Instrument einer zentralstaatlichen, mittel- bis langfristig angelegten Wirtschafts- und Wissenschaftsplanung angewandt.

In der DDR etablierte sich im Zuge des verzögerten Perspektivplanes für die Jahre 1965 bis 1970 eine zentral gesteuerte sozialistische Prognostik. Ihre Gestaltung lag primär in den Händen des seit 1966 von

---

[49] Mitchell G. Ash, Wissenschaft, Politik und Modernität in der DDR. Ansätze zu einer Neubetrachtung, in: Karin Weisemann/Peter Kröner/Richard Toellner (Hrsg.), Wissenschaft und Politik. Genetik und Humangenetik in der DDR (1949–1989), Münster 1997, S. 1–25, hier S. 16.
[50] Stoltenberg, Zukunftsaufgaben, S. 11.
[51] Vgl. Steiner, Plan, S. 112; zur Prognostik Igor V. Bestuzhev-Lada, A Short History of Forecasting in the USSR, 1927–1990, in: Technological Forecasting and Social Change 41 (1991), S. 341–348; Egle Rindzevičiūtė, A Struggle for the Soviet Future: The Birth of Scientific Forecasting in the Soviet Union, in: Slavic Review 51 (2006), S. 52–76; Seefried, Traum; Malycha, Biowissenschaften, S. 106–108.
[52] Ulbricht, Entwicklung, S. 92.

dem Physiker Max Steenbeck geleiteten Forschungsrates, der allerdings 1966 hierarchisiert und durch neue SED-Mitglieder verstärkt in den Staats- und Parteiapparat eingebunden worden war.[53] Der Forschungsrat setzte 17 „ständige Prognosegruppen" ein, die dem Vorsitzenden der Staatlichen Plankommission zugeordnet waren. Politische Vorgaben, auch durch die Auswahl der Themen, setzte der „Strategische Arbeitskreis" beim SED-Politbüro „zur Planung der Strategie der Partei auf den Gebieten der Politik, der Wirtschaft und der Kultur". Der von Parteichef Ulbricht geleitete Arbeitskreis war im November 1966 auch deshalb gebildet worden, um die Prognostik im Sinne der SED zu steuern. Die Ausarbeitung der Prognosen und deren Umsetzung in konkrete Forschungsplanung übernahmen die Ministerien und die Staatliche Plankommission. Die Prognosethemen richteten sich auf volkswirtschaftliche Bereiche und technische Innovationen, von denen die politische Führung einen deutlichen Anstieg der Exporteinnahmen erwartete. Ziel war es zunächst, das Entwicklungsniveau von Wissenschaft und Technik auf nationaler und internationaler Grundlage für das Jahr 1980 zu prognostizieren, um daraus auf wissenschaftlicher Grundlage Ziele und Aufgaben für den (verzögerten) ökonomischen Perspektivplan 1965 bis 1970 abzuleiten. Ebenso sollten Voraussagen für den Zeitraum von 1970 bis 1980 getroffen werden. Intern gab die Parteispitze als Ziel aus, 1971 bis 1975 jährliche Zuwachsraten der industriellen Produktion von 8,5% zu erreichen und die Bundesrepublik in den 1980er Jahren in der Arbeitsproduktivität zu übertreffen.[54]

Anfang 1968 lagen insgesamt 17 Prognosen sowie 52 Teilprognosen vor. In direkter Zuständigkeit des Forschungsrates waren etwa die Prognosen zur Entwicklung und Anwendung der EDV, der Kernenergie sowie zur biologischen Forschung erarbeitet worden. Die zentrale Prognosegruppe des Ministerrates hatte die Wissenschaftsentwicklung, die Chemisierung der Volkswirtschaft sowie die landwirtschaftlichen Trends prognostiziert. Die Autoren arbeiteten hauptsächlich mit der Delphi-PERT-Methode, einem qualitativen Verfahren der Expertenbefragung, das amerikanischen Ursprungs war. Direktoren der Akademieinstitute und Lehrstuhlinhaber der Universitäten schätzten künftig bestimmende Forschungstrends in der jeweiligen Disziplin sowie zu

---

[53] Vgl. Tandler, Geplante Zukunft, S. 240–249.
[54] Vgl. Steiner, Wirtschaftsreform, S. 136f., 146f.; Tandler, Geplante Zukunft, S. 300; Ralf Kessler, Politikberatung in DDR und ČSSR der 60er Jahre vor dem „Prager Frühling", in: Haupt/Requate, Aufbruch, S. 233–248, hier S. 242–244.

erwartende Forschungsergebnisse.⁵⁵ Darüber hinaus kamen prognostische Faktorenanalysen, Zielbaummethoden, Trendberechnungen, mathematische Modellierungen und statistische Extrapolation zur Anwendung. Die im November 1969 beim Ministerrat der DDR gebildete zentrale Prognosegruppe gab vor, dass Voraussagen für Demographie und Morbidität wesentlich auf Trendextrapolationen, die Wissenschaftsprognostik dagegen auf Expertenabschätzungen beruhen sollten.⁵⁶

Die Prognostik kam – wenig überraschend – zum Ergebnis, dass Technologisierung und Automatisierung die Zukunft prägen würden. Parteichef Ulbricht gab auf dem SED-Parteitag 1967 bekannt, die Prognosegruppen hätten ermittelt, dass die künftige Entwicklung der DDR-Wirtschaft durch die „zunehmende Mechanisierung und Automatisierung vieler Prozesse der Produktion, die umfassende Anwendung der elektronischen Datenverarbeitung, die wachsende Chemisierung der Volkswirtschaft und den Einsatz neuer hochbeanspruchbarer Werkstoffe [...] sowie die Nutzung der Atomenergie" bestimmt werde.⁵⁷ Exemplarisch lässt sich an der Biologieprognose („Prognose zur Entwicklung der biologischen Forschung für den Zeitraum 1970 bis 1980"), die 1968 vom DDR-Ministerrat bestätigt wurde, zeigen, dass – ähnlich wie die westliche Zukunftsforschung – auch die DDR-Prognostik von einem technizistischen Machbarkeitsglauben erfasst wurde.⁵⁸ Die hohen Erwartungen spiegelten sich in langen Listen mit vorausgesagten medizinischen Innovationen wider. Hierzu gehörten Steuerungsutopien wie die enorme Steigerung der Lebenserwartung, die Verwendung künstlicher Organe und umfassende Methoden zur Kontrolle der Vererbung. Diese orientierten sich auffällig an den Ergebnissen der ersten großen amerikanischen Delphi-Untersuchung Olaf Helmers und

---

⁵⁵ Vgl. mit weiterer Literatur Andreas Malycha/Ulrike Thoms, Aufbruch in eine neue Zukunft? Biowissenschaftliche Prognosen in der DDR und der Bundesrepublik in den 1960er und 1970er Jahren, in: Heinrich Hartmann/Jakob Vogel (Hrsg.), Zukunftswissen. Prognosen in Wirtschaft, Politik und Gesellschaft seit 1900, Frankfurt a. M. 2010, S. 107–134.
⁵⁶ BA Berlin, DQ 109/119, Thesen zum Stand und Probleme der Prognostik des Gesundheitswesens und der medizinischen Wissenschaft der DDR, ohne Datum (1970).
⁵⁷ Ulbricht, Entwicklung, S. 106f.
⁵⁸ BA Berlin, DR 3, 2. Schicht, 1132/4, Prognose zur Entwicklung der biologischen Forschung für den Zeitraum 1970–1980 (Biologieprognose), hrsg. vom Ministerium für Wissenschaft und Technik, Berlin (Ost) 1968.

Theodore Gordons von 1964.[59] Die Voraussagen gingen davon aus, dass es auch in der DDR gelingen werde, biologische Vererbungs- und Entwicklungsprozesse genetisch vollständig zu steuern, wirksame Arzneimittel, vor allem gegen psychische Erkrankungen, Virusinfektionen, Herz- und Kreislaufschäden sowie gegen Krebserkrankungen zu finden sowie die Schaffung von „Lebewesen aus der Retorte" möglich zu machen. Erkennbar legten die Prognosen Augenmerk auf den ökonomischen Nutzen wissenschaftlicher Innovation, was an die politischen Entscheidungsträger in Partei und Staat adressiert war. In der Tat rechnete das Ministerium für Wissenschaft und Technik damit, dass sich in der pharmazeutischen Industrie die Produktion von 1 Mrd. Mark im Jahre 1965 auf 3,4 Mrd. Mark im Jahre 1980 erhöhen werde. Insbesondere erwartete man eine signifikante Erhöhung der Exporteinnahmen.[60] Die Prognosen ordneten einzelnen Instituten konkrete Forschungsthemen in den „Hauptrichtungen der Forschung" zu, so dass daraus abrechenbare Forschungspläne abgeleitet werden konnten. Am Ende des staatlichen Planungsablaufs stand die Mittelvergabe für die Institute, die in den Jahresplänen detailliert ausgewiesen wurde.[61]

Die Wirkung der staatlichen Prognostik kann als ambivalent eingeschätzt werden. Zwar gingen die Prognosen in die Perspektivpläne und in Programme etwa der naturwissenschaftlichen Forschung ein. Doch konnten sich die hoch gesteckten Erwartungen an die Prognostik nicht erfüllen. Die Prognosen stützten sich auf internationale Studien, die – wie die Delphi-Studie von Gordon und Helmer – einem überzogenen technischen Steuerungs- und Machbarkeitsdenken folgten, und schenkten nationalen Gegebenheiten (vor allem den finanziellen Möglichkeiten der DDR) nicht genügend Berücksichtigung.[62] Zudem unterstanden die Experten der Suprematie von Parteiführung und Ministerien, die den Handlungsraum der Planungsexpertise beschränkten.[63] Grundsätzlich überschätzte die Staats- und Parteiführung eklatant

---

[59] Theodore J. Gordon/Olaf Helmer, Report on a long-range forecasting study, Santa Monica (CA) 1964; Seefried, Zukünfte, S. 65f.
[60] BA Berlin, DR 3, 2. Schicht, 1132/4, Biologieprognose.
[61] Vgl. Thoms/Malycha, Aufbruch, S. 112.
[62] Vgl. Bestuzhev-Lada, Short History, S. 343f.; Steiner, Plan, S. 144.
[63] Vgl. Peter C. Caldwell, Plan als Legitimationsgrundlage, Planung als Problem: Die DDR als Beispiel staatssozialistischer Modernität, in: GG 34 (2008), S. 360–374.

ihre Möglichkeiten, das Tempo und die Richtung wissenschaftlicher und wirtschaftlicher Entwicklungen gezielt steuern zu können. Insbesondere Parteichef Ulbricht hatte, die Systemkonkurrenz mit dem Westen im Blick, illusionäre Vorgaben formuliert, welche für die ressourcenschwache DDR nicht realisierbar waren.[64]

Insgesamt changierte die DDR-Prognostik zwischen dem ideologischen Referenzrahmen des Marxismus und einer Rezeption westlichen Wissens. Am marxistisch-leninistischen Gesellschaftsbegriff orientiert, richtete sie sich auf „die Grundzüge des Gesamtsystems der entwickelten sozialistischen Gesellschaft und seiner wesentlichen Teilsysteme" aus, zu denen das ökonomische System, die Sozialstruktur und der Komplex von Wissenschaft, Bildung und Kultur gehörten.[65] Zentrale Bedeutung hatten ökonomische Entwicklungsprozesse und Strukturen – mithin ökonomisch gedeutete „Gesetzmäßigkeiten" marxistisch-leninistischen Geschichtsverständnisses in teleologischer Ausrichtung.[66] Doch standen Wissenschaft und Technik im Mittelpunkt der Prognosen, denn nur durch deren Erforschung schien die beschleunigte wissenschaftlich-technischen Revolution zu steuern. Dabei grenzten sich die Vertreter der DDR-Prognostik – im Gegensatz zur tschechoslowakischen Richta-Gruppe – besonders deutlich von der westlichen „Futurologie" ab. Letztere sei klassengebunden und diene „der Stabilisierung des staatsmonopolistischen Herrschaftssystems", weil sie prognostische Aussagen über wissenschaftlich-technische Trends bereitstelle, die zur „staatsmonopolistischen ‚Planifikation' benötigt werden". Vor allem die Forschung in den Think Tanks sei auf den westlichen Militarismus gerichtet.[67]

Zugleich aber nutzte die sozialistische Prognostik westliches Wissen. Dies galt für die Kybernetik und das Denken in Systemen; auch Parteichef Ulbricht verwies darauf, dass sich die Prognostik an „kyber-

---

[64] Vgl. Steiner, Wirtschaftsreform, S.146f.
[65] Herbert Edeling, Der unentbehrliche Kompass, in: Werner Müller-Claud (Hrsg.), Wir werden es erleben. An der Schwelle zum dritten Jahrtausend, Leipzig 1971, S.16–30, das Zitat S.18f.; vgl. Ulbricht, Entwicklung, S.92.
[66] Edeling, Kompass, S.17.
[67] Jürgen Becher/Paul Friedrich, Soziale Prognostizierung contra bürgerliche Futurologie, in: Deutsche Zeitschrift für Philosophie 25 (1977), S.536–551, das Zitat S.540f.; vgl. Futurologie, in: Georg Klaus/Manfred Buhr (Hrsg.), Philosophisches Wörterbuch, Bd.1, Leipzig [10]1974, S.441f., hier S.442; vgl. Seefried, Traum.

netische[n] Prinzipien" orientiere.⁶⁸ Ebenso verwendete die Prognostik amerikanische Methoden wie Delphi und orientierte sich an Ergebnissen kanonischer US-Studien wie jener von Helmer und Gordon. Zudem setzte man auch Wissenschaftler mit US-Forschungserfahrung ein. Der Biochemiker Samuel Mitja Rapoport, in Galizien geboren und als Österreicher in den 1930er Jahren in die USA geflohen, war aufgrund der McCarthy-Kampagne nach Europa zurückgekehrt und Anfang der 1950er Jahre in die DDR migriert. Als Leiter des Instituts für Physiologische Chemie an der Humboldt-Universität brachte er seine US-Erfahrungen wissenschaftlichen Arbeitens in interdisziplinären Forscherteams und sein Fachwissen in die Biologieprognose ein.⁶⁹

In der Bundesrepublik hingegen entstand – wenig überraschend – kein zentrales Prognostikzentrum. Doch suchte das Bonner Forschungsministerium seit Mitte der 1960er Jahre ebenfalls die Prognosekapazitäten des Bundes im Bereich der Forschung zu stärken, um Grundlagen für die Forschungsplanung zu erarbeiten. Auch hier dienten die USA als Vorbild. „Nur aus dem Modell der Gesellschaft der Zukunft", so Peter Menke-Glückert, seit 1964 Leiter des neuen Referats Forschungsplanung, könnten „Zielwerte für den Ausbau von Bildungs- und Forschungseinrichtungen" abgeleitet werden. Protagonisten wie Menke-Glückert waren es, die, von der „technologischen Lücke" überzeugt, darauf drängten, die bundesdeutsche Wissenschaftspolitik müsse sich verstärkt mit der in den USA erarbeiteten Planungs- und Zukunftsforschung, mit *Operations Research* und *Systems Analysis*, beschäftigen und ein zur RAND Corporation äquivalentes Institut für Planungsforschung schaffen. Dabei verklärte man die Think Tanks zu Produzenten objektiver Expertise, die mit ihrer Interdisziplinarität Wissen über die Zukunft generierten.⁷⁰ Menke-Glückert, der 1967 zur OECD wechselte, gehörte auch zu den Köpfen der entstehenden bundesdeutschen Zukunftsforschung, die sich in Vereinen wie der Ge-

---

⁶⁸ Ulbricht, Entwicklung, S. 107.
⁶⁹ Vgl. Ralph Jessen, Akademische Elite und kommunistische Diktatur. Die ostdeutsche Hochschullehrerschaft in der Ulbricht-Ära, Göttingen 1999, S. 336–348; Samuel Mitja Rapoport, Die Biologieprognose 1966–1980, in: Werner Scheler/Heinz David/Lothar Rohland (Hrsg.), Planung und Selbstbestimmung in der Forschung. Erfahrungen aus der DDR, Berlin 2002, S. 52–55.
⁷⁰ BA Koblenz, B 138, 6585, BMwF, Menke-Glückert, an Staatssekretär Wolfgang Cartellieri vom 17.5.1965; Peter Menke-Glückert, Europas technologische Lücke. Die amerikanische Herausforderung, in: Merkur 22 (1968) H. 238, S. 126–140.

sellschaft für Zukunftsfragen und dem Zentrum Berlin für Zukunftsforschung (ZBZ) organisierte.[71]

Das Forschungsministerium griff auf ein breites Spektrum von Experten für Prognostik und Planung zurück, das von der Ressortforschung über Großforschungsinstitutionen bis hin zu Hochschullehrern reichte, um Wissen über Prognosen zu generieren und Forschung zu planen. Dies war nicht nur der föderalen Struktur des bundesdeutschen Innovationssystems geschuldet, sondern auch der Versuch, nur anwendungsbezogene und wirtschaftlich verwertbare Forschung zu fördern. Die Zukunftsforschung wurde im Ministerium ambivalent betrachtet, denn zu ihr rechneten neben empirisch-positivistischen Ansätzen normative und vor allem explizit kritisch-emanzipatorische Strömungen; letztere entwickelten sich aus Ideen der Neuen Linken, standen im Kontext des „Prager Frühlings" mit Vertretern der tschechoslowakischen Prognostik in Kontakt und träumten von einem „Dritten Weg" demokratischer Planung. Minister Stoltenberg hingegen wollte Forschung fördern, die „realitätsbezogen" arbeitete, um „das spekulative Element der Zukunftsforschung in engen Grenzen" zu halten.[72] 1968 wurde im Feld der Großforschung die Gesellschaft für Mathematik und Datenverarbeitung (GMD) gegründet, die valide, quantitative, computergenerierte Daten für die Planung politischer Entscheidungsprozesse liefern sollte.[73] Hinzu kam die Studiengruppe für Systemforschung in Heidelberg, die ab 1969 unter der Ägide des Forschungsministeriums stand. Im Ministerium galt die Studiengruppe als „ausgelagerte Planungskapazität", die Planungswissen für Forschungspolitik und Wissenschaftsstatistik lieferte und vor allem über Prognose- und Planungsverfahren in den USA informierte.[74] Sie drängte auf einen Ausbau der systematischen Forschungsplanung des Bundes: Dazu müssten die komplexen Verflechtungen von „gesellschaftspolitischen Grundaufgaben" und Zukunftsentwicklungen in einer Systemana-

---

[71] Vgl. Seefried, Zukünfte, S. 437–439.

[72] Gerhard Stoltenberg, Die Erforschung technologischer Entwicklungslinien. Vortrag auf der Hannover-Messe anläßlich des Gesprächs über Technologische Forschung und der Einberufung des Gründungsausschusses des „Industrie-Instituts zur Erforschung technologischer Entwicklungslinien" am 27.4.1969, in: Analysen und Prognosen über die Welt von morgen 1 (1968/69) H.4, S.20f.; vgl. Seefried, Zukünfte, S.75–157; dies., Traum.

[73] Vgl. Trischler, Innovationssystem, S.68.

[74] BA Koblenz, B 138, 6239, BMwF, II 1, Trabandt, vom 1.3.1967; zudem ebenda, B 138, 6238 und 6801.

lyse strukturiert werden. Zukunftsaufgaben und Ziele seien zu eruieren, die „zu erwartenden technisch-wissenschaftlichen Fortschritte" zu vermessen und in Befragungen Ziele und Gruppeninteressen zu ermitteln, um dann Prioritäten zu definieren, Investitionen und Projekte zu planen und Forschungs- und Entwicklungsprogramme aufzustellen. Das präsentierte Spektrum von Verfahren – Trendextrapolationen, Delphi, entscheidungstheoretische Modelle, Dynamische Programmierung und das Planning-Programming-Budgeting-System – bewegte sich ganz im amerikanischen Referenzrahmen.[75]

Das Ministerium folgte aber keinem systematischen Planungsansatz, sondern setzte vor allem auf Expertise aus „Forschungsunternehmen", die Prognosen über Bevölkerungsentwicklung und Wirtschaftswachstum in der Bundesrepublik erstellten.[76] Die Prognos AG etwa erstellte auf Wunsch Stoltenbergs eine Vorstudie zur Forschungsplanung, die „Forschungsproduktivitäten" als Verhältnis von bewirktem Wachstum und Forschungsaufwand ermitteln wollte. So sollten Prioritäten gesetzt, der „optimale Mitteleinsatz" errechnet und alternative Förderungspakete präsentiert werden, um zu prüfen, wie die Forschung „durch eine Auswahl förderungswürdiger Projekte und einen schwerpunktartigen Mitteleinsatz zu einer größtmöglichen Effizienz" gelangen könne.[77] Damit ging Prognos davon aus, objektives, rationales Wissen zur Forschungsplanung zu erarbeiten und so eine effiziente Mittelverteilung berechnen zu können. Dieser strikt ökonomische Ansatz und die „merkliche Überschätzung der eigenen Leistungsfähigkeit" sorgten im Ministerium allerdings für Skepsis: Der Produktionseffekt von Forschung sei nun einmal unbestimmbar.[78] Die Hauptstudie kam deshalb nicht zustande. Doch erhielt Prognos wiederholt Aufträge, um zu ermitteln, wie sich technische Entwicklungen auf die Struktur einzelner Wirtschaftszweige und die Zahl und das Qualifikationsprofil der Arbeitsplätze auswirken würden.[79]

---

[75] Reinhard Coenen, Aufgaben und Methoden der Forschungsplanung, in: BMwF (Hrsg.), Ziele, S. 19–32, hier S. 20f.
[76] Verhandlungen des Deutschen Bundestages, V. WP, Plenarprotokoll, Sitzung vom 27.10.1967, S. 6598.
[77] BA Koblenz, B 138, 6230, Prognos, Gedanken zur Fundierung der Forschungsplanung in der Bundesrepublik, Ms.
[78] Ebenda, BMwF, I B 5, an von Massow vom 2.12.1968; vgl. auch ebenda, S. 6231.
[79] Vgl. u. a. Gotthold Zubeil/Richard Engl, Methoden der Prioritätsbestimmung II. Verfahren zur Planung von Staatsausgaben unter besonderer Berücksichtigung

Minister Stoltenberg förderte zudem die Gründung des Industrie-Instituts zur Erforschung technologischer Entwicklungslinien (ITE), das von Unternehmen getragen wurde.[80] Das ITE – das wegen der Konkurrenz der beteiligten Unternehmen allerdings nicht lange Bestand hatte – widmete sich vor allem Entwicklungs- und Anwendungsmöglichkeiten von Technologien, etwa dem künftigen Stadtverkehr in Süd- und Ostasien und der Prognose langfristiger wirtschaftlicher Basisdaten für die Bundesrepublik und Japan.[81] Damit rückte erstmals Japan als zukunftsorientiertes Modell einer hochtechnologisierten Forschungs- und Wirtschaftskraft in den Blick.

Auch in der sozialliberalen Koalition konzentrierte sich die Forschungsplanung auf die Frage der Prioritätensetzung.[82] Zugleich wurde ein Aspekt wichtiger, der die Differenz zur DDR-Planung deutlich machte: Planung sollte sich verstärkt am Postulat der Demokratisierung orientieren. Diese Diskussion wurde nicht nur von Willy Brandts Versprechen befeuert, „mehr Demokratie wagen" zu wollen,[83] sondern auch von „1968ern", die teilweise in die SPD eingetreten waren, und von den entstehenden neuen sozialen Bewegungen. Zudem avancierten Planungsexperten – wie der Leiter der Studiengruppe für Systemforschung Helmut Krauch – zu Verfechtern einer demokratischen Forschungsplanung. Krauch hatte auch durch den Austausch mit amerikanischen Planungsforschern an der University of Berkeley und Vertretern einer kritisch-emanzipatorischen Zukunftsforschung wie Robert Jungk zur Überlegung gefunden, in die Erforschung der Zukünfte die ‚Beplanten' stärker einzubeziehen.[84] Verstärkt reflektierte er über

---

von Forschung und Entwicklung. Studie im Auftrage des Bundesministers für Bildung und Wissenschaft, Bonn 1971.
[80] Stoltenberg, Erforschung; dazu Akte BA Koblenz, B 138, 1550.
[81] Institut zur Erforschung technologischer Entwicklungslinien. Aufgaben, Arbeitsweise und Organisation, Hannover 1970; Krach um Deutschlands Denkfabrik, in: Capital 8 (1969) H.10, S.42–46.
[82] Vgl. Seefried, Zukünfte, S.444–446.
[83] Regierungserklärung des Bundeskanzlers Willy Brandt, in: Stenographische Berichte des Deutschen Bundestages, 6.WP, 28.10.1969, S.20–34, hier S.20.
[84] Vgl. Helmut Krauch, Bildung und Entfaltung der Studiengruppe für Systemforschung 1957–1973, in: Reinhard Coenen/Karl-Heinz Simon (Hrsg.), Systemforschung. Politikberatung und öffentliche Aufklärung, Kassel 2011, S.4–16, hier S.6; Andrea Brinckmann, Wissenschaftliche Politikberatung in den 60er Jahren. Die Studiengruppe für Systemforschung 1958 und 1975, Berlin 2006, S.131.

die Macht der Experten und der Interessenverbände, die womöglich nicht „die Interessen der Bevölkerung repräsentier[ten]".[85] Gegenüber dem Ministerium für Bildung und Wissenschaft (BMBW), als welches das Forschungsministerium nun firmierte, drang er darauf, die *Bedürfnisse* – ein Begriff, der um 1970 Sozialwissenschaften und politische Kommunikation durchdrang – der Bürger verstärkt zu berücksichtigen.[86]

Auch in der SPD wurde die Spannung zwischen einer expertenbasierten, im Kern technokratischen Planung und dem Versprechen nach mehr Demokratie reflektiert. Ulrich Lohmar, SPD-Vorsitzender des Ausschusses für Bildung und Wissenschaft, forderte, „die gesamte Planung von Forschung und Entwicklung" zu demokratisieren und verstärkt an gesellschaftlichem Nutzen und kollektiven Bedürfnissen auszurichten. So glaubte er zudem Kritik von ganz links entkräften zu können, die Forschungspolitik diene nur der mehr oder minder direkten Subventionierung der Großkonzerne und des „Kapitals".[87] In der Folge signalisierte der Planungsstab des BMBW gegenüber der Studiengruppe für Systemforschung, dass man vermehrt Methoden präferiere, die auf Transparenz zielten und gesellschaftliche Bedürfnisse berücksichtigten.[88]

Mithin etablierte sich in der west- und auch in der ostdeutschen Forschungspolitik in den 1960er Jahren ein politisches Vertrauen in Prognostik und Planung, das sich an neuen Wissensbeständen der Erforschung von Zukunft orientierte. Auf beiden Seiten wurde in erster Linie die amerikanische Forschung als Referenzmodell für den ‚Welthöchststand' betrachtet, und es nimmt nicht wunder, dass beide die Kybernetik und amerikanische Methoden der Prognose wie Delphi nutzten. Changierte die bundesdeutsche Forschungsplanung zwischen der Orientierung an expertenbasierter Planung wissenschaftlich-technischen Fortschritts und ökonomischem Kalkül, so geriet der ökonomische Nutzen zur eigentlichen Zielperspektive der DDR-Planung

---

[85] Helmut Krauch, Zur Analyse der Forschungspolitik. Probleme der Repräsentation gesellschaftlicher Ziele in der staatlichen Forschungsplanung, in: ders., Prioritäten für die Forschungspolitik, München 1970, S. 9–51, hier S. 31.
[86] Vgl. Seefried, Zukünfte, S. 371–373, 445f.
[87] Ulrich Lohmar, Wissenschaftspolitik und Demokratisierung. Ziele, Analysen, Perspektiven, Düsseldorf 1973, die Zitate S. 61, 58.
[88] So Herbert Paschen/Helmut Krauch, Vorwort, in: dies. (Hrsg.), Methoden und Probleme der Forschungs- und Entwicklungsplanung, München 1972, S. 7–10, hier S. 8; vgl. Bundesbericht Forschung IV, Drs. VI/3251, 13.3.1972, S. 7.

im Reformmodell des NÖS. Vor allem unterschied beide Seiten, dass Prognostik und Forschungsplanung in der DDR von einem komplexen staatlichen System organisiert und geleitet wurden. Die Prognosen bezogen die Universitäten und Institute der Akademie der Wissenschaften sowie die den Ministerien unterstellten Forschungseinrichtungen in der DDR ein, waren in die Parteibürokratie eingebunden und dienten als Vorstufe für die Kennziffern des Fünfjahrplans. In der Bundesrepublik hingegen verhinderten das föderale System und die politisch gewollte Pluralität von Expertise eine zentralistische Planung. Zudem stand die bundesdeutsche Forschungsplanung weitaus stärker im Lichte der Öffentlichkeit, ja erhoben sich um 1970 Forderungen, Forschungsplanung an gesellschaftlichen Bedürfnissen auszurichten und transparenter zu gestalten, wohingegen die ostdeutschen Plandokumente allesamt der Geheimhaltung unterlagen.

3. Neue Grenzen: Forschungsplanung in den 1970er und 1980er Jahren

Anfang der 1970er Jahre schwand in West und Ost das politische Vertrauen in Prognostik und Planung – allerdings aus unterschiedlichen Gründen. In der Bundesrepublik war – über die Frage einer Demokratisierung von Planung hinausgehend – ab 1971/72 vermehrt von den Grenzen der Planung die Rede. Der Bundesbericht Forschung IV hielt 1972 fest, dass sich mit „zunehmender Komplexität des Planungsgegenstandes" und wachsendem Planungszeitraum die „Grenzen der Planung" zeigten. Prognosen müssten deshalb regelmäßig überprüft werden, und die Planungsverfahren seien „einfach" und „praxisnah" zu gestalten.[89] Auch medial setzte relativ plötzlich eine Kritik an der „verplant[en]" Zukunft ein.[90] Damit drehte schon *vor* der ersten Ölkrise, die in der zeithistorischen Forschung lange als zentraler Faktor politischer Krisenwahrnehmungen der 1970er Jahre verortet wurde,[91] die politische und öffentliche Haltung zur Planung.

Diese neue Wahrnehmung von Grenzen wurzelte *erstens* in der Einsicht, dass die freigebige sozialliberale Reformpolitik an finan-

---

[89] Bundesbericht Forschung IV, S.10.
[90] Claus Grossner, Wenn Zukunft verplant wird. Werden in Bonn die Politiker von den Experten entmachtet? In: Die Zeit, 9.4.1971.
[91] Vgl. Anselm Doering-Manteuffel/Lutz Raphael, Nach dem Boom. Perspektiven auf die Zeitgeschichte seit 1970, Göttingen ³2012; Hartmut Kaelble, The 1970s:

zielle Grenzen stieß. Horst Ehmke, der nach der Teilung des BMBW die Leitung des Ministeriums für Forschung und Technologie (BMFT) übernahm, drang 1973 angesichts des „grundsätzlich begrenzten Bundeshaushalt[s]" auf eine „gezielte Neuorientierung der Prioritäten innerhalb eines begrenzten Rahmens".[92] Dieser Trend steigerte sich mit Einsetzen der Öl- und Wirtschaftskrise 1973/74.[93] *Zweitens* waren auch die Grenzen der Planungsexpertise selbst erkennbar geworden. Hauptstudien waren teilweise nach der Durchsicht von Vorgutachten nicht mehr in Auftrag gegeben worden – wie im Falle der Prognos-Studie. Gerade das Expertenwissen der Zukunftsforschung war nur bedingt verwendbar für die politische Entscheidungsfindung, weil der „Abstraktionsgrad" zu hoch[94] und die oftmals systemanalytisch durchsetzte Sprache der Experten für die juristisch geschulte Ministerialbürokratie nicht mehr nachvollziehbar erschienen. *Drittens* erzeugte die Forderung nach einer Demokratisierung von Planung Konflikte zwischen Experten und Exekutive. So ermittelte ein Gutachten der Studiengruppe für Systemforschung 1973 für den Bundestagsausschuss für Bildung und Wissenschaft einen „krasse[n] Unterschied" zwischen den Prioritäten der befragten Bürger und der tatsächlichen Forschungsplanung: Die Befragten seien für die Stärkung von Gesundheits-, Bildungs- und Umweltforschung, während die Dominanz der Atom- und Verteidigungsforschung reduziert werden sollte. Zum Leitbild wurde nun die

---

What Turning Point?, in: JMEH 9 (2011), S. 18-20; Ulrich Herbert, Geschichte Deutschlands im 20. Jahrhundert, München 2014, S. 887-922; hingegen Frank Bösch, Boom zwischen Krise und Globalisierung, in: GG 42 (2016), S. 354-376; offener zu „Strukturbrüchen" auch Anselm Doering-Manteuffel, Die Vielfalt der Strukturbrüche und die Dynamik des Wandels in der Epoche nach dem Boom, in: Morten Reitmayer/Thomas Schlemmer (Hrsg.), Die Anfänge der Gegenwart. Umbrüche in Westeuropa nach dem Boom, München 2014, S. 135-145.

[92] Horst Ehmke, Forschungspolitik. Stetigkeit und Neuorientierung (1973) in: ders., Politik als Herausforderung. Reden, Vorträge, Aufsätze 1968-1974, Karlsruhe 1974, S. 49-63, hier S. 50.

[93] Vgl. Metzler, Konzeptionen, S. 411-418; Winfried Süß, „Wer aber denkt für das Ganze?" Aufstieg und Fall der ressortübergreifenden Planung im Bundeskanzleramt, in: Matthias Frese/Julia Paulus/Karl Teppe (Hrsg.), Demokratisierung und gesellschaftlicher Aufbruch. Die sechziger Jahre als Wendezeit der Bundesrepublik, Paderborn 2003, S. 349-377, hier S. 375.

[94] BA Koblenz, B 138, 6230, BMwF, Finke, I B 5, an von Massow vom 2.12.1968; vgl. Elke Seefried, Experten für die Planung? „Zukunftsforscher" als Berater der Bundesregierung 1966-1972/73, in: Archiv für Sozialgeschichte 50 (2010), S. 109-152.

seit der Debatte um die „Grenzen des Wachstums" allgegenwärtige „Lebensqualität".[95] Hingegen sah das Forschungsministerium in Gestalt von Ehmke und Staatssekretär Volker Hauff einen „unzulänglichen Informationsstand" der Befragten.[96] Verkompliziert wurde dies dadurch, dass Wissenschaftler in der Forschungspolitik nicht nur als Experten agierten, sondern zugleich als Interessenten; denn sie planten auch ihre eigene Zukunft.[97] *Viertens* wuchs mit dem ökologischen Bewusstsein Anfang der 1970er Jahre auch eine stärkere Infragestellung der technisch-industriellen Moderne, die durch Diskurse wie um die „Grenzen des Wachstums" forciert wurde. Neue soziale Bewegungen und kritische Wortführer wie Robert Jungk stellten besonders scheinbar unkontrollierbare Großtechnologien wie die Kernkraft in Frage und suggerierten mit Bildern vom autoritär-technokratischen „Atomstaat" Parallelen zum NS-Regime. Dabei verdeutlichte der Dissens um die Kernenergie, dass Planung in einer so komplexen und weitreichenden Frage nicht nur auf Expertise basieren konnte, sondern auf gesellschaftliche Wertmaßstäbe auszurichten war,[98] die zudem selbst dem Wandel unterworfen waren.

Die Grenzen der Planung schlugen sich auch in der ministeriellen Forschungsplanung nieder. Planung verschwand nicht, aber pragmatisierte sich in den 1970er Jahren – und der Begriff der Planung rückte in den Hintergrund. Die ministerielle Forschungsplanung richtete sich nicht mehr auf den *Ausbau* von Forschungsförderung, sondern auf einen schnelleren, effizienteren Technologietransfer,[99] auf die Stärkung von Basisinnovationen und die Sicherung der Beschäftigung.[100] Um der anschwellenden Kritik an technokratischer Planung zu begegnen, nutzten Protagonisten der sozialliberalen Koalition die DDR als

---

[95] BA Koblenz, B 196, 97218, Krauch, Prioritäten in der Forschungspolitik, März 1973; vgl. dazu Brinckmann, Politikberatung, S. 133f., 169–173; Seefried, Zukünfte, S. 446–452.
[96] BA Koblenz, B 196, 97218, BMFT, III A 1, Tannhäuser, an Minister vom 16.3.1973.
[97] Vgl. auch Tim Schanetzky, Die große Ernüchterung. Wirtschaftspolitik, Expertise und Gesellschaft in der Bundesrepublik 1966 bis 1982, Berlin 2007, S. 18.
[98] Vgl. Robert Jungk, Der Atomstaat. Vom Fortschritt in die Unmenschlichkeit, München 1977; Seefried, Zukünfte, S. 487 f.; siehe auch den Beitrag von Silke Mende in diesem Band.
[99] Vgl. Ehmke, Stetigkeit, S. 49.
[100] Vgl. Volker Hauff/Fritz W. Scharpf, Modernisierung der Volkswirtschaft. Technologiepolitik als Strukturpolitik, Köln 1975.

Abgrenzungsfolie: Forschungsminister Hans Matthöfer sah die mit zentralen Plänen gelenkten „Wirtschaften des sowjetischen Machtbereichs [...] in ökonomische Sackgassen gelangt, weil der Mangel an demokratischen Beteiligungs- und Entscheidungsmöglichkeiten und die polizeistaatliche Repression es zwar erlauben, die Konsumquote niedrig und die Investitionsquote hoch zu halten, gleichzeitig aber Bürokratisierung, mangelnde Motivation der arbeitenden Bevölkerung und organisatorische Schlampereien die Produktivität drastisch vermindern."[101] Die Regierung bezog Zukunftsexpertise weiterhin ein, die nun aber verstärkt über die Grenzen von Prognostik und die notwendige Pluralisierung von Methoden reflektierte. Ein neuer ministerieller Diskussionskreis für Analyse und Prognose des Forschungsbedarfs erstellte nicht mehr konkrete Prognosen, sondern ermittelte strukturelle, globale Wandlungsprozesse in Wirtschaft und Gesellschaft. Zum Einsatz kamen pragmatisierte Versionen der Modellsimulation, qualitative Szenarienbildung und die Delphi-Befragung.[102] Die Prioritäten der Forschungsplanung – die Mitte der 1970er Jahre auf der Kern-, der Weltraumforschung und der Datenverarbeitung lagen – verschoben sich zunächst aber nur partiell.[103]

Ende der 1970er Jahre, im Zeichen der zweiten Öl- und Wirtschaftskrise und hoher Sockelarbeitslosigkeit, rückten drohende Rationalisierungen von Arbeitsplätzen durch neue Technologien in den Blick. Hintergrund war der Sprung zur Mikroelektronik, der massive Auswirkungen auf Berufsbilder haben musste. Eine „Kabinettsstudie" über Auswirkungen des technischen Fortschritts auf Wirtschaft und Arbeitsmarkt kam 1980 zum Ergebnis, dass die bundesdeutsche Wirtschaft in den nächsten fünf Jahren eine demographisch und technologisch bedingte Beschäftigungslücke treffen werde. Drang die SPD darauf, im Sinne antizyklischer Konjunkturpolitik Wachstumsimpulse zu setzen und zugleich die Fortbildung zu stärken, plädierte die FDP für eine angebotsorientierte Politik, welche Investitionsanreize setzte und die aktive Steuerung durch den Staat beschränkte.[104] In der

---

[101] Hans Matthöfer, Vorwort, in: Hauff/Scharpf, Modernisierung, S.7f., das Zitat S.7.
[102] Vgl. Seefried, Zukünfte, S.472–476.
[103] BA Koblenz, B 196, 30860, Übersicht des BAFT.
[104] Akte BA Koblenz, B 149, 30751 (die Studie wurde von Wirtschafts- und Forschungsministerium in Auftrag gegeben); ebenda, 39227, BMFT, Protokoll der 3. Sitzung des Technologiepolitischen Dialogs vom 22.5.1980; Technischer Fort-

Tat gewann in den westlichen Industriestaaten anstelle des Keynesianismus die Angebotspolitik an Zuspruch, die auf den Markt setzte, also auf eine Verbesserung steuerlicher Rahmenbedingungen und Deregulierung.

Die christlich-liberale Koalition verfolgte ab 1982 einen Mittelweg zwischen Angebots- und Nachfrageorientierung, betonte aber gerade in der Technologiepolitik die Freiheit der Forschung und die Zurückhaltung des Staates, der vor allem Innovationshemmnisse abbauen und Eigeninitiative fördern sollte. Das CDU-geleitete Forschungsministerium verlagerte die Entscheidung über Technologieförderung deshalb verstärkt auf Großforschungseinrichtungen und suchte die Kooperation zwischen Hochschulen und Unternehmen zu stärken. Nur für Computer-Aided-Design (CAD) und Roboterentwicklung legte sie eigene Förderprogramme auf. Umgekehrt baute man die Technikfolgenabschätzung aus, um sowohl Chancen wie auch Risiken des technischen Fortschritts zu reflektieren.[105]

Zugleich lebte die Deutung der technologischen Lücke wieder auf. Sie amalgamierte wie in den 1960er Jahren Krisenwahrnehmungen und einen neuen Technikoptimismus, der sich aus Erwartungen in die Computerisierung und die kommende „Informationsgesellschaft" speisten.[106] Neben den USA avancierte Japan zum Vor- und Leitbild: Hier, so 1984 der Leiter des Planungsstabes im Auswärtigen Amt Konrad Seitz, werde die „Revolution" durch die Schlüsseltechnologien Mikroelektronik und Biotechnik erkannt. Die Regierung setze in enger Abstimmung mit Industrie und Wissenschaft langfristige Ziele durch, und die Bürger bejahten das „Ziel der hochtechnologischen Zukunft". Hingegen gälten Hochtechnologien in der Bundesrepublik vor allem

---

schritt. Auswirkungen auf Wirtschaft und Arbeitsmarkt, hrsg. v. Prognos AG/Mackintosh Consultants, Düsseldorf 1980.

[105] Vgl. Martin H. Geyer, Rahmenbedingungen. Unsicherheit als Normalität, in: ders. (Hrsg.), Geschichte der Sozialpolitik in Deutschland seit 1945, Bd. 6: 1974–1982 Bundesrepublik Deutschland, Baden-Baden 2008, S. 1–109, hier S. 66 f.; Andreas Wirsching, Abschied vom Provisorium 1982–1990, München 2006, S. 520 f.; Jan-Baldem Mennicken, Die Forschungs- und Technologiepolitik der Bundesregierung, in: Wolfgang Bruder (Hrsg.), Forschungs- und Technologiepolitik in der Bundesrepublik Deutschland, Opladen 1986, S. 76–99.

[106] Vgl. Andreas Wirsching, Durchbruch des Fortschritts? Die Diskussion über die Computerisierung in der Bundesrepublik, in: Martin Sabrow (Hrsg.), Zeit-Räume. Potsdamer Almanach des Zentrums für Zeithistorische Forschung 2009, Potsdam 2010, S. 207–218.

als Gefahr für Arbeitsplätze und Auslöser von Umweltkrisen.[107] Auch weil Seitz dies forcierte, baute die Bundesregierung die westeuropäische Technologiekooperation aus: Sie stärkte Mitte der 1980er Jahre mit ESPRIT und EUREKA forschungspolitische Kooperationen in Westeuropa, welche vor allem Wissenschaft und Unternehmen vernetzten. Die Konturen dessen sind erst noch zu erforschen,[108] doch ist schon jetzt erkennbar, dass der Politik nicht mehr die Aufgabe zugeschrieben wurde, langfristig staatlich zu planen, sondern Rahmenbedingungen für technologische Innovationen in Unternehmen und Wissenschaft zu setzen und Risiken abzufedern.

Prognostik und Forschungsplanung in der DDR gerieten Anfang der 1970er Jahre in eine veritable Krise. Erstens änderten sich die wissenschaftspolitischen Rahmenbedingungen. Mit dem Machtwechsel von Ulbricht zu Honecker im Mai 1971 verschlechterte sich die finanzielle Situation für Forschung und Entwicklung in der DDR. Seitdem wurden die verfügbaren Ressourcen vorrangig in die Konsum- und Sozialpolitik investiert, was zur Reduktion oder gar zum Abbruch der 1971 begonnenen Forschungsprogramme führte. Damit fiel die DDR gerade auf dem Feld der Mikroelektronik im internationalen Vergleich zurück – ein Umstand, den das Politbüro erst 1976 konkret aufgriff: Den Rückstand zum Westen, den sich die DDR in der Produktion von Mikroprozessoren eingefangen hatte, schätzte man damals auf bis zu neun Jahre. Verstärkt rückten Kompensationsgeschäfte und Lizenznahmen mit dem Westen, vor allem der Bundesrepublik, ins Zentrum, aber auch illegale Technologietransfers der Staatssicherheit mit westlichen Firmen, welche das westliche Hochtechnologie-Embargo umgehen sollten. Gerade die Stagnation auf diesem Feld unterminierte die Legitimation des SED-Regimes in der eigenen Bevölkerung, weil

---

[107] Konrad Seitz, Zur Einführung, in: Bruce Nussbaum (Hrsg.), Das Ende unserer Zukunft. Revolutionäre Technologien drängen die europäische Wirtschaft ins Abseits, München 1987 (erste Auflage 1984), S. 7–22, hier S. 19f., 7, 13; ders., Die japanisch-amerikanische Herausforderung. Deutschlands Hochtechnologie-Industrien kämpfen ums Überleben, München 1990; vgl. zu Seitz auch den Beitrag von Matthias Peter in diesem Band.
[108] Michael Felder, Forschungs- und Technologiepolitik zwischen Internationalisierung und Regionalisierung, Marburg 1992, S. 86–101; Wirsching, Abschied, S. 519f. Am Lehrstuhl für Neuere und Neueste Geschichte der LMU bearbeitet Dr. Annemone Christians im Rahmen der DFG-Forschergruppe „Kooperation und Konkurrenz in den Wissenschaften" ein Projekt zu EUREKA.

sie die offizielle Fortschrittsrhetorik „konterkarierte".[109] Zweitens überschätzten die Prognosen das volkswirtschaftliche Potential. Bereits am Ende des laufenden Fünfjahrplans 1975 war erkennbar, dass die hochgesteckten politischen Erwartungen hinsichtlich der ökonomischen Anwendung der Forschungsergebnisse derart kurzfristig nicht erfüllbar waren. Die Orientierung am amerikanischen Niveau naturwissenschaftlicher Forschungen war schon im Hinblick auf die Größe und die Wirtschaftskraft des eigenen Landes illusionär. Die offensiv propagierte und anfangs intensiv geförderte technologische Modernisierung durch Wissenschaft und Technik entsprang einem Wunschglauben der SED-Führung.[110] Die wirtschaftliche Lage verschlechterte sich durch die Inflation der Erdölpreise, ausbleibende Rohstofflieferungen aus der Sowjetunion und Polen sowie Einbrüche in der Exportwirtschaft.[111] Zum Tragen kamen auch systemspezifische Innovationsprobleme: So zeigen Fallstudien, dass Vertrauen eine wichtige Voraussetzung für erfolgreiche Kooperation zwischen Industrie und Wissenschaft war und nicht durch staatlich verordnete Auftragsforschung ersetzt werden konnte.[112] Darüber hinaus wirkten der Devisenmangel, das Hochtechnologieembargo des Westens und Schwierigkeiten der Kooperation im RGW hemmend.[113] Umgekehrt befeuerte offenkundig die sich Mitte der 1980er Jahre abzeichnende technologische Unterlegenheit der DDR – gerade auf dem Feld der Mikroelektronik – den neuen, auf Hochtechnologien ausgerichteten Fortschrittsoptimismus in der Bundesrepublik.[114] Drittens scheiterte die DDR-Forschungsplanung an der zentralen Planungsbürokratie und Kompetenzstreitigkeiten zwischen Ministerien

---

[109] Jürgen Danyel/Annette Schuhmann, Wege in die digitale Moderne. Computerisierung als gesellschaftlicher Wandel, in: Frank Bösch (Hrsg.), Geteilte Geschichte. Ost- und Westdeutschland 1970–2000, Göttingen 2015, S. 283–319, das Zitat S. 311, vgl. mit weiterer Literatur ebenda.
[110] Vgl. Tandler, Visionen, S. 375.
[111] Vgl. Ralf Ahrens, Gegenseitige Wirtschaftshilfe? Die DDR im RGW. Strukturen und handelspolitische Strategien 1963–1976, Köln 2000, S. 341–343.
[112] Vgl. Steiner, Welthöchststand, S. 74; Manuel Schramm, Wirtschaft und Wissenschaft in DDR und BRD. Die Kategorie Vertrauen in Innovationsprozessen, Köln 2008.
[113] Vgl. Johannes Bähr, Innovationsverhalten im Systemvergleich. Bilanz und Perspektiven neuerer wirtschaftshistorischer Forschungen, in: Abele/Barkleit/Hänseroth (Hrsg.), Innovationskulturen, S. 33–46, hier S. 39; Danyel/Schuhmann, Wege, S. 299.
[114] Vgl. ebenda, S. 318.

und Parteiinstanzen. So wurden konkurrierende Planungsebenen konserviert, die zu mehr Bürokratie – beispielsweise in den Planaufstellungs- und Abrechnungsmodalitäten – führten. Der staatssozialistische Plan „schloss Beherrschung, vollständiges Wissen, Steuerung ein", doch die Forschungs-Planung zeigte im System der DDR eher die „Grenzen totaler Beherrschung" auf.[115] Vor allem wurde die Prognostik im Staatssozialismus deshalb begrenzt, weil deren Zukunftsentwürfe eine größere innere Pluralität aufwiesen, als dies mit dem marxistisch-leninistischen Interpretationsschema und der Realität der Parteidiktaturen in Einklang zu bringen war. Das „freie Ideenspiel mit Variablen und Varianten"[116] scheiterte letztlich daran, dass eine offene Diskussion über Zukünfte in der Diktatur nicht möglich war.

Mithin wurde die technizistische Prägung sowohl der west- wie der ostdeutschen Forschungsplanung in den 1970er Jahren verstärkt hinterfragt und revidiert, wenngleich aus differenten Gründen. Aus dieser Revision entsprang eine deutsch-deutsche Interaktion in der Forschungsplanung. Beide deutsche Staaten waren Gründungsmitglieder des „Internationalen Instituts für Angewandte Systemanalyse" (IIASA), das 1972 in Laxenburg bei Wien seine Pforten öffnete. Das IIASA wurde als blockübergreifendes Forschungsinstitut im Zeichen der Entspannung begründet. Im Zentrum standen Studien zur Systemanalyse und zur Anwendung systemanalytischer Methoden auf komplexe Planungsbereiche, etwa in der Umwelt- und Energieforschung und der Informationstechnologie. Dabei hoffte jede Seite, von der anderen im Hinblick auf Methoden der Systemplanung und Computersimulation zu profitieren.[117] Auch im IIASA wich mithin der Glaube an technische Steuerung einer komplexitätstheoretischen Reflexion von Steuerungs- und Planungskonzepten, nämlich der Überlegung, inwiefern eine Erfassung komplexer Systemzusammenhänge und Interdependenzen überhaupt möglich sei.[118] Zugleich ging man

---

[115] Caldwell, Plan, das Zitat S. 362.
[116] Thoms/Malycha, Aufbruch, S. 128; vgl. Seefried, Traum.
[117] BA Koblenz, B 138, 4182, BMwF, Vermerk IIB vom 26.5.1967; vgl. Egle Rindzevičiūtė, The Power of Systems. How Policy Sciences opened up the Cold War World, Ithaca (NY) 2016; Frank Dittmann, Technik versus Konflikt. Wie Datennetze den Eisernen Vorhang durchdrangen, in: Osteuropa 59 (2009) H.10, S. 101–119.
[118] Vgl. Ariane Leendertz, Das Komplexitätssyndrom. Gesellschaftliche „Komplexität" als intellektuelle und politische Herausforderung, in: dies./Wencke Meteling (Hrsg.), Die neue Wirklichkeit. Semantische Neuvermessungen und

nun davon aus, dass sich komplexe Probleme erst aus dem rasanten „wissenschaftlich-technischen Fortschritt ergeben" hätten.[119] Es deutet sich an, dass sich die ostdeutsche Forschung vor allem im Feld der Energieplanung bundesdeutsches Wissen aneignete: Die Akademie der Wissenschaften rezipierte das große Energieprojekt, vom bundesdeutschen Physiker Wolf Häfele geleitet, intensiv, wenngleich sie sich in den späten 1970er Jahren aus ideologischen Gründen davon distanzierte.[120] Diese deutsch-deutsche Kooperation im IIASA erscheint als wichtiges Desiderat für die künftige historische Forschung.[121]

4. Fazit

In den 1960er Jahren rückte in der Bundesrepublik und der DDR die Planung der Forschung auf die politische Agenda. Ausgangspunkt war eine ähnliche Deutung, welche Krisenwahrnehmung und Technikoptimismus verband: In beiden deutschen Staaten sollten Prognostik und Planung dazu dienen, die beschworene „technologische Lücke" bzw. den Rückstand gegenüber dem internationalen Forschungsstand zu schließen und so mittels moderner Technologien *ökonomisch* zu reüssieren; dieses planerische und ökonomische Kalkül prägte besonders die DDR-Politik mit ihrem integralen Verständnis sozialistischer Planwirtschaft. Dabei stand die Forschungspolitik auf beiden Seiten in besonderem Maße im Zeichen des Systemwettbewerbs: Geleitet von einer – für die 1960er Jahre charakteristischen – Überhöhung von Technik und Wissenschaft, die durch das direkte Konkurrenzverhältnis befeuert wurde, orientierten sich beide Seiten an einem technischen Verständnis von Modernität und Rationalität, das in der DDR-Forschungspolitik allerdings deutlich stärker in einem ideologischen Referenzrahmen verblieb. Sowohl in Ost- als auch in Westdeutschland rückten neue Schlüsseltechnologien wie Datenverarbeitung und Kernforschung in den Mittelpunkt. Beide Seiten orientierten sich an der Prognostik,

Politik seit den 1970er-Jahren, Frankfurt a. M. 2016, S. 93–131.
[119] BA Berlin, DC 20/16403, Der Präsident der Akademie der Wissenschaften, Information über die Ergebnisse der Arbeit des IIASA in Laxenburg/Österreich im Jahre 1976 und den Nutzen für die DDR, vom 24.3.1977.
[120] Ebenda; DG 12/1419, Wissenschaftlicher Rat der Akademie der Wissenschaften der DDR für energetische Grundlagenforschung, Klaus Fuchs, vom 25.7.1979.
[121] Am IfZ wird in einem Dissertationsprojekt im Rahmen der DFG-Forschergruppe „Kooperation und Konkurrenz in den Wissenschaften" die deutsch-deutsche Kooperation und Konkurrenz im IIASA erforscht.

banden verstärkt Experten ein und verwendeten mit Kybernetik, Systemforschung und Delphi ähnliche Methoden. Doch stand die Forschungsplanung im Zeichen einer Asymmetrie: Denn die bundesdeutsche Forschungspolitik orientierte sich an den USA und blickte nur partiell nach Osten, während die DDR-Forschungspolitik ebenfalls die USA als den „Welthöchststand" ausmachte, entsprechende Prognosemethoden adaptierte und sich intern stets an der westdeutschen Produktionsentwicklung maß.

Auf beiden Seiten lässt sich eine gewisse Erschöpfung des Technik- und Steuerungsparadigmas Anfang der 1970er Jahre feststellen. Die Rahmenbedingungen und Faktoren freilich differierten. Die bundesdeutsche Forschungspolitik diskutierte in den 1970er Jahren eine notwendige Demokratisierung von Prioritätsentscheidungen und löste sich in den 1980er Jahren angesichts neuer angebotsorientierter Politikkonzepte vom engen Verständnis politischer Planung und Regulierung. Die DDR-Forschungsplanung erodierte im Zuge der Honecker'schen Politik der Stärkung des Konsums zulasten neuer Technologien, aber auch weil die zentrale Planungsbürokratie und die SED aus politischen und ideologischen Gründen Zukunfts-Expertise einhegten.

Wilfried Rudloff
Öffnung oder Schließung: Bildungsplanung in West und Ost
Vergesellschaftung und Ökonomisierung der Bildung

„Wenn heute über Kulturpolitik diskutiert wird, dauert es nicht lange, bis das Stichwort ‚Bildungsplanung' fällt", war 1964 im „Kulturpolitischen Informationsdienst" der CDU zu lesen.[1] Der Terminus „Bildungsplanung" gehörte zu jenen Komposita des Bildungsbegriffs, die in den 1960er Jahren nicht nur in der Bundesrepublik neu in den Denk- und Sprachhaushalt Einzug hielten. War „Plan" im bildungspolitischen Vokabular in Westdeutschland zuvor vornehmlich in der Wortverbindung „Lehrplan" geläufig gewesen, begegnete man dem Begriff nun immer öfter in der Form des Verbalsubstantivs „Planung". Tatsächlich gab es nicht allzu viele Politikfelder, auf denen in der Bundesrepublik ein ähnlicher Aufwand betrieben wurde, das Bild der Zukunft prognostisch-planerisch zu vergegenwärtigen.[2] Auf kaum einem zweiten Politikfeld erwies sich aber auch so deutlich, dass einem solchen Überschreiten des Gegenwartshorizonts enge Grenzen gesteckt blieben. Ähnliches galt für die DDR: Während sich der Begriff „Bildungsplanung", anders als in Westdeutschland, hier mühelos in die politische Semantik einfügen ließ, sollte die Sache, die sich mit dem Terminus verband, ebenfalls einer parabelförmigen Kurve von plötzlicher Aufwertung in den sechziger Jahren und allmählicher Rückstufung in den 1970er Jahren folgen.

Bildungsplanung erforderte einen neuen kognitiven Bezugsrahmen, eine neue Wissensbasis politischen Handelns und eine neue Pragmatik wissensbasierter Entscheidungsvorbereitung. Mit ihrem Aufstieg kam in der Bundesrepublik ein Verständnis von Bildung zum Tragen, das stark im Quantitativen wurzelte und ihren Ausdruck vornehmlich in statistischen Kennziffern, Strömungsgrößen und Relati-

---

[1] Peter Löser, Bildungsplanung, in: Kulturpolitischer Informationsdienst 4 (1964) 9, S. 2–4.
[2] Ulrich Teichler, Prognosen über Bildung und Arbeit. Eine Bilanz aus soziologischer Sicht, in: Burkart Lutz (Hrsg.), Soziologie und gesellschaftliche Entwicklung. Verhandlungen des 22. Deutschen Soziologentages in Dortmund 1984, Frankfurt a. M. 1985, S. 209–223, hier S. 209.

onen fand. Mit dem Denken in Planungskategorien war zugleich die Tendenz verbunden, Bildung weniger als individuelles Kapital denn als gesellschaftliche Ressource zu begreifen. Die leitende Fragestellung der geisteswissenschaftlichen Pädagogik, welcher Bildung der einzelne bedurfte, um sich in der Welt zurechtzufinden, trat zurück. Zur Debatte stand vielmehr, welches Maß an Bildung die Gesellschaft benötigte, um den Erfordernissen der Bestandssicherung, des wirtschaftlichen Wachstums und der Anpassung an das ‚wissenschaftlich-technische Zeitalter' gerecht werden zu können – und auch: welches Maß an Bildungschancen dabei den sozialen Gruppen (und namentlich den Unterschichten) eröffnet werden sollte. Die Vergesellschaftung des Bildungsbegriffs bewirkte, dass exogene Faktoren wie Demografie, Wirtschaftswachstum und finanzielle Ressourcen als elementare Randbedingungen politischen Planens und Entscheidens einen neuen Stellenwert erlangten. Bildungsplanung hatte damit auch ein gesteigertes Bewusstsein ihrer eigenen Interdependenzen zur Voraussetzung.

Weit stärker noch – und länger schon – als in der Bundesrepublik war der Bildungsbegriff in der DDR vergesellschaftet worden. Zugleich war dort das Bildungswesen den Direktiven einer parteistaatlichen Steuerung unterworfen. Von Anfang an hatte die zentralstaatliche Planung zu den Kernelementen des sozialistischen Staatsverständnisses gehört. Allerdings war der Begriff der Bildungsplanung in den 1950er Jahren, ähnlich wie in der Bundesrepublik, noch kaum geläufig gewesen; und bis in das Folgejahrzehnt hinein war die Verschränkung von Wirtschafts- und Bildungsplanung tatsächlich nur eine sehr oberflächliche geblieben. Ohne auf aufwändigen bildungsökonomischen Bedarfsberechnungen zu beruhen, orientierten sich die Plankennziffern für das Bildungswesen, welche die Volkswirtschaftspläne enthielten, vornehmlich an bisherigen Erfahrungswerten und an allgemeinen Zielsetzungen der SED-Bildungspolitik.[3]

In den 1960er Jahren erlebte die Bildungsplanung in der DDR einen spürbaren Aufschwung. Die Bildungspolitik verwandte größere Anstrengungen darauf, die Zielgrößen der vorgesehenen Bildungsabschlüsse rechnerisch aus dem antizipierten Bedarf von Wirtschaft und Verwaltung abzuleiten. Bildungsplanung galt als integraler, „mit

---

[3] Helmut Köhler/Manfred Stock, Bildung nach Plan. Bildungs- und Beschäftigungssystem in der DDR 1949 bis 1989, Opladen 2004, S. 27f. und 32.

allen übrigen Planteilen abgestimmter und bilanzierter Bestandteil der volkswirtschaftlichen Gesamtplanung".[4] Sozialistische Politiker begriffen Bildung primär als volkswirtschaftliche Ressource. Mochte gelegentlich auch vor einem einseitigen ökonomischen Herangehen gewarnt werden, galt doch insgesamt, dass Bildungsplanung in der DDR in ihrem Kern auf die Bereitstellung jenes Bestandes an Fachkräften und Qualifikationen ausgerichtet war, der zur Erfüllung der ökonomischen Planziele benötigt wurde.[5] Bildungsplanung blieb hier eine Unterfunktion der Volkswirtschaftsplanung.

In etwa zeitgleich zu ähnlich gelagerten Entwicklungen in der Bundesrepublik war so auch im ostdeutschen Teilstaat eine sozialistische Bildungsökonomie als neue Planungswissenschaft im Entstehen begriffen. So schwer ihr konkreter Einfluss in der DDR abzuschätzen bleibt, dürfte er in den 1960er Jahren doch einen Höhepunkt erreicht haben. Ähnliches lässt sich für die Bundesrepublik sagen. Ganz allgemein besaß Bildung als soziales Gut und als Antriebsfaktor ökonomischen Fortschritts auf beiden Seiten der Mauer in jenen Jahren einen ungewöhnlich hohen Stellenwert. Im Folgenden wird indes zu zeigen sein, wie hier wie dort schon bald wieder eine Phase der Abkühlung folgte, geprägt durch eine allmähliche Herabstufung der kurz zuvor noch allgegenwärtigen Gestaltungsambitionen.

1. Hochkonjunktur der Bildungsplanung

Die Durchsetzungschancen für die Instrumente der Bildungsplanung waren in beiden Teilstaaten zunächst grundverschieden gewesen. Wer sich in der Bundesrepublik zu Beginn der 1960er Jahre für den Gedanken der Bildungsplanung stark machte, stieß schon deshalb, weil die zentralstaatliche Planung im anderen Teil Deutschlands ein konstitutives Systemmerkmal darstellte, auf spürbare Vorbehalte. Eine Betrachtungsweise, die Bildung als eine unter Wachstums- und Effizienzgesichtspunkten planerisch zu mehrende volkswirtschaftliche Größe begriff, rieb sich überdies mit dem überkommenen Bildungsverständnis, das von einem „personalen", der individuellen Persönlichkeitsent-

---

[4] Günther Hersing, Aufgaben und Probleme sozialistischer Bildungsplanung, in: Akademie der Pädagogischen Wissenschaften der Deutschen Demokratischen Republik (Hrsg.), Jahrbuch 1973/74, S. 489–504, hier S. 493.
[5] Adolf Kruppa, Wirtschafts- und Bildungsplanung in der DDR, Hamburg 1976, S. 71f.

Öffnung oder Schließung: Bildungsplanung in West und Ost 71

faltung dienenden Gut ausging. Die anfängliche Skepsis wich in den Folgejahren indes einer neuen Aufgeschlossenheit: Bildungsplanung galt nicht mehr als Einschränkung von Freiheit, sondern umgekehrt als Vorrausetzung für ein Mehr an Freiheit, als Gegenkraft zur weit größeren Willkür der ansonsten spontan ablaufenden gesellschaftlichen Prozesse. Es sei gerade die Nicht-Planung, befand der Bildungsexperte Hellmut Becker, welche die „Gefährdung der Freiheit und Auslieferung des Bildungswesens an den Zufall" mit sich bringe.[6] Für Paul Mikat (CDU), einen der reformaufgeschlossenen Kultusminister der jüngeren Generation, hatte Bildungsplanung dazu zu dienen, die Möglichkeiten individueller Selbstverwirklichung zu erweitern:

„Die Bildungsplanung ist [...] die spezifisch pädagogische Antwort auf die Herausforderungen unserer Zeit. Angesichts der Bedingungen der Gegenwart, in der die gesellschaftlichen und personalen Verhältnisse den Abfolgen von Sachzwängen unterliegen, die in ihren Abläufen nur schwer gesteuert, wohl aber in ihren Anfängen bestimmt und gerichtet werden können, angesichts dieser Situation ist vorausschauende Planung für das Wohl der Gesellschaft wie auch des einzelnen unerläßlich. Planung ist in diesem Sinne die Verwirklichung von Freiheit in unserer Zeit."[7]

Eine solche Argumentation, die Planung als Bedingung von Freiheit interpretierte, verwies unausgesprochen auf den unterschwellig weiterhin vorhandenen Rechtfertigungszwang, den das politisch negativ besetzte, in der bundesdeutschen Wahrnehmung mit Unfreiheit assoziierte Kontrastbeispiel der DDR hervorrief.

Auf die Frage, welche Bedingungen und Einflüsse es waren, die zur Konjunktur des Planungsgedankens im bundesdeutschen Bildungswesen der 1960er Jahre beitrugen, lassen sich vier eng miteinander verwobene Antworten geben, für die sich mit gewissen Abstrichen jeweils Entsprechungen in der DDR finden. Ein erster Faktor lag darin, dass im Bildungswesen der Markt als Steuerungsalternative auch in marktwirtschaftlich verfassten Gesellschaften entfiel.[8] Der Preismechanismus kam als Allokationsfaktor kaum in Frage. Zugleich besaß

---

[6] Hellmut Becker, Kann man Bildung planen? Bildungsaufgaben in einer gewandelten Gesellschaft, in: Handelsblatt vom 20./21.7.1962, S.11.
[7] Paul Mikat, Von der Kritik zum Dialog. Bemerkungen zu Ralf Dahrendorfs Buch „Bildung ist Bürgerrecht", in: Die Zeit vom 4.3.1966.
[8] Gottfried Bombach, Bildungsökonomie, Bildungspolitik und wirtschaftliche Entwicklung, in: Bildungswesen und wirtschaftliche Entwicklung (VII. Gespräch zwischen Wissenschaft und Wirtschaft), Heidelberg 1964, S.10–40, hier S.13.

der Staat, was die Infrastrukturen des Bildungswesens anging, nahezu ein Anbietermonopol. Die Marktferne des Bildungsgeschehens verminderte die Widerstände, auf die der Planungsgedanke in westlichen Gesellschaften vielfach zu stoßen pflegte.

Ein zweiter Gesichtspunkt lag in der wachsenden gesellschaftlichen Dynamik, die dem Bildungswesen zunehmend ihren Stempel aufdrückte. Sie fand ihren Ausdruck in der prima vista widersprüchlichen, tatsächlich aber in einem Verhältnis wechselseitiger Problemverschärfung stehenden Konstellation einer einerseits besorgniserregenden Überfüllungskrise von Schulen und Hochschulen und eines andererseits nicht minder problematischen Mangels an qualifizierten Nachwuchskräften. Von dieser doppelten Zwangslage ging ein spezifischer Handlungsdruck aus, der die Bildungspolitik in Richtung einer nicht mehr nur punktuellen, sondern langfristigen und systematischen Expansionspolitik drängte. Ein solcher Expansionskurs erforderte eine vorausschauende Klärung und Abschätzung der Entscheidungsprämissen und -spielräume. Je steiler die weitere Expansionsbewegung in der Vorausschau veranschlagt wurde, desto notwendiger wurden langfristig angelegte Planungsmodelle für Investitionen, Strukturen und Prozessverläufe.

Ein dritter Aspekt lag in dem gerade für das Bildungswesen augenscheinlichen Wandel der politischen Mentalitäten, dem zunehmenden Bewusstsein dafür, dass die Phase des Wiederaufbaus abgeschlossen war und man im Begriff stand, in eine Periode neuer politischer Herausforderungen einzutreten. Dazu zählte die Suche nach einem neuen Stil und neuen Techniken politischen Handelns und Entscheidens. Die politische Entscheidungsvorbereitung sollte rationaler, zielgenauer, systematischer, womöglich „wissenschaftlicher" werden, vor allem aber stärker auf die Zukunft ausgerichtet sein. Die Bildungspolitik sollte die Verhältnisse nicht mehr nur mit den Anforderungen der Gegenwart versöhnen. An Stelle kurzatmiger Anpassungsschritte sollten vorausschauende Handlungsprogramme treten, die den bildungspolitischen Zeithorizont ins Futur überführten.[9] Künftige Entwicklungsdynamiken mussten in Bahnen gelenkt werden, die sowohl den absehbaren Zukunftserfordernissen wie auch den gesellschaftlichen Leitbildern entsprachen, weshalb die quantitative Planung notwendig

---

[9] Vgl. Senat der Freien und Hansestadt Hamburg, Bildungsbericht 1970, Hamburg 1970, S. 9.

mit langfristigen qualitativen Strukturentscheidungen verschränkt war. Schon die lange „Ausreifungszeit" des Kollektivgutes Bildung machte es erforderlich, in Zeitspannen von ein bis zwei Jahrzehnten zu denken.

Schließlich war die Veränderung der bildungspolitischen Zeitkoordinaten ein Vorgang, der sich keineswegs auf die Bundesrepublik beschränkte. Als 1961 im britischen Oberhaus ein Bericht über den langfristigen Bedarf an naturwissenschaftlich ausgebildeten Arbeitskräften diskutiert wurde, befand der für das Hochschulwesen zuständige Wissenschaftsminister, es sei die Aufgabe des Schatzkanzlers, die gegenwärtige ökonomische Krise zu lösen, seine aber sei es, eine Krise im Jahr 1975 zu verhindern.[10] Man gelangt so zu einem vierten Faktor, der die Wende zur Bildungsplanung begünstigte – der inter- und transnationalen Ebene. Seitdem die Parlamentarier im Bundestag und in fast allen Landtagen 1956/57 über den Mangel an technischem Nachwuchs diskutiert hatten, war die Sorge, die Bundesrepublik werde im internationalen Bildungswettbewerb dauerhaft ins Hintertreffen geraten, ein Dauerthema der bildungspolitischen Debatten. Die verbreitete Ansicht, der Kalte Krieg werde nicht zuletzt in den Hörsälen entschieden, musste diese Sorge als doppelt bedrohlich erscheinen lassen: Nicht nur gegenüber den westlichen Industriestaaten, auch gegenüber den osteuropäischen Bildungsanstrengungen schien das bundesdeutsche Bildungswesen ins Hintertreffen zu geraten.

Für den Durchbruch der Bildungsplanung in der Bundesrepublik erwies sich eine von der OECD 1961 in Washington veranstaltete Konferenz über „Wirtschaftliches Wachstum und Bildungsinvestitionen" als Schlüsselereignis.[11] Ein von Friedrich Edding, einem frühen Vorreiter der Bildungsökonomie in Deutschland, mit verfasster Bericht über „Targets for Education in Europe in 1970" sagte den OECD-Staaten (ohne die USA und Kanada) für das nächste Jahrzehnt nahezu eine

---

[10] Hermann Granzow, Vorausberechnungen im Hochschulwesen Großbritanniens, in: Bildung und Erziehung 15 (1962), S. 364–369, hier S. 369; zum britischen Kontext vgl. Glen O'Hara, From Dreams to Disillusionment. Economic and Social Planning in 1960s Britain, Houndmills 2007.
[11] Friedrich Edding, Bericht über die Konferenz in Washington 1961, in: ders., Ökonomie des Bildungswesens. Lehren und Lernen als Haushalt und als Investition. Freiburg i. Br. 1963, S. 162–178; George S. Papadopoulos, Die Entwicklung des Bildungswesens von 1960 bis 1990. Der Beitrag der OECD, Frankfurt a. M. 1996, S. 43–46.

Verdoppelung der Schülerzahl im Alter von 15 bis 19 Jahren voraus und ebenso eine reale Verdoppelung der Bildungsausgaben.[12] Auch der Umstand, dass auf der Konferenz in einer nicht nur semantischen Bedeutungsverschiebung statt von „Bildungsausgaben" nunmehr die Rede von „Bildungsinvestitionen" war, verhalf den Bestrebungen zur forcierten Ausweitung der Bildungsangebote und zur Erneuerung der Bildungssysteme durch Planung zu gesteigerter Legitimation. Die OECD erwies sich zugleich als wichtige Informationsbörse für den Austausch der Mitgliedsstaaten über Fragen einer institutionellen Verankerung und methodischen Fortentwicklung der neuartigen Planungsbemühungen.

Über einen wechselseitigen Austausch zwischen bundesdeutschen und DDR-Bildungsplanern ist hingegen nichts bekannt. Zwar fanden die Expansion der höheren Bildung im ostdeutschen Teilstaat wie auch einige der dort seit den 1950er Jahren in Gang gesetzten Strukturreformen unter bundesdeutschen Bildungsexperten eine Zeit lang stärkere Beachtung.[13] Das Beispiel der ostdeutschen Bildungsplanung gewann jedoch gegenüber westlichen Referenzmodellen zu keinem Zeitpunkt größere Strahlkraft. Ohnehin waren nur sehr wenige Sachkenner mit dessen Besonderheiten näher vertraut. Umgekehrt konzentrierte sich die Rezeption der internationalen Debattenbeiträge im offiziellen Planungsdiskurs der DDR je länger, desto mehr auf Theoretiker aus den Ostblockstaaten, auch wenn sich eine ganze Reihe von Hinweisen darauf finden lassen, dass vor allem amerikanische Prognosen des künftigen Bedarfs an hochqualifizierten Arbeitskräften, vor allem an Naturwissenschaftlern und Ingenieuren, bedeutsame Bezugspunkte für die eigenen Vorausschätzungen bildeten.[14] Amerikanische Zu-

---

[12] Vgl. Policy Conference on Economic Growth and Investment in Education. Washington 16th–20th October 1961. Vol. II: Targets for Education in Europe in 1970. Paper by Ingvar Svennilson in association with Friedrich Edding and Lionel Elvin, Paris 1962, hier S. 86 und 91. Wir beziehen uns hier auf die höhere der beiden Alternativschätzungen.

[13] Wilfried Rudloff, "Est-Ouest: La course à l'éducation". Les systèmes scolaires des deux États allemands entre ouverture et fermeture, in: Jean Paul Cahn/Ulrich Pfeil (Hrsg.), Allemagne 1961–1974. De la construction du Mur à l'Ostpolitik, Villeneuve d´Ascq 2009, S. 279–303, hier S. 290–299.

[14] Werner Wolter/Helge Körner, Entwicklung und Struktur des Bildungswesens in der DDR. Aspekte der Gleichwertigkeit allgemeiner und beruflicher Bildung, Teil I, Berlin 1994, S. 41 f.

kunftsszenarien schienen den DDR-Planern neben sowjetischen Vorausberechnungen am ehesten geeignet, Anhaltspunkte für künftige Spitzenentwicklungen – den „Welthöchststand" – zu geben.[15]

In der DDR fanden sich – bei allen Systemunterschieden – vier Einflussgrößen, die auf bisweilen sehr ähnliche Weise wie in der Bundesrepublik zur Aufwertung der Bildungsplanung beitrugen. Es waren dies: (1.) die deutsch-deutsche und internationale Wettbewerbssituation, (2.) die Forderung nach einem neuen, stärker wissenschaftlich unterfütterten, zeitlich weiter vorausschauenden Modus politischer Entscheidungsvorbereitung, (3.) der gestiegene Steuerungsbedarf angesichts anhaltender Expansionsdynamik und (4.) die Neuordnungsversuche im bestehenden Planungssystem.

Die DDR-Bildungsplanung der 1960er Jahre stand unter dem Eindruck des kurzen Sommers der Utopie in den Jahren nach dem Mauerbau, als die SED-Führung mithilfe eines neuen Systems der Planung den Westen ökonomisch überholen zu können glaubte. Dazu bedurfte es eines mit wissenschaftlichen Mitteln geschärften Zukunftshorizonts. Das neue Planungssystem der DDR sollte durch einen weit voraus schauenden „Kenntnisvorlauf"[16] im Hinblick auf Trends und Zukunftschancen unterfüttert werden. Als Instrumentarium bediente man sich dabei methodisch verfeinerter Prognosen zur Entwicklung von Wissenschaft, Technik, Wirtschaft und Gesellschaft, für deren Erstellung im Umfeld von Politbüro und Regierungsapparat in der zweiten Hälfte des Jahrzehnts ein beträchtlicher Aufwand betrieben wurde.[17] Es waren dies zugleich die Jahre, als die Losung von der „Meisterung" der „Wissenschaftlich-technischen Revolution" in aller Munde war.[18]

---

[15] Zur Zukunftsforschung und zu den damit verbundenen Denkansätzen in Ost und West siehe vergleichend Elke Seefried, Der kurze Traum von der steuerbaren Zukunft: Zukunftsforschung in West und Ost in den „langen" 1960er Jahren, in: Lucian Hölscher (Hrsg.), Die Zukunft des 20. Jahrhunderts. Dimensionen einer historischen Zukunftsforschung, Frankfurt a. M. 2017, S. 179–220.
[16] Klaus Steinitz/Dieter Walter, Plan, Markt, Demokratie. Prognose und langfristige Planung in der DDR – Schlussfolgerungen für morgen, Hamburg 2014, S. 73–94, hier S. 82.
[17] André Steiner, Die DDR-Wirtschafsreform der sechziger Jahre. Konflikt zwischen Effizienz- und Machtkalkül, Berlin 1999, S. 442–447; Agnes Charlotte Tandler, Geplante Zukunft. Wissenschaftler und Wissenschaftspolitik in der DDR 1955–1971, Freiberg 2000, S. 245–249 und 292–301.
[18] Vgl. hierzu den Beitrag von Andreas Malycha und Elke Seefried in diesem Band.

Bestandteil dieser antizipativen Inventarisierung der Zukunft waren Schätzungen des Arbeitskräftebedarfs. Erste Vorausschätzungen des Bedarfs an Hoch- und Fachschulkadern setzten Anfang der 1960er Jahre ein und unterfütterten den geplanten Ausbau der weiterführenden Bildung. Bis dahin hatte man sich mit der Erwartung begnügt, dass der beträchtliche Mangel an qualifizierten Fachkräften, verschärft durch den Abstrom in den Westen, ohne Probleme zu einer Absorption auf dem Arbeitsmarkt führen würde.[19] Im Einklang mit dem in der DDR länger schon eingeschlagenen bildungspolitischen Expansionskurs – die Abiturientenquote lag 1965 mit 15 bis 16 Prozent etwa doppelt so hoch wie in der Bundesrepublik – legte die Deutungsfigur der „Wissenschaftlich-technischen Revolution" die Schlussfolgerung nahe, dass der Fortschritt in diesen Bereichen den Bedarf an hoch qualifizierten Fachkräften weiter nach oben treiben würde. Ende der 1960er Jahre wurde angenommen, dass die Nachfrage nach Hoch- und Fachschulkadern bis 1980 „entsprechend den objektiven Erfordernissen des gesellschaftlichen Entwicklungsprozesses" auf das Zweieinhalbfach steigen würde.[20] Im Bildungssystem der DDR standen die Zeichen deshalb weiter auf Expansion. Freilich sollte das Optimum der Bildungsproduktion in ihrer „äußeren" wie „inneren" Proportionalität", d. h. in ihrer „harmonischen" Abstimmung mit dem volkswirtschaftlichen und gesellschaftlichen Bedarf und in der inneren Effektivität der einzelnen Komponenten des Bildungswesens, erst noch genauer ermittelt werden.[21] Das erwies sich als komplexes Unterfangen, das nie befriedigend gelöst werden konnte. Intern wurde Ende der 1960er Jahre darüber geklagt, dass in der Planungs- und Prognosearbeit „noch in starkem Maße die Übertragung von Erfahrungswerten bzw. die Extrapolation von Vergangenheitsabläufen" vorherrsche.[22]

---

[19] Klaus Korn/Harry Maier (Hrsg.), Ökonomie und Bildung im Sozialismus. Aktuelle Probleme der Bildungsökonomie, Berlin (Ost) 1977, S. 185 f.
[20] Manfred Kreyer/Edwin Stiller, Die Ermittlung der Qualifikationsstruktur der Arbeitskräfte als Grundlage für die Planung des Bildungssystems, in: Arnold Knauer/Harry Maier/Werner Wolter (Hrsg.), Bildungsökonomie. Aufgaben – Probleme – Lösungen, Berlin (Ost) 1968, S. 89–92.
[21] Klaus Korn/Julius Richter, Grundfragen der Ökonomie und Planung des Volksbildungswesens, Berlin (Ost) 1985, S. 20 und 30.
[22] Günther Hersing, Leiter der Abteilung Bildungsökonomie des Deutschen Pädagogischen Zentralinstituts: Antwort auf Fragen zur Bildungsplanung vom 7.3.1969, in: Geschichte der Sozialpolitik in Deutschland seit 1945, Bd. 9: Deutsche Demokratische Republik 1961–1971. Politische Stabilisierung und wirtschaftliche Mobilisierung. Hrsg. von Christoph Kleßmann, Baden-Baden 2006, Dok. 9/132.

2. Methoden und Ordnungskriterien der Bildungsplanung

Auch wenn die Ansätze, die unter dem Terminus „Bildungsplanung" zusammengefasst wurden, erheblich variierten, lassen sich einige gemeinsame Grundzüge benennen, die dem Planungsbegriff systemübergreifend zugrunde lagen. In Ost und West wurde unter Bildungsplanung ein methodisches Vorgehen verstanden, das unter Beachtung der ökonomischen und sozialen Rahmenbedingungen 1) der Vorbereitung politischer Entscheidung diente, 2) zukunftsorientiert war, sich also über einen mittel- bis langfristigen Zeitraum von fünf bis zu 20 Jahren erstreckte, 3) sich an erwünschten Zielsetzungen wirtschaftlicher, gesellschaftspolitischer oder pädagogischer Art orientierte, 4) die Entwicklungslinien mit Hilfe quantitativer Parameter darzustellen suchte und dabei 5) zu einer Abschätzung der benötigten Ressourcen und Infrastrukturen gelangte. Die Schlüsselfrage lautete dabei, welche Zielwerte für die Ausbauplanung im Bildungswesen künftig maßgeblich sein sollten. In der Bundesrepublik – und in der westlichen Welt insgesamt – drehten sich die Debatten im Kern um zwei konkurrierende Ansätze: den *social-demand approach* und den *manpower approach*. Dabei handelte es sich nicht nur um abweichende Methodologien, sondern auch um unterschiedliche gesellschaftliche Ordnungskategorien.

Der *social-demand approach* war nicht auf die Nachfragestrukturen des Arbeitsmarktes, sondern auf die Nachfrage der Gesellschaft nach Bildungschancen abgestellt. Diesem Ansatz war beispielsweise der Wissenschaftsrat gefolgt, als er 1964 die Zahl der Abiturienten und Studenten bis 1980 prognostizierte.[23] Auf der Grundlage der demographischen Entwicklung wurde der Durchlauf der Schüler und Studenten durch das Bildungssystem berechnet, wobei vor allem die Übergangsquoten zwischen den Bildungsstufen und -abschnitten, die voraussichtlichen Erfolgsquoten und – für den Hochschulbereich – die Studiendauer berücksichtigt werden mussten.[24]

Im Falle des Wissenschaftsrats hatte sich die Prognosesicherheit des Ansatzes nicht als sehr hoch erwiesen: Die Zahl der Studenten an

---

[23] Vgl. Abiturienten und Studenten. Entwicklung und Vorschätzung der Zahlen 1950 bis 1980. Hrsg. v. Wissenschaftsrat, Tübingen 1964.
[24] Als Überblick vgl. Gerhard Kühlewind/Manfred Tessaring, Argumente für und gegen eine beschäftigungsorientierte Bildungspolitik. Literaturanalyse, Göttingen 1975, S. 88–119; Peter Zedler, Einführung in die Bildungsplanung, Stuttgart 1979, S. 66–99.

den wissenschaftlichen Hochschulen lag 1970 nahezu doppelt so hoch, 1975 fast dreimal so hoch, wie 1964 in der mittleren Variante geschätzt worden war.[25] Das lag vor allem daran, dass maßgebliche Faktoren wie der Anstieg der Abiturientenquote oder die Zunahme der Studiendauer in ihrer Dynamik nicht voll erkannt worden waren. Die generelle Schwäche des Ansatzes lag denn auch darin, bei trendmäßiger Fortschreibung vergangener Entwicklungen dynamische Veränderungsprozesse nicht hinreichend abbilden zu können.[26] Das konnte zu paradoxen Ergebnissen führen. Die 1973 im Bildungsgesamtplan von Bund und Ländern veranschlagte Schülerzahl für das Jahre 1985 beruhte sowohl für den Geburtenrückgang wie für den Anstieg der Bildungsbeteiligung auf einer Fehleinschätzung: beide Größen wurden deutlich zu niedrig angesetzt. Die gegenläufigen Prognoseirrtümer neutralisierten sich aber und führten im Ergebnis, wie sich 1985 zeigen sollte, dann doch zu einer einigermaßen treffsicheren Vorhersage.[27] Fehleinschätzungen solcher Art blieben nicht die einzige Schwäche des *social demand*-Ansatzes. Als weiteres Problem trat hinzu, dass der Ausbildungsbedarf als identisch mit der aggregierten Bildungsnachfrage verstanden wurde, so dass die Abstimmung von Bildungs- und Beschäftigungssystem außerhalb des Fragehorizonts blieb. Implizit lag dem Ansatz damit die problematische Annahme einer hohen Anpassungselastizität zwischen Ausbildungs- und Beschäftigungssystem zugrunde.[28]

Das Gegenmodell zum Nachfrageansatz war der über die OECD in die Bundesrepublik gelangte *manpower approach*, als dessen geistiger Vater im deutschsprachigen Raum der Baseler Ökonom Gottfried Bombach gelten konnte.[29] Das Vorgehen beim *manpower*-Ansatz war

---

[25] Manfred Tessaring, Evaluation von Bildungs- und Qualifikationsprognosen, insbesondere für hochqualifizierte Arbeitskräfte, in: Mitteilungen aus der Arbeitsmarkt- und Berufsforschung 13 (1980), S. 374–397, hier S. 381.
[26] Hansgert Peisert, Vorhersagen und Wirklichkeit. Bildungsplanung und Bildungsforschung, in: Die Hochschulen in den 90er Jahren. Dokumente zur Hochschulreform XL/1980. Hrsg. v. der Westdeutschen Rektorenkonferenz, Bonn-Bad Godesberg 1980, S. 49–72.
[27] Klaus Klemm, Ja, mach nur einen Plan... Anmerkungen zur Planbarkeit im Bildungswesen, in: Klaus Beck/Adolf Kell (Hrsg.), Bilanz der Bildungsforschung. Stand und Zukunftsperspektiven, Weinheim 1991, S. 219–227.
[28] Vgl. hierzu grundsätzlich Hajo Riese, Theorie der Bildungsplanung und Struktur des Bildungswesens, in: Konjunkturpolitik 14 (1968) 5/6, S. 261–290.
[29] Gottfried Bombach, Die Vorausschätzung des langfristigen Bedarfs und der

wesentlich aufwendiger als das beim Nachfragemodell. Der erste prognostische Versuch dieser Art war die im Auftrag des Wissenschaftsrates erstellte Studie von Hajo Riese zur „Entwicklung des Bedarfs an Hochschulabsolventen in der BRD".[30] Riese hatte zunächst die Wachstumsrate für den Zeitraum 1961 bis 1981 geschätzt (vier Prozent) und diese anschließend gemäß einer Extrapolation der Strukturverschiebungen zwischen 1950 und 1961 für die einzelnen Wirtschaftssektoren aufgeschlüsselt. Unter Berücksichtigung der wiederum extrapolierten Veränderung der Arbeitsproduktivität leitete er daraus den Arbeitskräftebedarf unterschiedlicher Berufe und Qualifikationen (Niveau und Fachrichtung) ab.

Auch ein solcher Ansatz besaß offenkundige Schwächen. Die implizite Annahme eines Gleichgewichts zwischen Bestand und Bedarf exakt zu jenem Zeitpunkt, von dem aus extrapoliert wurde, war ebenso problematisch wie die Annahme einer nur unwesentlichen Substitutionselastizität zwischen den Qualifikationstypen und Fachgruppen. Die Befunde der nach dem *manpower*-Ansatz angestellten Untersuchungen lagen bisweilen weit auseinander. Lautete das Ergebnis von Rieses Studie für das gesamte Bundesgebiet, dass das ökonomisch erforderliche Wachstum der Bildungsbeteiligung im Wesentlichen schon stattgefunden hatte, gelangte eine nach ähnlichem Muster angelegte Untersuchung für Baden-Württemberg zu dem deutlich abweichenden Resultat, dass die dort bis 1981 anvisierte Steigerung der Abiturientenquote auf 15 Prozent kaum ausreichen werde, um die ökonomisch begründete Nachfrage nach qualifizierten Arbeitskräften zu decken.[31] Auf Seiten der Bildungspolitiker hinterließen die ersten Gehversuche auf dem neuen Terrain der Bedarfsforschung eher ein Gefühl anhaltender Unsicherheit.[32]

---

langfristigen Nachfrage nach hochqualifizierten Arbeitskräften in Beziehung zum Wirtschaftswachstum. Ein Beitrag zur rationalen Vorbereitung der Bildungspolitik, in: Peter R. Straumann (Hrsg.), Neue Konzepte der Bildungsplanung. Ein Beitrag zur Kritik der politischen Ökonomie des Ausbildungssektors, Reinbek b. Hamburg 1974, S. 125–175.

[30] Vgl. Hajo Riese, Die Entwicklung des Bedarfs an Hochschulabsolventen in der Bundesrepublik Deutschland, Wiesbaden 1967.

[31] Hans Peter Widmaier, Bildung und Wirtschaftswachstum. Modellstudie zur Bildungsplanung, Villingen 1966, S. 279f.

[32] Bundesarchiv Koblenz, B 138, Nr. 3027: Niederschrift über die Abteilungsleiterbesprechung zur Beratung der Vorlage für das Wissenschaftskabinett über bildungspolitische Initiativen des Bundes am 29.8.1968.

Die unterschiedlichen Problemsichten der beiden Ansätze waren nur schwer zu übersehen. Der *social-demand approach* stand im Einklang mit einem Planungsansatz, der Ralf Dahrendorfs Leitbild der „Bildung als Bürgerrecht"[33] verpflichtet war, während sich der *manpower approach* eher in ein Planungsdenken einfügte, das Bildung als Wachstumsfaktor verstand. Im einen Fall war Bildung vornehmlich ein soziales, im anderen ein ökonomisches Gut. Tendierte das Nachfrage-Modell zu einer normativen Begründung seiner Voraussetzungen, so der Bedarfs-Ansatz stärker zu einer funktionalen. Was beim Bedarfsansatz als Investition erschien, war beim Nachfragekonzept als Konsum zu verstehen. Während dieser eine interdependente Betrachtung des Bildungswesens weitgehend vermissen ließ, tendierte jener zu einem eindimensionalen Ableitungs- und Abhängigkeitsverhältnis von Wachstum und Produktivitätsentwicklung. Der *social-demand*-Ansatz war vor allem ein Ansatz für Perioden des Arbeitskräftemangels, der *manpower*-Ansatz hingegen für Zeiten der Arbeitsplatzknappheit. Wo jener in der Gefahr stand, in die Sackgasse einer mangelnden Abstimmung von Bildungs- und Beschäftigungssystem zu geraten, rieb sich dieser mit dem Grundrecht der freien Berufswahl.

Die Planungsmethode, wie sie in der DDR entwickelt wurde, war in ihrem Vorgehen dem westlichen Bedarfsansatz verwandt. 1969 war dem Papier eines DDR-Planungstheoretikers die Kritik zu entnehmen, einige Bildungsökonomen gingen an die Bildungsplanung ausschließlich vom Standpunkt des Arbeitskräftebedarfs heran, was im Grunde genommen dem *manpower*-Ansatz der bürgerlichen Bildungsplanung entspreche; eine Theorie der „sozialistischen Bildungsplanung" sei, obwohl „beinahe schon zu einem Schlagwort geworden", bisher kaum ausgearbeitet worden.[34] Die Planung des Arbeitskräftebedarfs beruhte in den frühen 1970er Jahren, vereinfacht gesagt, auf einem Ansatz, bei dem auf politischer Ebene Wachstumsraten und Arbeitsproduktivität vorgegeben und daraus dann sektoral der Arbeitskräftebedarf ermittelt wurde. Die Kennziffern für Bedarf und Bestand an Arbeitskräften mussten anschließend im Prozess der Planung schrittweise solange einander angepasst werden, bis Bedarfsplanung und Ausstoß an Qua-

---

[33] Vgl. Ralf Dahrendorf, Bildung ist Bürgerrecht. Plädoyer für eine aktive Bildungspolitik, Hamburg 1965.
[34] Hersing, Antwort, in: Geschichte der Sozialpolitik, Bd. 9, Dok. 9/132.

lifikationen formell im Einklang standen.[35] Dabei beruhten die in der Planungspraxis verwandten Strukturkoeffizienten zu wesentlichen Teilen auf politisch vorgegebenen Eckdaten, von deren Realitätsgehalt, ungeachtet aller methodischen Planungsprobleme, die Prognosesicherheit der Planvorgaben schließlich maßgeblich abhing.

Der Bedarfsansatz in der DDR teilte viele der Schwächen, die gegen den *manpower*-Ansatz im Westen vorgebracht wurden.[36] Durch die zentralistische Arbeitskräftelenkung war allerdings in der DDR die Substitutionselastizität zwischen den Qualifikationen stärker eingeschränkt als in der Bundesrepublik, so wie die Starrheit des Planungssystems institutionell stabilisierte Strukturen voraussetzte, um die Interaktionskomplexität der von der Planung zu erfassenden Faktoren in den Griff bekommen zu können. Angesichts der Unterordnung der Bildungs- unter die Wirtschaftsplanung war in der DDR ein Primat der individuellen Bildungsnachfrage, wie er dem *social demand*-Ansatz zugrunde lag, kaum denkbar. Maßgebliches Ziel der bildungsökonomischen Anstrengungen war es vielmehr, durch Prognosen und planerische Vorgaben zur beruflichen Fachstruktur und zu den benötigten Qualifikationsniveaus einen volkswirtschaftlich optimalen Nachschub an Arbeitskräften und eine effiziente Allokation des Arbeitskräftepotentials zu gewährleisten. Die Folge war eine von ökonomischen Bedarfsannahmen abgeleitete Lenkung der Absolventenströme, Planung der Ausbildungskapazitäten und Kontrolle der Berufswahlentscheidungen.[37]

3. Rückbau und Umkehr in der Bildungsplanung

Mit der Verabschiedung des gemeinsamen Bildungsgesamtplans von Bund und Ländern 1973, dem Höhe- und Wendepunkt des bildungspolitischen Planungsbooms in der Bundesrepublik, setzte die Abkühlungsphase der Planungsbegeisterung ein. Für das Scheitern des Gesamtplans waren politische, ökonomische und planungsimmanente Gründe maßgeblich. Erstens erwies sich der nach langen Verhandlungen verabschiedete Plan aufgrund von Sondervoten der CDU-Länder zu

---

[35] Vgl. auch Christoph Oehler, Staatliche Hochschulplanung in Deutschland. Rationalität und Steuerung in der Hochschulpolitik, Neuwied u. a. 2000, S. 68–75.
[36] Kruppa, Wirtschafts- und Bildungsplanung, S. 167–173 und 223–242.
[37] Helmut Köhler, Qualifikationsstruktur und Hochschulentwicklung in der Deutschen Demokratischen Republik und der Bundesrepublik Deutschland, in: Mitteilungen aus der Arbeitsmarkt- und Berufsforschung 28 (1995), S. 96–108, hier S. 105f.

Fragen der Integrierten Gesamtschule, der Orientierungsstufe und der Stufenlehrerausbildung eher als Dokument des bildungspolitischen Dissenses denn als tragfähiger Konsens. In der Planungspraxis der Länder vermochte der Bildungsgesamtplan, wie sich schnell zeigte, die erhoffte Koordinierungsfunktion nicht zu erfüllen. Zweitens griffen die Finanzminister den Bildungsplanern in die Speichen und verwiesen darauf, dass die finanziellen Spielräume weit enger gesteckt waren, als den Ausbaubestrebungen des Bildungsgesamtplans bis 1985 entsprochen hätte. Und drittens erwiesen sich einige Planungsprämissen als wenig belastbar, etwa wenn von einer durchschnittlichen Wachstumsrate von 4,5 Prozent ausgegangen worden war, die in den wirtschaftlichen Abschwungphasen der 1970er Jahre nicht mehr der Realität entsprach.[38] Weder hatte der Plan eine langfristige Koordinierung von Bildungs- und Finanzplanung zuwege gebracht noch war eine tragfähige Abstimmung zwischen Bildungsplanung, Wirtschaftsentwicklung und Arbeitsmarkt gelungen.

Während die bildungsökonomische Forschung, auch als staatliche Auftragsforschung, weiter blühte, schrumpfte das tatsächliche bildungspolitische Interesse. Der Staatssekretär im Hessischen Kultusministerium, Gerhard Moos, befand 1974, der Stand der Bildungsökonomie erlaube genauere Bildungsbilanzen nur für Teilarbeitsmärkte, in denen kaum Substitutionseffekte auftreten würden und für die, wie im Fall der Lehrerausbildung, der Bedarf wesentlich politischen Bestimmungsgründen unterliege. Moos schloss aus all dem, „dass beim gegenwärtigen unzureichenden Stand der bildungsökonomischen wissenschaftlichen Methodik globale Bedarfsprognosen für Absolventen von Hochschuleinrichtungen zu so ungesicherten Ergebnissen führen, dass sie für die Planungen der Landesregierung unbrauchbar sind."[39] Die Unsicherheiten der verfügbaren Prognosemethoden legten auch anderen Bildungspolitikern nahe, den Vorrang politischer Ent-

---

[38] Wilfried Rudloff, Bildungsplanung in den Jahren des Bildungsbooms, in: Matthias Frese/Julia Paulus/Karl Teppe (Hrsg.), Demokratisierung und gesellschaftlicher Aufbruch. Die sechziger Jahre als Wendezeit der Bundesrepublik. Paderborn 2003, S. 259–282, hier S. 273f.; vgl. auch Heinrich Mäding, Infrastrukturplanung im Verkehrs- und Bildungssektor. Eine vergleichende Untersuchung zum gesamtstaatlichen Planungsprozeß in der Bundesrepublik Deutschland, Baden-Baden 1978.
[39] Hessisches Hauptstaatsarchiv Wiesbaden, NL 1200, Nr. 15: Gerhard Moos an den Hessischen Minister für Wirtschaft und Technik, 28.2.1974.

scheidungen wieder deutlicher zu unterstreichen. Worauf es letztlich ankomme, so resümierte der Berliner Hochschulplan von 1974, sei die politische Willensbildung, für die die Bedarfs- und Nachfrageuntersuchungen, auch wenn sie keine eindeutigen Kriterien böten, immerhin „wichtige Orientierungshilfen"[40] gewähren könnten.

Auf kleinerer Flamme wurde auch weiterhin geplant, etwa in Gestalt von lokalen und regionalen Schulentwicklungsplänen oder im Zuge der Rahmenplanung für den Hochschulbau zwischen Bund und Ländern. Unter den Vorzeichen des sog. „Untertunnelungsbeschlusses" der Ministerpräsidenten (1977) gingen die Planungen für die Hochschulentwicklung über eine Dekade von der illusionären Prämisse aus, im Vorgriff auf einen demografisch bedingten Rückgang der Studentenzahlen – der dann niemals eintrat – den Hochschulen zwischenzeitig eine „Überlast" zumuten zu können. Hingegen entwickelten sich die Verhältnisse auf der Schulebene in eine andere Richtung: Hier machte sich der Geburtenrückgang in der Tat in einer Abnahme der Schülerzahlen – erst in der Grundschule, dann in der Sekundarstufe I – bemerkbar, weshalb es den Bildungsplanern seit den 1980er Jahren nicht mehr um Expansion, sondern um Konsolidierung und Erhaltung der schulischen Infrastrukturen in der Fläche gehen musste. Die Bildungsplanung büßte damit eine zentrale ressortpolitische Funktion ein: Mit dem Rückgang der Schülerzahlen musste es weit schwerer fallen, mit einem planerischen Vorgriff auf die Zukunft die Forderungen der Kultus- gegenüber den Finanzministern in der Gegenwart zu untermauern. Die Bildungsplanung hatte ihren Glanz verloren.[41]

Nicht minder sichtbar war die Wende in der ostdeutschen Bildungsplanung, wenn auch mit anderer Stoßrichtung. Im Übergang von Ulbricht zu Honecker brach die Expansion der Bildungsbeteiligung abrupt ab. Maßgeblich waren politische Grundsatzentscheidungen. Der

---

[40] Der Senator für Wissenschaft und Kunst: Hochschulentwicklungsplan I des Landes Berlin (Entwurf), Berlin 1974, in: Peter Müller (Hrsg.), Dokumente zur Gesamthochschulentwicklung, Bonn-Bad Godesberg 1976, S. 251–263, hier S. 263.
[41] Hasso von Recum, The Identity Crisis of Educational Planning, in: ders./Manfred Weiss (Hrsg.), Social Change and Educational Planning in West Germany, Frankfurt a.M. 1991, S. 65–76; Manfred Weiss/Horst Weishaupt, Experiences with Comprehensive Educational Planning: Lessons from the Federal Republic of Germany, in: ebenda, S. 77–94; dies., Economic Austerity in West German Education? in: ebenda, S. 95–108; Hasso von Recum, Planning and Financing a Shrinking Educational System. The Case of West Germany, in: ebenda, S. 109–119.

Anstieg der Studentenzahlen wurde 1971 abrupt gestoppt, die Quote zurückgefahren und bei 12 bis 14 Prozent stabilisiert. Vom bildungsökonomischen Zukunftsoptimismus der Ära Ulbricht, als in der Bildungsplanung von einem stetigen Wachstum des Bedarfs an wissenschaftlichen Qualifikationen ausgegangen worden war, war nur noch wenig zu spüren. Ausbildung und Bedarf an hochqualifizierten Arbeitskräften schienen vielmehr zunehmend auseinander zu laufen.[42] Margot Honecker forderte als Ministerin für Volksbildung, statt auf das Studium an Hoch- und Fachschulen vorzubereiten müsse die Schule in erster Linie wieder dazu dienen, den nötigen Nachwuchs an hochqualifizierten Facharbeitern heranzubilden.[43] Dahinter stand zugleich das Bestreben, einer durch wissenschaftliches Fachwissen legitimierten Expertenkultur, wie sie in den späteren Jahren der Ära Ulbricht Leitbildstatus genossen hatte, wieder stärker den klassenbewussten Facharbeiter als Verkörperung und soziales Fundament des SED-Staates entgegen zu stellen.[44] Bedarfsprognostisch legitimiert wurde die Neujustierung der Planungsparameter durch die Annahme, die bildungspolitischen Bemühungen würden in Zukunft mehr der allgemeinen Anhebung des Ausbildungsniveaus auf allen Qualifikationsstufen gelten müssen als einer bloßen Expansion der höheren Qualifikationen.[45] Der gesellschaftlich induzierten Expansionsdynamik im Westen standen in der DDR fortan staatlicherseits eingefrorene Proportionen der Bildungsbeteiligung gegenüber.

Eine dirigistische Bedarfsplanung dieser Art war mit den staatlichen und gesellschaftspolitischen Ordnungsvorstellungen in der Bundesrepublik nicht vereinbar. So erklärte ein Urteil des Bundesverfassungsgerichts zum Numerus Clausus 1972 mit Verweis auf Art. 12 Abs. 1 des Grundgesetzes (freie Wahl des Berufs und der Ausbildungsstätte) eine Begrenzung der Hochschulkapazitäten unter reinen Bedarfsgesichtspunkten für unzulässig. Die bundesdeutschen Planer setzten auf flexible Anpassungs- und Ausgleichsprozesse am Arbeitsmarkt, bei denen die vorhandenen Qualifikationen ihre Nachfrage selbst er-

---

[42] Dietmar Waterkamp, Handbuch zum Bildungswesen der DDR, Berlin 1987, S. 40–45.
[43] Vgl. Köhler/Stock, Bildung, S. 61.
[44] Gero Lenhardt/Manfred Stock, Bildung, Bürger, Arbeitskraft. Schulentwicklung und Sozialstruktur in der BRD und der DDR, Frankfurt a. M. 1997, S. 207–215.
[45] Vgl. Korn/Maier, Ökonomie, S. 37; Korn/Richter, Grundfragen, S. 23; Köhler/Stock, Bildung, S. 70 f.

zeugen und Berufsgrenzen überschreitende Mobilitätsprozesse neue Teilarbeitsmärkte erschließen würden.[46] Ziel der Planer in der DDR war es hingegen, solche Unschärfen zwischen Bildungs- und Beschäftigungssystemen nach Möglichkeit auszuschalten. Ungleichgewichte zwischen Bildungsabschlüssen und Nachfrage nach Arbeitskräften konnten im Planungssystem der DDR nicht wie in Marktgesellschaften zu Problemen der einzelnen herabgestuft werden – sie waren Probleme des Planungssystems selbst. Die gesellschaftliche Nachfrage nach Bildung besaß als Steuerungsgröße kein politisches Eigengewicht, zumal man sich immer hinter die wohlfeile ideologische Behauptung zurückziehen konnte, tendenziell seien individuelle Bedürfnisse und gesellschaftlicher Bedarf im Arbeiter- und Bauernstaat identisch.[47] Indem der SED-Staat die Bildungsexpansion zurückfuhr, um Ungleichgewichten im Beschäftigungssystem vorzubeugen, widersprach er tatsächlich aber immer mehr den individuellen Bildungsaspirationen. Bildungsplanung in der DDR diente fortan eher der Schließung als der Öffnung des Bildungssystems. Von einer Konvergenz der beiden Bildungssysteme konnte weniger denn je die Rede sein. Während sich die bundesdeutsche Bildungspolitik im Kern weiter an der eigendynamischen gesellschaftlichen Bildungsnachfrage orientierte, wurde die Dynamik sozialen Wandels, die mit der Bildungsexpansion verbunden war, in der DDR durch die staatliche Planung unterdrückt.[48] Auch insofern erlangte die Planungspraxis dort eine ungleich größere soziale Eingriffstiefe als in der Bundesrepublik.

---

[46] Manfred Kaiser, Zur Flexibilität von Hochschulausbildungen. Ein Überblick über den Stand der empirischen Substitutionsforschung, in: Mitteilungen aus der Arbeitsmarkt- und Berufsforschung 8 (1975), S. 203–221.
[47] Gert-Joachim Glaeßner, Bildungsökonomie und Bildungsplanung. Vorüberlegungen zu einer Analyse der gesellschaftlichen und politischen Funktion von Bildungsprozessen in der DDR, in: Deutschland Archiv 11 (1978), S. 937–956, hier S. 952f.
[48] Vgl. hierzu auch Ralph Jessen, Zwischen Bildungsökonomie und zivilgesellschaftlicher Mobilisierung. Die doppelte deutsche Bildungsdebatte der sechziger Jahre, in: Hans-Gerhard Haupt/Jörg Requate (Hrsg.), Aufbruch in die Zukunft. Die 1960er Jahre zwischen Planungseuphorie und kulturellem Wandel: DDR, ČSSR und Bundesrepublik Deutschland im internationalen Vergleich, Weilerswist 2004, S. 209–231, hier S. 230f.

Dierk Hoffmann
Planung des Lebensstandards
Verwissenschaftlichung und Professionalisierung in der
DDR der 1960er und 1970er Jahre

1. Einleitung

Konsum verändert Gesellschaften, etwa indem Wirtschaftswachstum initiiert wird und über das Wechselspiel von Inklusion und Exklusion soziale Transformationsprozesse angestoßen oder sogar beschleunigt werden.[1] In Deutschland hat der Staat im 20. Jahrhundert oftmals die Aufgabe der Konsumregulierung übernommen, da er sich nicht nur um den Ausgleich unterschiedlicher Interessen bemühen, sondern auch die legitimatorische Funktion von Konsum(steigerung) berücksichtigen musste. Aufgrund der besonderen Bedeutung von Konsum sahen sich auch die beiden deutschen Staaten nach 1945 dazu veranlasst, aktiv Konsumpolitik zu betreiben. Der Ost-West-Konflikt wurde auch auf dem Feld des Konsums ausgetragen, denn für die Akzeptanz der politischen Systeme waren der vom Konsumniveau vorgegebene Lebensstandard und dessen subjektive Wahrnehmung durch die Bevölkerung von entscheidender Bedeutung.[2] Der konsumpolitischen Vision Ludwig Erhards („Wohlstand für alle") stand das Wohlstandsversprechen Erich Honeckers („Einheit von Wirtschafts- und Sozialpolitik") gegenüber.

Mit dem Wettstreit im geteilten Deutschland um die bessere Versorgung der Bevölkerung mit Konsumgütern stand auch die jeweilige Wirtschaftsordnung auf dem Prüfstand. Im Zeitalter des Kalten Krieges wetteiferten in der öffentlichen Wahrnehmung Marktwirtschaft und Planwirtschaft.[3] Im Sommer 1958 hatte SED-Chef Walter Ulbricht auf

---
[1] Hartmut Berghoff, Konsumregulierung im Deutschland des 20. Jahrhunderts. Forschungsansätze und Leitfragen, in: Hartmut Berghoff (Hrsg.), Konsumpolitik. Die Regulierung des privaten Verbrauchs im 20. Jahrhundert, Göttingen 1999, S. 7–21, hier S. 10.
[2] Ebenda, S. 13.
[3] Vgl. zur Perzeption der DDR-Zentralverwaltungswirtschaft in der Bundesrepublik ab Ende der 1960er Jahre: Michael Ruck, Vom „geplanten Wunder" zur „Pleite der Praxis". Wahrnehmungen der DDR-Planwirtschaft in der westdeutschen Wirtschaftspresse während des Jahrzehnts der Entspannung, in: Detlev

dem V. SED-Parteitag – auch unter dem Eindruck des ein Jahr zuvor erfolgten Starts des sowjetischen Weltraumsatelliten ‚Sputnik' – ambitionierte Wohlstandsversprechen formuliert, die die westdeutsche Seite zu einer Reaktion veranlassten. Bundeswirtschaftsminister Ludwig Erhard (CDU) räumte in einem Gastbeitrag für die Wochenzeitung „Die Zeit" ein, dass sich die „Zuwachsraten des Sozialprodukts [der DDR-Wirtschaft] auf der Höhe der größten Erfolge westlicher Volkswirtschaften" bewegten. In der „ökonomischen Hauptaufgabe" der SED sah er eine große Herausforderung für die Bundesrepublik und begrüßte diese Art des Wettbewerbs.[4] Doch in der westdeutschen Öffentlichkeit kursierten mitunter auch Ängste, den deutsch-deutschen Systemwettstreit verlieren zu können. So fragte der Publizist Peter Molt 1960: „Erreicht der Osten unseren Lebensstandard?"[5] Der Begriff des „Lebensstandards" der Bevölkerung zielte hierbei auf die Leistungsfähigkeit des Wirtschaftssystems.[6] Er sollte das Niveau des Besitzes und Konsumierens von materiellen und immateriellen Gütern als quantitative Größe objektiv messbar machen. Berechnungsmethoden und die Pluralität der Aspekte waren keineswegs unumstritten, sondern wurden immer wieder kritisch hinterfragt und (insbesondere in Form des Warenkorbes) der sozioökonomischen Entwicklung angepasst.[7] Namentlich aus Sicht der SED-Führung schien eine verwissenschaftlichte Planung des Lebensstandards – und damit des Konsums – machbar und steuerbar zu sein.

Im Folgenden wird von der DDR in den 1960er und 1970er Jahren die Rede sein, denn die ostdeutsche Planwirtschaft war Bestandteil eines Gesellschaftsmodells, in dem die Politik – d.h. die SED-Führung – den Anspruch erhob, alle Teilsysteme bestimmen und gestalten zu können. Dieser Führungsanspruch wurde mit dem Hinweis begründet,

---

Brunner/Mario Niemann (Hrsg.), Die DDR – eine deutsche Geschichte. Wirkung und Wahrnehmung, Paderborn 2011, S. 389–409.
[4] Ludwig Erhard, Über den „Lebensstandard". Die Freiheit und der Totalitarismus – Die Herausforderungen des Herrn Ulbricht, in: ‚Die Zeit' vom 14.8.1958, S.11.
[5] Vgl. Peter Molt, Erreicht der Osten unseren Lebensstandard? Mannheim 1960.
[6] Wolfram Fischer, Zur Einführung, in: ders. (Hrsg.), Lebensstandard und Wirtschaftssysteme. Studien im Auftrage des Wirtschaftsfonds der DG Bank, Frankfurt a.M. 1995, S.9–22, hier S.9.
[7] Vgl. allgemein: Amartya Sen, Der Lebensstandard, Hamburg 2000; für die DDR: Jennifer Schevardo, Vom Wert des Notwendigen. Preispolitik und Lebensstandard in der DDR der fünfziger Jahre, Stuttgart 2006.

dass nur die SED – gestützt auf die zur Wissenschaft erkorene Ideologie des Marxismus-Leninismus – über das Wissen verfüge, die zukünftige gesellschaftliche Entwicklung vorab planen zu können. Damit wurde auch die Entwicklung des Konsums nicht dem Zufall überlassen. Wie entwickelte sich also die Planung des Lebensstandards in der DDR und welche Handlungsspielräume hatten die wissenschaftlichen Experten?

2. Wirtschaftsreformen in der DDR in den 1960er Jahren und die Folgen für die Konsumpolitik

Am Anfang – so könnte man zugespitzt sagen – war der Mauerbau. Denn erst nach dem 13. August 1961 schien die Planung und Lenkung aller Produktionsfaktoren erstmals in der DDR gesichert zu sein. In den 1950er Jahren hatte die Ressourcenallokation angesichts der unkalkulierbaren millionenfachen „Republikflucht" immer wieder den sich ändernden Rahmenbedingungen angepasst werden müssen. Mit der Abriegelung von West-Berlin machte sich in der SED-Führung eine gewisse Aufbruchsstimmung breit. Ein Problem blieb aber bestehen: das Ungleichgewicht zwischen Kaufkraft und Warenangebot. Darauf reagierte Ost-Berlin mit zwei Maßnahmen: Drosselung der Lohnentwicklung und Preiserhöhung.[8]

Durch die sogenannten Produktionsaufgebote waren in den Betrieben die Arbeitsnormen de facto erhöht worden. Massive Proteste blieben weitgehend aus – anders als 1953. Bereits vor dem Mauerbau hatte sich die Staatliche Plankommission (SPK) Gedanken über die Preiserhöhung einzelner Konsumgüter gemacht. Da an dem Mantra, die Preise für Güter des täglichen Bedarfs stabil zu halten, nicht gerüttelt werden durfte, kamen letztlich nur Luxusgüter in Frage, wie z.B. Motor- und Segelboote, Wartburg-Autos sowie Fernsehgeräte. Dagegen riet die SPK von einer Preiserhöhung bei Spirituosen und Tabakwaren eindringlich ab, so dass der Spielraum für Einsparungen denkbar gering blieb. Anders als erwartet veränderte sich die Versorgungslage kurz nach dem Mauerbau kaum; bei einzelnen Nahrungsmitteln drohten sogar wieder Versorgungsengpässe. Aufgrund der Verschlechterung des Nahrungsmittelangebots kursierten unter den Arbeitern rasch Parolen, die sich gegen die SED richteten und Erinnerungen

---

[8] André Steiner, Von Plan zu Plan. Eine Wirtschaftsgeschichte der DDR, Bonn 2007, S. 127.

an den Volksaufstand von 1953 wachriefen: „Kommunisten, gebt uns mehr zu fressen, oder habt ihr den 17. Juni schon vergessen?"[9] Erst nachdem das Politbüro den Minister für Außenhandel beauftragt hatte, 50 Millionen Eier, aber auch einige Tausend Tonnen Fleisch- und Fischwaren zusätzlich zu importieren, entspannte sich die Situation in der DDR langsam. Mit der gleichzeitig angestrebten Abschöpfung des Kaufkraftüberhangs sollte zwar die umlaufende Geldmenge reduziert werden; dies hatte aber keine Auswirkung auf die Nachfrage nach Lebensmitteln. Da die ostdeutsche Bevölkerung – nach Einschätzung der Plankommission – nur den Kauf von Industriewaren einschränken würde, sei mit einer Entspannung der Nahrungsmittelversorgung nicht zu rechnen. Deshalb setzte die SED auf eine wissenschaftlich abgesicherte langfristige Planung des Konsums, den sie über die seit den 1950er Jahren genutzte Kategorie des „Lebensstandards" fassen wollte.[10]

Konsumregulierung erfolgte auch in der Planwirtschaft über die Preise, allerdings über staatlich festgesetzte Preise. Mit dem „Neuen Ökonomischen System der Planung und Leitung" (NÖSPL) sollte die ostdeutsche Wirtschaft in den 1960er Jahren modernisiert und ihre Produktivität gesteigert werden: Den Leitern der VVB sollten materielle Anreize in Form von erfolgsabhängigen Zusatzprämien angeboten werden; darüber hinaus war eine Industriepreisreform vorgesehen, die zwar keine Einführung von Marktpreisen, aber eine realistische Erfassung der Produktionskosten anstrebte.[11] Für die DDR-Wirtschaftsreformer bestand ein fast unlösbares Problem darin, „marktwirtschaftliche Mechanismen zu simulieren, ohne die Grundlagen einer Marktwirtschaft einzuführen".[12] Die Debatte über die Industriepreisreform verlief zwar ergebnislos. Der Personal- und Arbeitsaufwand war jedoch enorm. Die wirtschafts- und sozialpolitische Reformdebatte

---

[9] Zitiert nach Patrice G. Poutrus, Die Erfindung des Goldbroilers. Über den Zusammenhang zwischen Herrschaftssicherung und Konsumentwicklung in der DDR, Köln 2002, S. 65 f.
[10] Dierk Hoffmann/Michael Schwartz, Gesellschaftliche Strukturen und sozialpolitische Handlungsfelder, in: Geschichte der Sozialpolitik in Deutschland seit 1945, Bd. 8: Deutsche Demokratische Republik 1949–1961. Im Zeichen des Aufbaus des Sozialismus. Hrsg. von Dierk Hoffmann/Michael Schwartz, Baden-Baden 2004, S. 94–108.
[11] Ausführlicher hierzu: André Steiner, Die DDR-Wirtschaftsreform der sechziger Jahre. Konflikt zwischen Effizienz- und Machtkalkül, Berlin 1999.
[12] Steiner, Plan, S. 131.

blieb zunächst auf eine zahlenmäßig überschaubare Gruppe von Wissenschaftlern und Funktionären des SED-Parteiapparates bzw. des Gewerkschaftsapparates beschränkt. Auf diese Weise konnte aber – langfristig gesehen – eine vergleichsweise große Anzahl politischer und wissenschaftlicher Gremien eingebunden werden.

Im Verlauf der 1960er Jahre waren in der DDR Ansätze zu einer – wenn auch stark begrenzten – Verwissenschaftlichung der Politik erkennbar, die an ähnliche Aktivitäten in der Bundesrepublik anknüpften, politische Entscheidungen stärker an wissenschaftlicher Rationalität und Planbarkeit auszurichten. Auf Veranlassung der SED schossen wirtschafts- und sozialwissenschaftliche Forschungsinstitute wie Pilze aus dem Boden, wobei Aufgabenstellungen und Kompetenzen nicht immer eindeutig geklärt waren. Manche Einrichtungen besaßen nur eine kurze Halbwertzeit. Der Arbeitskreis Lebensstandard der Plankommission listete Ende der 1960er Jahre insgesamt 65 sozialpolitische Akteure auf, vom Volkskammerausschuss „Arbeit und Sozialpolitik" bis hin zu einzelnen renommierten Betriebsärzten.[13] Dagegen waren 1963 die Pläne gescheitert, ein „Büro für Ernährung" zu bilden, das die „vernünftige Ernährungsweise im Sozialismus" wissenschaftlich untersuchen sollte. Ein entsprechender Vorstoß des Volkskammerpräsidenten Johannes Dieckmann (LDPD) wurde zwar von Gerhard Schürer befürwortet, fand aber offenbar keine Unterstützung im Politbüro. Daran änderte auch nichts, dass Dieckmann gegenüber dem stellvertretenden Ministerratsvorsitzenden Willi Stoph auf das Vorbild des bundesdeutschen Ministeriums für Ernährung, Landwirtschaft und Forsten verwies, das sich „zur Erfüllung der propagandistischen Aufgaben einer ‚Gesellschaft für Ernährung' bedient" habe.[14]

3. Lebensstandard- und Bedarfsforschung in der DDR

Während die Plankommission ganz mit der Durchführung der Wirtschaftsreform beschäftigt war, gerieten jene prognostischen Überlegungen zur langfristigen Steuerung des Lebensstandards in der DDR

---

[13] Peter Hübner, Gesellschaftliche Strukturen und sozialpolitische Handlungsfelder, in: Geschichte der Sozialpolitik in Deutschland seit 1945, Bd. 9: Deutsche Demokratische Republik 1961–1971. Politische Stabilisierung und wirtschaftliche Mobilisierung. Hrsg. von Christoph Kleßmann, Baden-Baden 2006, S. 77–145, hier S. 137–139.
[14] BA Berlin, DE 1/48024, Dieckmann an Stoph vom 5.6.1963.

nicht in den Hintergrund, die mit der Aufhebung der Lebensmittelrationierung 1958 begonnen hatten.[15] Während der Vorsitzende der Plankommission, Karl Mewis, den Auftrag erteilte, eine erste Konzeption über die Grundrichtung der Entwicklung des Lebensstandards bis 1970 auszuarbeiten, erhielt die stellvertretende Vorsitzende des Ministerrates, Margarete Wittkowski, vom Politbüro fast zeitgleich einen ähnlichen Arbeitsauftrag.[16] Der Leiter der Abteilung Versorgung der Bevölkerung, Gerhard Eckhardt, signalisierte gegenüber Mewis Ende 1962 grundsätzliche Bedenken: In der zu erstellenden Konzeption ließen sich viele offene Fragen erst nach Fertigstellung des Perspektivplans für die gesamte DDR-Volkswirtschaft beantworten. Dennoch machte sich unter Leitung von Alfred Keck eine Arbeitsgruppe, in der Mediziner, Ernährungswissenschaftler und Arbeitsökonomen vertreten waren, an die Arbeit und legte Ende 1962 eine 49 Seiten lange Denkschrift vor, die einerseits auf die relativ niedrige Produktivitätsrate der ostdeutschen Wirtschaft und andererseits auf die wachsende soziale Ungleichheit in der DDR hinwies.[17] So sei das Konsumtionsniveau „eines Teiles der Arbeiterfamilien mit mehreren Kindern, der Rentner und bestimmter Gruppen der Arbeiter und Angestellten hinter dem allgemeinen Wachstum" zurückgeblieben.[18] Nach Einschätzung der Arbeitsgruppe gab es jedoch bis ungefähr 1965 keinerlei Handlungsspielräume: Für diese Bevölkerungsschichten sei erst in der zweiten Hälfte der 1960er Jahre eine Besserung in Sicht; dabei wurde in der Denkschrift eine entsprechende wirtschaftliche Aufwärtsentwicklung in der DDR stillschweigend vorausgesetzt.

Die Hauptabteilung Perspektivplanung der Plankommission teilte die skeptische Einschätzung der Denkschrift, die unter Leitung Kecks Ende 1962 verfasst worden war. Nach Berechnung der Hauptabteilung würde das Konsumtionsniveau 1963 – unter Berücksichtigung der Preiserhöhungen – sogar unter dem Stand von 1961 liegen; das Realeinkommen der Arbeiter sei im selben Zeitraum um über zwei Prozent

---

[15] Zum folgenden: Dierk Hoffmann, Lebensstandard und Konsumpolitik, in: ders. (Hrsg.), Die zentrale Wirtschaftsverwaltung in der SBZ/DDR. Akteure, Strukturen, Verwaltungspraxis, München 2016, S. 423–509, hier S. 485–490.
[16] BA Berlin, DE 1/47873, Eckhardt an Mewis vom 19.11.1962.
[17] BA Berlin, DE 1/48327, Denkschrift „Grundfragen der Entwicklung des Lebensstandards".
[18] Ebenda.

gesunken.[19] Die konzeptionellen Überlegungen der Plankommission zeigen deutlich, dass der Begriff Lebensstandard, der in den 1950er Jahren noch sehr stark auf die Preisstabilität bei Gütern des täglichen Bedarfs (vor allem Lebensmittel) begrenzt blieb, inhaltlich erweitert wurde.[20] In Zukunft sollten familien-, renten- und wohnungspolitische Merkmale stärker berücksichtigt werden, um „schrittweise" soziale Unterschiede überwinden zu können, die „unabhängig von der Leistung vorhanden" seien. Grundlage der weiteren Überlegungen war die angestrebte Befriedigung der sogenannten gesellschaftlichen Bedürfnisse, die von der Plankommission in einem weitreichenden Sinne definiert wurden. Damit stiegen die Anforderungen an den sozialistischen Wohlfahrtsstaat, und die Trennungslinie zwischen Konsum- und Sozialpolitik, die ohnehin schon schwer zu ziehen war, drohte vollends zu verschwimmen. Unter die Entwicklung des Lebensstandards sollten nach den Vorstellungen der zentralen Wirtschaftsverwaltung sowohl frauen- und familienpolitische als auch wohnungspolitische Maßnahmen fallen. Darüber hinaus blieb der aufgestellte Maßnahmenkatalog nicht nur auf die erwerbstätige Bevölkerung begrenzt, denn die Versorgung der Rentner fand bei der Konzeptualisierung der Lebensstandardpolitik immer stärker Berücksichtigung. Bereits Ende 1962 hatte Kecks Arbeitsgruppe allgemeine Vorschläge zur Verbesserung der Einkommens- und Lebenslage der Rentner formuliert.[21]

In der Plankommission liefen somit die unterschiedlichen Fäden der Konsum- und Sozialpolitik zusammen,[22] und Mitte der 1960er Jahre stieg Keck für kurze Zeit zum entscheidenden Akteur auf. Der gelernte Ökonom, der sich mit Finanzbilanzierung beschäftigt und im Zuge der Aufhebung der Rationierung Erfahrungen mit der Konsumplanung gesammelt hatte, leitete nicht nur den Sektor Lebensstandard in der HA Perspektivplanung, sondern auch den Arbeitskreis Lebensstandard des Beirates für ökonomische Forschung der Staatlichen Plankommission. An seine Mitarbeit im Arbeitskreis knüpfte er allerdings Bedin-

---

[19] BA Berlin, DE 1/61421, 1. Konzeption der SPK-HA Perspektivplanung zur Entwicklung der Lebenslage der Bevölkerung 1964 [Mai 1963], S. 1.
[20] BA Berlin, DE 1/12312, Disposition der HA Perspektivplanung (Sektor Lebensstandard) vom 5.2.1964.
[21] BA Berlin, DE 1/48327, Denkschrift „Grundfragen der Entwicklung des Lebensstandards", S. 27–41.
[22] Philipp Heldmann, Herrschaft, Wirtschaft, Anoraks. Konsumpolitik in der DDR der Sechzigerjahre, Göttingen 2004, S. 109.

gungen: So forderte er die Unterstützung durch alle Abteilungsleiter der Plankommission, die dazu einen Auftrag von SPK-Chef Erich Apel erhalten sollten.[23] Außerdem verlangte er mehr Personalstellen, um die vom Präsidium des Ministerrates beschlossene Forschungsarbeit überhaupt durchführen zu können. Entsprechende Kapazitäten seien weder im Beirat für ökonomische Forschung noch im Leipziger Bedarfsforschungsinstitut, das dem Ministerium für Handel und Versorgung unterstand, vorhanden. Keck legte 1967 eine wissenschaftliche Expertise vor, in der er den Versuch unternahm, den Begriff Lebensstandard unter sozialistischen Vorzeichen zu definieren, und zwar als den „realen Stand der Konsumtion von materiellen Gütern und Dienstleistungen sowie als Niveau der Arbeitsbedingungen und Bedingungen der arbeitsfreien Zeit".[24] Im Mittelpunkt standen erneut die menschlichen Bedürfnisse, die er in mehrere Komponenten zerlegte. Keck ging davon aus, dass die Entwicklung des Lebensstandards nicht nur die Dynamik der wirtschaftlichen Entwicklung in der DDR beschleunigen könnte, sondern auch das Ansehen bei den „Werktätigen der kapitalistischen Länder" erhöhen würde.[25] Kurz darauf verlor er jedoch an Einfluss, da im Zuge einer Umstrukturierung eine neue Abteilung („Planung des Lebensstandards") in der Plankommission entstand. Deren Leiter Rolf Montag stieg zum Stellvertreter des Vorsitzenden der Plankommission auf und war bis zum Wechsel von Ulbricht zu Honecker 1971 „ranghöchster Konsumplaner"[26] in der Planungsbehörde.

Im Auftrag der Plankommission beschäftigten sich Anfang 1966 gleich mehrere Institute mit der Lebensstandardforschung: das Institut für Ernährung Potsdam-Rehbrücke, das Institut für Bedarfsforschung Leipzig, das Institut für Politische Ökonomie des Sozialismus der Martin-Luther-Universität Halle, das Ende Oktober 1967 eine internationale Konferenz zum Thema „Konsumtion und Wirtschaftswachstum" durchführte,[27] und das Hygiene-Institut der Humboldt-Universität.[28] Eine koordinierende Funktion übernahm die Forschungsgruppe Lebens-

---

[23] BA Berlin, DE 1/52028, Keck an Schürer vom 9.12.1964, S. 1.
[24] BA Berlin, DE 1/54600, Denkschrift Kecks („Theoretische Aspekte zur Bestimmung der Kategorie Lebensstandard"), S. 14.
[25] Ebenda, S. 36.
[26] Heldmann, Herrschaft, S. 110.
[27] BA Berlin, DE 1/54605, Protokoll der zweitägigen Tagung, an der Wissenschaftler aus der DDR, der ČSSR und Ungarn sowie Vertreter der SPK teilnahmen.
[28] BA Berlin, DE 1/53068, Vermerk für Schürer vom 22.2.1966.

standard an der Hochschule für Ökonomie, die wiederum der Kontrolle Kecks unterstand. Eine besondere Betriebsamkeit ging vom Institut für Bedarfsforschung aus, das zahlreiche Forschungsberichte produzierte und mehrere Dissertationen betreute, bei denen es etwa um die Anwendung mathematischer Methoden zur Berechnung von Konsumdaten ging. Die Aufgabe des Leipziger Instituts bestand darin, den politisch Verantwortlichen empirisch fundierte Angaben zur Entwicklung des Konsumbedarfs der Bevölkerung zu liefern. Das Kaufverhalten der Kunden sollte berechenbar werden, um Engpässe vorhersagen bzw. vermeiden zu können. Darüber hinaus führte das Institut nicht nur vereinzelt Befragungen in der Bevölkerung durch, sondern befasste sich auch mit Fragen der Werbung und des Warentests. Gegenüber den zuständigen Stellen der Plankommission trat Institutsdirektor Willi Köppert selbstbewusst auf und pochte auf Einhaltung von gemeinsam getroffenen Vereinbarungen, insbesondere wenn es um Zuständigkeiten von Arbeitsgruppen ging.[29] Insgesamt muss jedoch betont werden, dass in der Plankommission vor dem Machtwechsel von 1971 eine in sich geschlossene Konsumplanung nicht existierte – trotz zahlreicher Konzepte und Denkschriften zu konsumpolitisch relevanten Einzelthemen.

Obwohl die Bedarfsforschung in den 1960er Jahren stark expandierte, zeigte die SED-Parteiführung nur geringes Interesse an der wissenschaftlichen Durchleuchtung des sozialistischen Kunden und seiner Konsumwünsche. Ulbricht wehrte entsprechende Vorstöße immer wieder ab, indem er auf die angespannte Wirtschaftslage verwies. Die Konsumexperten der Plankommission mussten sich vom SED-Chef sogar Inkompetenz und fehlenden Weitblick vorhalten lassen: „Wenn in der Prognosegruppe Lebensstandard z.B. der blaue Himmel versprochen wird, so ist das Quatsch."[30] Der Bevölkerung müsse offen gesagt werden, dass „die Erhöhung der Lebensbedingungen [...] vor allem von der Erfüllung dieses Planes [für 1969]" abhänge. Deshalb seien „besonders hohe Mittel für die Investitionen strukturbestimmender Industriezweige notwendig". Denn, so Ulbricht: „Wir können nicht alles auf einmal machen."[31] Dagegen hatten die Konsumplaner mit Witt-

---

[29] BA Berlin, DL 102/3, Brief Köpperts an Manz vom 26.1.1967.
[30] BA Berlin, DE 1/58669, Bl.1–15, hier Bl.9, Persönliche Niederschrift Heinz Klopfers vom 3.12.1968 über die Beratung des Planentwurfs 1969 im Politbüro.
[31] Ebenda.

kowski bis zu deren Wechsel an die Spitze der Deutschen Notenbank 1967 eine wichtige Fürsprecherin im Staats- und Regierungsapparat. Im Politbüro war Werner Jarowinsky für den Binnen- und Außenhandel zuständig, stand jedoch stets im Schatten des ZK-Sekretärs für Wirtschaft, Günter Mittag. Doch für diesen war Konsum damals nur ein Randthema, da sein Augenmerk vorrangig der Industrie und dem Außenhandel galt.[32] Das änderte sich erst Anfang der 1970er Jahre, als mit der „Einheit von Wirtschafts- und Sozialpolitik" konsum- und vor allem sozialpolitische Maßnahmen an Bedeutung gewannen.

4. Von der Lebensstandardplanung zur Planung der Bevölkerungsentwicklung in der Ära Honecker

Ende der 1960er Jahre hatten die von der SED-Führung initiierten Anläufe, sozioökonomische Prozesse nach kybernetischen Modellen zu verwissenschaftlichen, allgemein zu einer expandierenden Forschungslandschaft geführt. Dies eröffnete Experten verschiedenster Disziplinen Einflussmöglichkeiten auf politische Entscheidungsprozesse – allerdings nur bis Anfang der 1970er Jahre: „In wachsender Diskrepanz zum sozialplanerischen Anspruch der Politik dörrte die wissenschaftliche Beschäftigung mit Gesellschaft" dann wieder aus.[33] In der politischen Entscheidungsfindung spielten Experten fast keine Rolle mehr,[34] was vermutlich auch damit zusammen hing, dass es in der DDR ein eigenes Sozialministerium nie gegeben hat – anders als in der Bundesrepublik – und der Sozialpolitikbereich im ZK-Apparat der SED organisatorisch stets den Wirtschaftsfragen untergeordnet blieb. 1973 existierten auf dem Papier nur noch sieben Forschungseinrichtungen in der sozialwissenschaftlichen Forschungslandschaft, die maximal 15 Forschungsprojekte mit geringem Arbeitsaufwand und ohne Absprache untereinander durchführten.[35]

---

[32] Vgl. Heldmann, Herrschaft, S. 109.
[33] Peter Skyba, Gesellschaftliche Strukturen und sozialpolitische Denk- und Handlungsfelder, in: Geschichte der Sozialpolitik in Deutschland seit 1945, Bd. 10: Deutsche Demokratische Republik 1971–1989. Bewegung in der Sozialpolitik, Erstarrung und Niedergang. Hrsg. von Christoph Boyer/Klaus-Dietmar Henke/Peter Skyba, Baden-Baden 2008, S. 67–143, hier S. 93.
[34] Lutz Raphael, Experten im Sozialstaat, in: Hans Günter Hockerts (Hrsg.), Drei Wege deutscher Sozialstaatlichkeit. NS-Diktatur, Bundesrepublik und DDR im Vergleich, München 1998, S. 231–258, hier S. 250.
[35] Skyba, Gesellschaftliche Strukturen, S. 93.

Die Lebensstandardplanung rückte in den Hintergrund; stattdessen gewann die Planung der Bevölkerungsentwicklung zunehmend an Bedeutung. Der Bevölkerungsrückgang, der bis zum Mauerbau am 13. August 1961 auf die massenhafte „Republikflucht" zurückzuführen war, und die wachsende Überalterung der DDR-Gesellschaft hatten den politisch Verantwortlichen in Ost-Berlin bereits in den 1950er Jahren schwer zu schaffen gemacht. Die ungünstige demografische Entwicklung wurde im Arbeiter-und-Bauernstaat durch den langfristigen Geburtenrückgang und die steigende Lebenserwartung der Bevölkerung zusätzlich verschärft. Der Anteil der Bevölkerung im nichtarbeitsfähigen Alter an der Wohnbevölkerung kletterte in den 1960er Jahren von 18 auf 19,5 Prozent.[36] Ausgehend von den demografischen Verwerfungen der DDR-Gesellschaft und der chronischen Arbeitskräfteknappheit, die zu einem Großteil auf Insuffizienzen der Zentralplanwirtschaft zurückzuführen war, gewannen Statistiken und wissenschaftliche Studien an Bedeutung, mit denen das SED-Regime die Entwicklung der arbeitsfähigen Bevölkerung langfristig planen und steuern wollte. Vor diesem Hintergrund entstand schließlich 1974 auf Veranlassung des Politbüros der Wissenschaftliche Rat für Sozialpolitik und Demografie, den mit Gunnar Winkler einer der führenden sozialpolitischen Experten der 1960er Jahre leitete. Das Gremium besaß keine eigenen Forschungskapazitäten, sondern übernahm in erster Linie koordinierende Funktionen.

Institutionell veränderte sich jedoch wenig: Die Abteilung Lebensstandard der Staatlichen Plankommission blieb auch nach dem Machtwechsel von Ulbricht zu Honecker bestehen, weil es ihr gelang, den politischen Kurswechsel mit zu vollziehen. So beteiligte sie sich an der Debatte über die begriffliche Definition von Sozialpolitik und legte dabei ein umfassendes Verständnis an den Tag, das von der Konsumgüterversorgung bis zu den Arbeitseinkommen reichte. Die Abteilung wählte keinen ideologischen, sondern einen pragmatischen Zugriff. Sie listete einige Elemente auf, ohne aber einen Definitionsvorschlag zur inhaltlichen und begrifflichen Abgrenzung zu unterbreiten. Zu diesen Elementen gehörten unter anderem Wohnungsbau, Mietzuschüsse, Renten und Kindergeld, Unterstützung von Familien mit Kindern sowie

---

[36] André Steiner (unter Mitarbeit von Matthias Judt und Thomas Reichel), Statistische Übersichten zur Sozialpolitik in Deutschland seit 1945. Band SBZ/DDR, Bonn 2006, S. 13.

betriebliche Sozialleistungen. Ende Oktober 1974 erarbeiteten Autoren aus dem Umfeld der Gewerkschaftshochschule ‚Fritz Heckert' ein umfangreiches Papier mit Thesen zur Sozialpolitik, das einer Tagung des Wissenschaftlichen Rates für wirtschaftswissenschaftliche Forschung bei der Akademie der Wissenschaften vorgelegt wurde. Damit vollzog sich Mitte der 1970er Jahre ein Paradigmenwechsel, denn DDR-Sozialpolitik entwickelte sich zum „Instrument einer Sozialplanung im weiteren Sinne".[37] Demnach bestand die Aufgabe von Sozialpolitik nunmehr darin, „die sozialen Beziehungen und Verhältnisse über die planmäßige Erhöhung des materiellen und kulturellen Lebensniveaus auf der Grundlage der stetigen Steigerung des Leistungsvermögens der Volkswirtschaft, über die Gestaltung der Arbeits- und Lebensbedingungen [...] sowie über die aktive Einflussnahme auf die Entwicklung der Denk- und Verhaltensweisen im Hinblick auf die weitere Gestaltung der sozialistischen Lebensweise aktiv zu formen."[38] Das Papier differenzierte das Klassen- und Schichtenmodell weiter aus und benannte explizit Bevölkerungsgruppen wie z. B. Frauen, Rentner oder Jugendliche, die in den Fokus der SED-Konsumplaner geraten sollten. Mit dieser Konzeption waren die Grundlinien der Honeckerschen Sozialpolitik bis 1989 vorgezeichnet.

Obwohl die Grenzen der Beratungstätigkeit frühzeitig deutlich geworden waren, setzte sich der Wissenschaftliche Rat für Sozialpolitik und Demografie kurz vor dem IX. SED-Parteitag noch einmal mit Fragen der Familien- und Bevölkerungsentwicklung auseinander.[39] Die Folgen der „Einheit von Wirtschafts- und Sozialpolitik" etwa für die SED-Rentenpolitik blieben freilich begrenzt. Ab Ende der 1970er Jahre konzentrierte die Staats- und Parteiführung ihre Bemühungen auf eine pronatalistische Familienpolitik, die der Erhöhung der Erwerbstätigenzahlen dienen sollte. Darüber hinaus ging es darum, die Erwerbstätigkeit zu verlängern und Rentner zur Arbeitsaufnahme zu bewegen; 1980 waren immerhin 540.000 Rentner weiterhin berufstätig.[40] Die an-

---

[37] Skyba, Gesellschaftliche Strukturen, S. 97.
[38] Aufgaben und Probleme der Sozialpolitik in der DDR, Thesen [Oktober 1974], S. 10. Zitiert nach Skyba, Gesellschaftliche Strukturen, S. 97.
[39] Protokoll der 9. Tagung des Wissenschaftlichen Rates für Sozialpolitik und Demografie am 3. und 4.2.1976 in Zechlinerhütte (FDGB-Ferienheim „Solidarität"), o.O. 1976.
[40] Dierk Hoffmann, Der Schein der sozialen Sicherheit. Arbeitsrecht, Beschäftigungspolitik, Renten, in: Thomas Großbölting (Hrsg.), Friedensstaat, Leseland,

visierte Lebensstandardplanung war vor allem für diese Bevölkerungsgruppe weitgehend gescheitert: So konnte die wirtschaftliche Lage der Rentner kaum verbessert werden; das Rentenniveau lag 1976 erst bei 32,62 Prozent und hatte sich gegenüber dem Vergleichswert von 1972 nur geringfügig verbessert (30,82 Prozent).[41] Damit wurden die im Vorfeld des Parteitags geweckten Erwartungen in der Bevölkerung über eine bevorstehende grundlegende Verbesserung der Alterssicherung enttäuscht.[42]

5. Fazit

Die Lebensstandardforschung in der DDR – und damit auch die Versuche, die Entwicklung des Konsums zu planen und zu steuern – hatte ihre Hochphase in den 1960er Jahren. Das hing nicht nur mit den Wirtschaftsreformen Ulbrichts zusammen, die die Nachfrage des SED-Regimes nach wirtschaftswissenschaftlicher Expertise erhöhten und eine neue Planungseuphorie aufkeimen ließen. Ebenso wandelte sich das Verständnis von Sozialpolitik: Diese galt – etwa in den „Sozialpolitischen Richtlinien" der SED von 1946 – noch als notwendiges Übel im Kapitalismus, das in der DDR nach der gewaltsamen Umwälzung der Produktionsverhältnisse in der SBZ automatisch verschwunden zu sein schien. Auf der anderen Seite wurde Sozialpolitik zur Bewältigung der Kriegsfolgenschäden und zur Abfederung der Neuordnung in Staat, Wirtschaft und Gesellschaft stets betrieben. In den 1960er Jahren hingegen suchte die SED – vor allem im Zeichen des Systemwettstreits – die Bedeutung von Sozialpolitik stärker zu betonen und wissenschaftlich legitimieren zu lassen.[43] Dadurch schuf sie die konzeptionellen Grundlagen für Ansätze einer verwissenschaftlichten

---

Sportnation? DDR-Legenden auf dem Prüfstand, Berlin 2009, S. 230–249, hier S. 245.
[41] Johannes Frerich/Martin Frey (Hrsg.), Handbuch der Geschichte der Sozialpolitik in Deutschland, Bd. 2: Sozialpolitik in der Deutschen Demokratischen Republik, München 1993, S. 345 (Tabelle 86).
[42] Dierk Hoffmann: Sicherung bei Alter, Invalidität und für Hinterbliebene, Sonderversorgungssysteme, in: Geschichte der Sozialpolitik, Bd. 10, S. 327–361, hier S. 345.
[43] Helga Ulbricht, Aufgaben in der sozialistischen Sozialpolitik bei der Gestaltung der sozialen Sicherheit in der DDR, Leipzig 1965.

Planung des Lebensstandards, der die SED-Spitze allerdings mit Blick auf die angespannte Wirtschaftslage ambivalent gegenüberstand. Mit dem Machtwechsel von Ulbricht zu Honecker verlor ein engeres Verständnis von Lebensstandardplanung an Bedeutung. Der wirtschafts- und sozialpolitische Kurs wurde als „Einheit von Wirtschafts- und Sozialpolitik" neu justiert. Damit weitete sich in der SED-Spitze und unter den Wirtschafts- und Sozialexperten das Verständnis von Sozialpolitik, das nicht nur Konsumgüterversorgung, sondern auch Arbeitseinkommen, Familienunterstützung und Freizeitangebote umfasste. Die Überalterung der DDR-Gesellschaft und der chronische Arbeitskräftemangel führten zudem dazu, dass die Planung der Bevölkerungsentwicklung immer wichtiger wurde. Nahezu zeitgleich lässt sich in der Bundesrepublik ebenfalls eine inhaltliche Schwerpunktverlagerung beobachten, und zwar vom Lebensstandard, der in den 1960er Jahren auch hier zu einer zentralen Kategorie avanciert war, hin zur Lebensqualität.[44] Den Auslöser dafür bildete – stärker als in der DDR – die Debatte über die Grenzen des Wachstums, die prägend war für die westdeutschen Diskurse ab Mitte der 1970er Jahre. Zugleich führten sozialwissenschaftliche Debatten in der Bundesrepublik über den Wohlfahrtsstaat (an Stelle des Sozialstaats) ähnlich wie in der DDR zu einer starken Ausweitung der Aufgabenfelder.[45]

Bei diesen vergleichenden Betrachtungen, die für die 1960er Jahre ein „technisch angelegte[s] Machbarkeitsdenken" in beiden deutschen Staaten attestieren,[46] müssen aber auch die systemischen Unterschiede hervorgehoben werden. Denn die Verwissenschaftlichung der Politik hatte in der DDR sehr enge Grenzen: Obwohl Ost-Berlin angesichts

---

[44] Vgl. Martin H. Geyer, Rahmenbedingungen: Unsicherheit als Normalität, in: Geschichte der Sozialpolitik in Deutschland seit 1945, Bd. 6: Bundesrepublik Deutschland 1974–1982. Neue Herausforderungen, wachsende Unsicherheiten. Hrsg. von Martin H. Geyer, Baden-Baden 2008, S. 1–109, hier S. 69 und 82. Die globale Dimension dieses Paradigmenwechsels betont zu Recht: Elke Seefried, Zukünfte. Aufstieg und Krise der Zukunftsforschung 1945–1980, Berlin 2015, S. 293–311.
[45] Martin H. Geyer, Sozialpolitische Denk- und Handlungsfelder. Der Umgang mit Sicherheit und Unsicherheit, in: Geschichte der Sozialpolitik, Bd. 6, S. 111–232, hier S. 189.
[46] Elke Seefried, Der kurze Traum von der steuerbaren Zukunft. Zukunftsforschung in West und Ost in den „langen" 1960er Jahren, in: Lucian Hölscher (Hrsg.), Die Zukunft des 20. Jahrhunderts. Dimensionen einer historischen Zukunftsforschung, Frankfurt a. M. 2017, S. 179–220, hier S. 207.

der wachsenden Steuerungsanforderungen einer komplexen Industriegesellschaft Expertenwissen stärker als bisher nutzen wollte, machte die SED doch frühzeitig deutlich, dass sie von ihrem Anspruch nicht abrücken würde, „exklusiv das Wissen über die einzuschlagende Politik zu haben".[47] Sie behielt dadurch zwar das Heft stets in der Hand, konnte aber gleichzeitig nicht verhindern, dass fehlende Effizienz „ein durchgehendes Merkmal" des ostdeutschen Planungsapparates bis 1989/90 blieb.[48] Der Handlungsspielraum der Experten war daher von Anfang an erheblich eingeschränkt.

---

[47] André Steiner, Wissenschaft und Politik: Politikberatung in der DDR? In: Stefan Fisch/Wilfried Rudloff (Hrsg.), Experten und Politik. Wissenschaftliche Politikberatung in geschichtlicher Perspektive, Berlin 2004, S. 101–125, hier S. 119f.
[48] Johannes Bähr, Entwicklung und Blockaden des Planungssystems für Forschung und Technik, in: Hoffmann, Wirtschaftsverwaltung, S. 363–422, hier S. 421.

Sebastian Voigt
Vorstellung und Realität
Die Planungskonzeptionen der bundesrepublikanischen
Gewerkschaftsbewegung in den 1960er und 1970er Jahren

Der achte Ordentliche Bundeskongress des Deutschen Gewerkschaftsbundes (DGB) vom 18. bis 23. Mai 1969 in München nahm den Antrag 297 zur „Mittelfristige[n] Wirtschaftsplanung" einstimmig an. In diesem vom Bundesvorstand selbst eingebrachten Vorhaben wurde der DGB beauftragt, jedes Jahr bis zum 15. Oktober eine „eigene Nationalbudgetrechnung" vorzulegen, die zugleich auch Entwicklungsprognosen für die kommenden vier Jahre beinhalten sollte.[1] Damit wollte der DGB dem jährlich im November veröffentlichten Jahresgutachten des 1963 von der Bundesregierung eingerichteten „Sachverständigenrates zur Begutachtung der gesamtwirtschaftlichen Entwicklung" eine eigene wirtschaftspolitische Expertise entgegensetzen.[2] In der Begründung des Antrags heißt es, dass die Projektionen der Bundesregierung die einkommenspolitischen Ziele und die lohnpolitische Orientierung beeinflussten, ohne dass die dahinter stehenden theoretischen Prämissen transparent gemacht würden. Zwar hätten die Gewerkschaften keinen gesetzlichen Auftrag zu wirtschaftlichen Prognosen, verfolgten aber klare gesellschaftspolitische Ziele. Deshalb besäßen sie eine Verpflichtung gegenüber ihren Mitgliedern, „darauf zu achten, daß die volkswirtschaftliche Planung [...] die bestmögliche Verbesserung der

---

[1] Antrag 297 „Mittelfristige Wirtschaftsplanung", in: Bundesvorstand des Deutschen Gewerkschaftsbundes (Hrsg.), Protokoll 8. Ordentlicher Bundeskongress, München, 18.–23.5.1969. Anträge und Entschließungen, Köln 1969, S. 262 ff., hier S. 262. Der Bundesvorstand setzte sich aus den neun Mitgliedern des Geschäftsführenden Bundesvorstands und den jeweiligen Vorsitzenden der DGB-Mitgliedsgewerkschaften zusammen. 1969 umfasste der DGB als Dachverband 16 Einzelgewerkschaften. Die Vorsitzenden der DGB-Landesbezirke nahmen mit beratender Stimme an den Sitzungen teil.
[2] Zum Sachverständigenrat vgl. Alexander Nützenadel, Wissenschaftliche Politikberatung in der Bundesrepublik. Die Gründung des Sachverständigenrats zur Begutachtung der gesamtwirtschaftlichen Lage 1963, in: VSWG 89 (2002), S. 288–306; Tim Schanetzky, Sachverständiger Rat und Konzertierte Aktion. Staat, Gesellschaft und wissenschaftliche Expertise in der bundesrepublikanischen Wirtschaftspolitik, in: VSWG 91 (2004), S. 310–331, hier S. 318.

Lebenshaltung der Arbeitnehmer einschließt und die Aufrechterhaltung der gewerkschaftlichen Entscheidungsfreiheiten garantiert".[3]

Um diesem Anspruch gerecht zu werden, dürften sie sich nicht nur auf die regierungsoffiziellen Verlautbarungen verlassen: „Die Gewerkschaften können eigene Standpunkte zur Wirtschaftspolitik und zur künftigen wirtschaftlichen und sozialen Entwicklung nur erarbeiten, wenn sie unabhängig von anderen Institutionen auf der Grundlage eigener wissenschaftlicher Vorarbeiten ihre eigenen Entwicklungsperspektiven erstellen."[4]

Diese Forderung nach gewerkschaftlichen Zielprojektionen zur wirtschaftlichen Entwicklung fügte sich in gesamtgesellschaftliche Trends der späten 1960er Jahre ein. Die damals weit verbreitete Annahme einer (wissenschaftlichen) Planbarkeit wirtschaftlicher und gesellschaftlicher Entwicklungen schlug sich nicht zuletzt in den Diskussionen und Anträgen auf dem DGB-Bundeskongress im Jahre 1969 nieder.[5] Sie bezog ihre Plausibilität vor allem aus der schnellen Überwindung des ökonomischen Einbruchs wenige Jahre zuvor.

Der Aufsatz zeichnet diese Debatte über Planungsvorstellungen im DGB in den späten 1960er und frühen 1970er Jahren nach. Der Schwerpunkt liegt dabei auf den Zielprojektionen sowie den Auseinandersetzungen um die Zukunftsforschung. Zugleich soll die Spezifik gewerkschaftlicher Konzeptionen in der Bundesrepublik herausgearbeitet werden, gerade auch in Abgrenzung zu realsozialistischen Planungskonzepten in der DDR und zur Rolle der dortigen Gewerkschaften.

1. Der Konjunktureinbruch 1966/67 und die Globalsteuerung

Im Verlauf des Jahres 1966 waren die Hinweise auf eine schwierige konjunkturelle Entwicklung in der Bundesrepublik angewachsen. Schon die in den späten 1950er Jahren einsetzende Kohlekrise hatte zur Schließung zahlreicher Zechen geführt und sozioökonomische Verwerfungen provoziert. Sie war Ausdruck einer strukturellen Verände-

---

[3] Antrag 297 „Mittelfristige Wirtschaftsplanung", in: Protokoll 8. Ordentlicher Bundeskongress, S. 263.
[4] Ebenda, S. 264.
[5] Zum Aufschwung der Planungskonzeptionen in der Bundesrepublik in den 1960er Jahren vgl. Gabriele Metzler, Konzeptionen politischen Handelns von Adenauer bis Brandt. Politische Planung in der pluralistischen Gesellschaft, Paderborn 2005 sowie die Einleitung zu diesem Band.

rung der industriellen Basis und eines langfristigen Niedergangs der Montanindustrie in der Bundesrepublik.⁶

Zugleich verringerte die inflationäre Entwicklung jener Jahre die Kaufkraft der Arbeitnehmer und damit die Inlandsnachfrage. Die restriktive Geldpolitik der Bundesbank und das 1965 verabschiedete Sparprogramm der konservativ-liberalen Bundesregierung spitzten die Situation weiter zu. Die Halbierung des Wirtschaftswachstums 1966 im Vergleich zum Vorjahr auf 2,8 Prozent wirkte sich negativ auf die Arbeitsmarktlage aus. Doch damit war der Tiefpunkt noch nicht erreicht. Im folgenden Jahr musste die Bundesrepublik erstmals seit ihrer Gründung eine Verminderung der Wirtschaftsleistung von 0,3 Prozent hinnehmen. Der Anstieg der Arbeitslosenquote auf 2,1 Prozent beunruhigte nicht nur den DGB, sondern rief historisch bedingte Ängste wach wie die Erinnerung an die Massenarbeitslosigkeit zur Zeit der Weltwirtschaftskrise um 1930. Nicht zuletzt infolge dessen musste Bundeskanzler Ludwig Erhard (CDU) gegen Ende des Jahres 1966 zurücktreten. Unter seinem Nachfolger Kurt Georg Kiesinger (CDU) beteiligte sich die SPD zum ersten Mal an einer Bundesregierung. Wirtschaftsminister der Großen Koalition wurde der Sozialdemokrat Karl Schiller.⁷ Dieser profilierte Wirtschaftswissenschaftler verkörperte den neuen Geist des Keynesianismus in der Wirtschaftspolitik geradezu paradigmatisch. Schiller strebte eine Verbindung von Wettbewerb und Planung an, wie sie im Godesberger Programm der SPD 1959 mit dem Schlagwort zum Ausdruck gebracht worden war: „Wettbewerb soweit wie möglich – Planung soweit wie nötig!"⁸ Die Sozialdemokraten werteten die Wirtschaftsplanung als notwendiges Komplement zur Marktwirtschaft, das die Krisentendenzen abfedern und zur Konjunkturbelebung beitragen konnte.

Jede Art von (wirtschaftlicher) Planung war in der frühen Bundesrepublik dadurch diskreditiert worden, dass sie umgehend mit dem

---

⁶ Zur Kohlekrise, vor allem im Ruhrgebiet vgl. Christoph Nonn, Die Ruhrbergbaukrise. Entindustrialisierung und Politik 1958–1969, Göttingen 2001.

⁷ Zu Schiller vgl. Torben Lütjen, Karl Schiller (1911–1994). „Superminister" Willy Brandts, Bonn 2007 und Matthias Hochstätter, Karl Schiller. Eine wirtschaftspolitische Biografie, Dissertation, Hannover 2006, URL: http://edok01.tib.uni-hannover.de/edoks/e01dh06/510331297.pdf [16.05.2017].

⁸ Godesberger Programm: Grundsatzprogramm der Sozialdemokratischen Partei Deutschlands. Beschlossen vom Außerordentlichen Parteitag der Sozialdemokratischen Partei Deutschlands in Bad Godesberg vom 13. bis 15. November 1959, S. 9.

Realsozialismus assoziiert wurde.[9] Diese Ablehnung geriet seit Mitte der 1960er Jahre jedoch sukzessive ins Wanken – und diese Umwertung entsprach ganz den Positionen des DGB, der bereits in seinem Grundsatzprogramm 1949 eine langfristige Planung der Wirtschaftspolitik als dritten Weg zwischen staatsautoritärem Sozialismus und unreguliertem Kapitalismus propagiert hatte.[10]

Der Gewerkschaftsdachverband forderte jedoch keine Zwangswirtschaft und keine zentrale staatliche Plankommission, wie sie in der DDR existierte. Vielmehr hielt er einen volkswirtschaftlichen Rahmenplan, eine von der Lage der einzelnen Wirtschaftsbranchen abhängige Investitionslenkung, eine öffentliche und freie Gemeinwirtschaft sowie die Kontrolle wirtschaftlicher Macht zur Verhinderung von Monopolbildungen für geeignete Mittel der Wirtschaftspolitik. Diese Form der volkswirtschaftlichen Planung sei „durchaus vereinbar mit den Grundrechten menschlicher Freiheit."[11] Die private Initiative und der Leistungswettbewerb besäßen im Rahmen der Lenkungsmaßnahmen noch immer ausreichend Spielraum. Ergänzt werden sollten diese wirtschaftspolitischen Maßnahmen durch die paritätische Mitbestimmung der Arbeitnehmer in allen Bereichen. Die Demokratisierung der Gesellschaft müsse auch die Wirtschaft umfassen. Damit knüpfte der DGB an das Konzept der Wirtschaftsdemokratie von Fritz Naphtali aus den späten 1920er Jahren an.[12]

Planung und Wettbewerb waren für den DGB niemals Gegensätze, sondern notwendige Bestandteile einer funktionierenden wirtschaftlichen Ordnung. So heißt es im Grundsatzprogramm von 1963: „Jede Volkswirtschaft bedarf im Rahmen einer grundsätzlich am Wettbewerb orientierten Ordnung der Planung. Wettbewerb und Planung dienen der Erreichung wirtschaftspolitischer Ziele."[13]

---

[9] Winfried Süß, „Wer aber denkt für das Ganze?". Aufstieg und Fall der ressortübergreifenden Planung im Bundeskanzleramt, in: Matthias Frese/Julia Paulus/Karl Teppe (Hrsg.), Demokratisierung und gesellschaftlicher Aufbruch. Die sechziger Jahre als Wendezeit der Bundesrepublik, Paderborn 2003, S. 349–377, hier S. 349.
[10] Vgl. Wirtschaftspolitische Grundsätze des Deutschen Gewerkschaftsbundes, in: Bundesvorstand des Deutschen Gewerkschaftsbundes (Hrsg.), Protokoll des Gründungskongress des Deutschen Gewerkschaftsbundes, München, 12.–14. Oktober 1949, Köln 1950, S. 318–326.
[11] Ebenda, S. 319.
[12] Fritz Naphtali (Hrsg. im Auftrag des Allgemeinen Deutschen Gewerkschaftsbundes), Wirtschaftsdemokratie: Ihr Wesen, Weg und Ziel, Berlin 1928.
[13] Grundsatzprogramm des Deutschen Gewerkschaftsbundes, in: Bundesvorstand des Deutschen Gewerkschaftsbundes (Hrsg.), Protokoll außerordentlicher

Die Notwendigkeit wirtschaftspolitischer Planung war für den DGB angesichts der Entwicklung Mitte der 1960er Jahre unbestreitbar gegeben. So schrieb der damalige DGB-Vorsitzende Ludwig Rosenberg zum Jahreswechsel 1966/67, dass die momentane Situation „keine Krise der Wirtschaft" darstelle, sondern aus einem „Mangel an Wirtschaftspolitik" resultiere. Statt die Entwicklung sich selbst zu überlassen, müssten „Fortschritt und Stabilität in der Wirtschaft, Vollbeschäftigung und soziale Sicherheit" bewusst geplant werden.[14] Diese Stellungnahme repräsentiert die Haltung des DGB zur möglichen Gestalt- und Planbarkeit wirtschaftlicher und gesellschaftlicher Entwicklungen. Diese Ansicht war seinerzeit keineswegs nur in den Gewerkschaften verbreitet, sondern reichte im Hinblick auf den Keynesianismus als neues Steuerungsmodell weit in die SPD und sogar in Teile der Union hinein.[15]

Als einschneidende wirtschaftspolitische Neuausrichtung verabschiedete die seit Ende 1966 regierende Große Koalition im Mai 1967 das „Gesetz zur Förderung der Stabilität und des Wachstums der Wirtschaft".[16] Die darin definierten gesamtwirtschaftlichen Ziele umfassten Preisniveaustabilität, einen hohen Beschäftigungsstand, außenwirtschaftliches Gleichgewicht sowie ein angemessenes und stetiges Wirtschaftswachstum, die sämtlich durch eine keynesianisch inspirierte Globalsteuerung abzusichern seien. Erreicht werden sollten die Ziele dieses „magischen Vierecks" primär durch Investitionsprogramme, steuerpolitische Maßnahmen und eine antizyklische Wirtschaftspolitik. Die Globalsteuerung schien von schnellem Erfolg gekrönt zu sein. So wuchs die Wirtschaft in der Bundesrepublik bereits 1968 wieder um 5,5 Prozent, während sich die Arbeitslosenquote auf 1,5 Prozent verringerte. Nur ein Jahr nach dem Konjunktureinbruch herrschte faktisch wieder Vollbeschäftigung.[17]

Bundeskongress, Düsseldorf, 21. und 22. November 1963, Köln 1963, S. 449–477, hier S. 460.
[14] Ludwig Rosenberg, Das Jahr 1967, in: Die Quelle 18 (1967) H. 1, S. 1.
[15] Vgl. Elke Seefried, Partei der Zukunft? Der Wandel des sozialdemokratischen Zukunftsverständnisses 1960–2000, in: Fernando Esposito (Hrsg.), Zeitenwandel. Transformationen geschichtlicher Zeitlichkeit nach dem Boom, Göttingen/Bristol (CT) 2017, S. 193–225.
[16] Der vollständige Gesetzestext findet sich online auf den Seiten des Bundesministeriums der Justiz und des Verbraucherschutzes, URL: http://www.gesetze-im-internet.de/stabg/BJNR005820967.html [16.05.2017].
[17] Vgl. Werner Abelshauser, Deutsche Wirtschaftsgeschichte seit 1945, München 2004, S. 420.

Die rasche Überwindung der Krise und die Rückkehr zum Wirtschaftsaufschwung verliehen den Konzeptionen wirtschaftlicher Planung große Legitimität quer durch das Parteienspektrum. Zugleich verbanden sich Planungs- und Steuerungskonzepte mit dem Trend zur Verwissenschaftlichung. So expandierten in den folgenden Jahren die staatlichen und außerstaatlichen Forschungsinstitute; Beiräte wurden gegründet und wissenschaftliche Experten als Berater herangezogen. Prognostik und Zukunftsforschung erlebten einen bisher unbekannten Aufschwung. Überhaupt wurde Planung gegen Ende der 1960er Jahre als *das* adäquate und erfolgversprechende Mittel angesehen, um gesellschaftlichen Fortschritt zu gestalten.[18]

2. Die gewerkschaftlichen Zielprojektionen

Zum ersten Mal legte der DGB im November 1969 eine eigene Zielprojektion über die wirtschaftliche Entwicklung bis 1974 vor. Die Vorlage war von der wirtschaftspolitischen Abteilung des DGB-Bundesvorstands ausgearbeitet und zunächst im Geschäftsführenden Bundesvorstand am 13. Oktober 1969 diskutiert worden.[19] Zwei Wochen später wurde sie mit leichten Modifikationen angenommen, indem der Geschäftsführende Bundesvorstand am 27. Oktober beschloss, „die Vorlage der Wirtschaftsabteilung als Entwurf nach Vornahme von Ergänzungen und Überprüfung einiger Tatsachen dem Bundesvorstand vorzulegen".[20] Als der Bundesvorstand am 4. November darüber diskutierte, erläuterte das für die Abteilung Wirtschaftspolitik zuständige Mitglied des Geschäftsführenden Bundesvorstands, Georg Neemann, die „Zielprojektion" der Vorlage: Letztere „sei in erster Linie eine Orientierungshilfe, die die Beurteilung wirtschafts-, steuer- und sozialpolitischer Forderungen an den Staat sowie die Stellungnahme zum Jahresgutachten und zum Wirtschaftsbericht der Regierung erleichtern sollte."[21]

[18] Vgl. Elke Seefried, Zukünfte. Aufstieg und Krise der Zukunftsforschung 1945–1980, München/Berlin/Boston 2015, S. 415.
[19] Der Geschäftsführende Bundesvorstand bestand im Jahr 1969 aus neun hauptamtlichen Mitgliedern. Er sollte im Rahmen der Beschlüsse des Bundesvorstands die Geschäfte führen. Vgl. DGB-Satzung, § 13, Punkt 4. Die seinerzeit geltende Satzung war zuletzt auf dem 7. Ordentlichen Bundeskongress des DGB 1966 in Berlin geändert worden.
[20] Archiv der IG BCE, Protokoll über die 19. Sitzung des Geschäftsführenden Bundesvorstands des DGB am Montag, den 27.10.1969.
[21] Archiv der Sozialen Demokratie, DGB-Archiv, 5/DGAI000536, Protokoll der 4. Sitzung des Bundesvorstandes, 4.11.1969.

Aufgrund von Differenzen bezüglich möglicher übersteigerter Erwartungen, die die Mitglieder an die gewerkschaftlichen Zielprojektionen und die darin formulierten Ziele herantragen könnten, beschloss der Bundesvorstand eine erneute Überarbeitung. Um Missverständnisse zu vermeiden, sollte deutlicher herausgestellt werden, dass die erhobenen Forderungen nicht unmittelbar umgesetzt werden könnten. Denn die Gewerkschaften, so der Vorsitzende der IG Metall Otto Brenner, hätten nicht die Mittel der Wirtschaft in der Hand, das zu erreichen. Es sei vielmehr Aufgabe der Gewerkschaften, mit ihren Forderungen die Wirtschaft zu veranlassen, das gesteckte Ziel zu verwirklichen.[22]

Vor ihrer öffentlichen Vorstellung erläuterte der als Sekretär im DGB-Bundesvorstand für Wirtschaftspolitik zuständige Rudolf Henschel in der Funktionärszeitschrift „Die Quelle" den Zweck der gewerkschaftlichen Zielprojektionen. Als Alternative zum Bericht der Bundesregierung bringe „der DGB seine wirtschaft[s]- und sozialpolitischen Vorstellungen in die Form des Zahlenwerks der volkswirtschaftlichen Gesamtrechnung".[23] Dadurch solle die Wirtschaftspolitik beeinflusst werden. Eines der wichtigsten Ziele müsse sein, das durch die Gewinnexplosion 1968/69 entstandene Einkommensungleichgewicht auszugleichen. In dem Entschluss zur Erstellung von eigenen Zielprojektionen drückte sich aber auch eine viel grundlegendere gesellschaftspolitische Überzeugung aus: „Der DGB geht davon aus, daß die künftige wirtschaftliche Entwicklung politisch gesteuert werden muß. Anderenfalls verläuft sie anders, als es möglich und wünschenswert wäre."[24] Zugleich wies Henschel darauf hin, dass diese Ziele nur erreicht werden würden, wenn die Bundesregierung die dafür erforderlichen wirtschaftspolitischen Maßnahmen ergreife. Deshalb bestehe keine Erfolgsgarantie.

Mit der im Herbst 1969 gebildeten sozialliberalen Bundesregierung eröffneten sich aber gesteigerte Einflussmöglichkeiten für die Gewerkschaften. Die Regierung mit dem ersten sozialdemokratischen Bundeskanzler Willy Brandt und dem bald für das Wirtschafts- und das Finanzministerium zuständigen „Superminister" Karl Schiller versprach nicht nur „mehr Demokratie [zu] wagen",[25] sondern auch

---

[22] Ebenda.
[23] Rudolf Henschel, Eine Alternativrechnung zur Wirtschaftspolitik, in: Die Quelle 20 (1969) H.11, S.439ff., hier S.439.
[24] Ebenda, S.440.
[25] Regierungserklärung von Bundeskanzler Willy Brandt vor dem Deutschen Bundestag in Bonn am 28.10.1969, in: Willy Brandt, Berliner Ausgabe, Bd.7:

weitreichende wirtschaftspolitische Reformen anzustoßen. Die ersten wirtschaftspolitischen Maßnahmen, vor allem die Aufwertung der Deutschen Mark gegenüber dem US-Dollar um gut neun Prozent zur Dämpfung der Konjunktur und Abwendung einer Rezession, trafen auf Zustimmung des DGB. Ferner hoffte der Gewerkschaftsdachverband, dass das Konzept der Globalsteuerung nun noch konsequenter und ohne befürchtete Obstruktionen von Seiten der CDU/CSU umgesetzt würde.[26]

In der Dezemberausgabe von „Die Quelle" wurden die DGB-Zielprojektionen schließlich publiziert.[27] Die Prognosen über die Brutto- und Nettoeinkommensverteilung bis ins Jahr 1974 wurden in Tabellenform dargelegt. Ferner wurde ein Wachstum des nominalen Bruttosozialprodukts von jährlich mindestens sieben Prozent vorausgesagt. Außerdem betonte der DGB dezidiert, dass weder die Prognosen des Sachverständigenrates noch die der Gewerkschaften als Festlegung von Lohnleitlinien zu begreifen seien. Derartige Vorgaben würden die Tarifautonomie als eine der wichtigsten Errungenschaften der Gewerkschaftsbewegung untergraben und die Tarifpolitik tendenziell überflüssig machen. Ähnliche Befürchtungen hatte der DGB schon in Bezug auf die von Karl Schiller 1967 einberufene Konzertierte Aktion gehegt, ein Gesprächskreis von Regierung, Bundesbank, Vertretern der Tarifpartner sowie des Bundeskartellamtes und des Sachverständigenrates.[28] Deshalb war auf dem DGB-Bundeskongress im Mai 1969 noch ein von der IG Metall eingebrachter Antrag angenommen worden:

„Die gewerkschaftliche Teilnahme an den Beratungen der konzertierten Aktion erfolgt mit dem Ziel einer stärkeren Berücksichtigung der Arbeitnehmerinteressen. Dabei muß jedoch vorausgesetzt werden, daß gesamtwirtschaftliche Zielprojektionen lediglich Orientierungsdaten geben. Es kann auf keinen Fall die Aufgabe der konzertierten Aktion sein, die gewerkschaftliche Tarifpolitik an sogenannte Lohnleitlinien zu binden. Der Kongreß wendet sich entschieden

---

Mehr Demokratie wagen. Innen- und Gesellschaftspolitik, 1966–1974, Bonn 2001, S. 218–224.

[26] Vgl. Günther Pehl, Neue Schwerpunkte in der Wirtschaftspolitik. Wirtschafts- und Finanzpolitik in der Regierungserklärung, in: Gewerkschaftliche Monatshefte (1969) H. 12, S. 709–715.

[27] Zielprojektion des DGB, in: Die Quelle 20 (1969) H. 12, S. 485.

[28] Zur Konzertierten Aktion vgl. Andrea Rehling, Konfliktstrategie und Konsenssuche in der Krise. Von der Zentralarbeitsgemeinschaft zur Konzertierten Aktion, Baden-Baden 2011.

gegen jeden Versuch, die Tarifautonomie direkt oder indirekt zu beschränken oder gar aufzuheben."[29]

Auch über die Erstellung von Zielprojektionen hinaus wurde in der Gewerkschaftspresse die Debatte über Planungskonzeptionen auf unterschiedlichen Ebenen intensiv geführt. In einem Artikel vom Januar 1970 im Theorieorgan „Gewerkschaftliche Monatshefte" beschrieb der DGB-Chefökonom Rudolf Henschel die wirtschaftspolitischen Aufgaben des neuen Jahrzehnts. Dabei stehe ein Grundsatz im Zentrum des gewerkschaftlichen Handelns: den gesellschaftlichen Fortschritt zu maximieren. Der Erfolg dieses Vorsatzes entscheide sich besonders auf dem Feld der Wirtschaftspolitik. Hierbei stünden den Gewerkschaften zwei Instrumente zur Verfügung, einerseits die Tarifpolitik als gewerkschaftliche Kernkompetenz und andererseits die Herstellung wirtschaftspolitischer Voraussetzungen, damit die Tarifpolitik erfolgreich sein könne. Diese beiden Instrumente verhielten sich komplementär zueinander:

„Die *Tarifpolitik* ist der Hammer, mit dem die Gewerkschaften die von ihnen erstrebte Einkommensverteilung auf der Grundlage der wirtschaftspolitischen Gegebenheiten schmieden. Die *Wirtschaftspolitik* ist der Amboß, der die Grundlage dafür bietet, daß die Unternehmer nicht in neue Preissteigerungen ausweichen und die verteilungspolitisch notwendigen Lohnkostenerhöhungen nicht überwälzen."[30]

Die Vollbeschäftigung zu sichern und gleichzeitig Preisstabilität herzustellen, seien die zentralen Anliegen des DGB. Jedoch gehe damit keineswegs automatisch eine gerechtere Reichtumsverteilung in der Gesellschaft einher. Dafür seien selbst die Maßnahmen der konjunkturellen Globalsteuerung nicht ausreichend; sie müssten durch eine auf Verteilungsgerechtigkeit abzielende Wachstumspolitik ergänzt werden. Ein gesellschaftliches Bewusstsein für diesen Zusammenhang zu schaffen, sei eine wichtige Prämisse für die erfolgreiche Umsetzung gewerkschaftlicher Vorstellungen.

---

[29] Antrag 299 „Allgemeine Wirtschaftspolitik", in: Protokoll 8. Ordentlicher Bundeskongress, S. 265.
[30] Rudolf Henschel, Die wirtschaftspolitischen Aufgaben der siebziger Jahre, in: Gewerkschaftliche Monatshefte 8/1970, S. 449–454, hier S. 449 (Kursivierung im Original). Zu den wirtschaftspolitischen Forderungen des DGB Anfang der 1970er Jahre vgl. auch Georg Neemann, Ausblick auf die Wirtschaftspolitik 1970, in: Die Quelle 21 (1970) H. 1, S. 5–7.

3. Der DGB und die Zukunftsforschung

Im Zuge der Debatte über die verschiedenen Facetten von Planungskonzeptionen stieg auch das Interesse an der Zukunftsforschung. Innerhalb des DGB wurde diese Entwicklung aufmerksam verfolgt. So informierte Gunther Heyder ein gewerkschaftliches Publikum über den ersten Futurologen-Kongress in der Bundesrepublik namens „Systems 69", der im November 1969 in der Nähe von München stattfand.[31] Der Autor beklagte, dass auf der Tagung eine technokratische Vision einer automatisierten Gesellschaft affirmativ entworfen worden sei, in der die demokratischen Prinzipien des Zusammenlebens keine Rolle mehr spielten. Der einzelne Mensch werde vor allem als potenzieller Störfaktor behandelt, der sich entweder freiwillig unterordnen oder zum Funktionieren gezwungen werden müsse. Trotz dieser problematischen Richtung dürften die Gewerkschaften die Zukunftsforschung nicht ignorieren, da sie über die künftige Entwicklung der Gesellschaft mitbestimme. Deshalb solle sich der DGB in die Debatte mit eigenen Positionen einbringen:

„Der Deutsche Gewerkschaftsbund wird das ganze Gewicht seiner Organisation in die Waagschale werfen müssen, um eine Kursänderung der jetzt falsch programmierten Zukunftsforschung zu erzwingen. Eigene Aktivitäten auf diesem Gebiet sind dazu ebenso erforderlich wie die engagierte Mitarbeit in bereits bestehenden Institutionen. Die Zeit drängt. Es kommt jetzt darauf an, den Anschluß nicht zu verpassen."[32]

Dieser Appell, der auf einen Buchtitel des Kongressorganisators Karl Steinbuch anspielte, verhallte nicht ungehört.[33] Die DGB-Vorstandsgremien begannen, sich mit der Zukunftsforschung zu befassen. So diskutierte der Geschäftsführende Bundesvorstand auf seiner Klausurtagung am 31. August und 1. September 1970 ausgiebig darüber, ob ein gewerkschaftsnahes Institut für Zukunftsforschung gegründet

---

[31] Zum Kongress vgl. Seefried, Zukünfte, S. 381–396. Zur Geschichte der Zukunftsforschung in Deutschland vgl. auch Karlheinz Steinmüller, Zukunftsforschung in Deutschland. Versuch eines historischen Abrisses (Teil 1), in: Zeitschrift für Zukunftsforschung, 1 (2015), URL: http://www.zeitschrift-zukunftsforschung.de/ausgaben/2012/1/3411 [16.05.2017].
[32] Gunther Heyder, Zukunftsforschung falsch programmiert, in: Die Quelle 20 (1969) H.12, S.481.
[33] Karl Steinbuch, Falsch programmiert. Über das Versagen unserer Gesellschaft in der Gegenwart und vor der Zukunft und was eigentlich geschehen müßte, Stuttgart 1968.

werden sollte. Die Vor- und Nachteile wurden abgewogen und schließlich die Abteilung Gesellschaftspolitik damit beauftragt, ein Konzept über die Gestaltung, die Finanzierung und die Aufgabenstellung einer derartigen Einrichtung auszuarbeiten.[34] Am 12. Oktober beschloss der Geschäftsführende Bundesvorstand, einen detaillierten Finanzplan erstellen zu lassen. Nach einer erneuten Debatte sollte die Konzeption dem Bundesvorstand vorgelegt werden.[35]

Auf der Sitzung des DGB-Bundesausschusses vom 2. Dezember 1970 griff der seit gut einem Jahr amtierende Vorsitzende Heinz Oskar Vetter diesen Punkt auf. So heißt es im Protokoll über Vetters gewerkschaftlichen Lagebericht: „Auch auf dem Gebiet der Friedens-, Konflikt- und Zukunftsforschung werde der DGB in absehbarer Zeit – wie bereits früher angedeutet – aktiv werden."[36] Wenige Monate später stimmte der Geschäftsführende Bundesvorstand der Gründung eines Instituts für Zukunftsforschung mbH zu.[37] Damit sollte der aus Sicht der Gewerkschaften in eine falsche Richtung laufenden Zukunftsforschung eine kritische Perspektive entgegengesetzt werden. Die dominante Strömung vertrete eine technokratische Zukunftsvision, die mit den Werten der Gewerkschaftsbewegung nicht übereinstimme. Da außerdem die Arbeitnehmer am stärksten unter den Auswirkungen des technischen Fortschritts und der fortschreitenden Automatisierung zu leiden hätten, müsse der DGB eine Gegenposition formulieren. Das gewerkschaftliche Institut für Zukunftsforschung solle mittel- bis langfristige Alternativen in der Wirtschafts- und Gesellschaftspolitik erarbeiten, die zu einer weiteren Demokratisierung der sozioökonomischen Strukturen beitrügen und die Situation der abhängig Beschäftigten verbesserten.

Die Thematik wurde in der Bundesausschusssitzung am 3. März 1971 erneut diskutiert. Friedhelm Farthmann, Mitarbeiter im Bundesvorstand, informierte über den Stand des Vorhabens. Es bestehe mitt-

---

[34] Archiv der IG BCE, nicht erschlossener Bereich, Protokoll über die Klausurtagung des Geschäftsführenden Bundesvorstandes des DGB am Montag, dem 31. August, und Dienstag, dem 1.9.1970.

[35] Ebenda, Protokoll über die Klausurtagung des Geschäftsführenden Bundesvorstandes des DGB am 12. und 13.10.1970.

[36] AdsD, DGB-Archiv, 5/DGAI000444, Protokoll der 5. Sitzung des Bundesausschusses, 2.12.1970. Der Bundesausschuss des DGB setzte sich zusammen aus je zwei Vorstandsmitgliedern der Gewerkschaften, den Mitgliedern des Bundesvorstands und den Landesbezirksvorsitzenden, vgl. DGB-Satzung §12,1.

[37] Archiv der IG BCE, nicht erschlossener Bereich, Protokoll über die 71. Sitzung des Geschäftsführenden Bundesvorstandes des DGB am Montag, dem 1.3.1971.

lerweile „Einigkeit, dass die mit der Zukunftsforschung zusammenhängenden Fragen für die Gewerkschaften von großer Bedeutung" seien und „deshalb die Gewerkschaften einen eigenen Beitrag dazu leisten müssten".[38] Diese Forderung sei umso dringlicher, als auch die Arbeitgeber mit der Gründung des Instituts zur Erforschung technologischer Leitlinien in Hannover einen wichtigen Schritt zur Institutionalisierung der Zukunftsforschung getan hätten.[39] Das ursprüngliche Ansinnen, zusammen mit den gemeinwirtschaftlichen Unternehmen ein Institut ins Leben zu rufen, das sich durch öffentliche Aufträge finanziell selbst trage, habe sich als unrealistisch herausgestellt. Danach sei überlegt worden, das neu zu schaffende Institut in das Wirtschaftswissenschaftliche Institut (WWI) zu integrieren.[40] Dieser Vorschlag weise aber den Nachteil auf, dass die Zukunftsforschung damit zu einem Thema unter vielen degradiert werde und nicht die ihr zustehende Relevanz erhalte. Die Kosten für ein eigenes Institut dürften sich auf rund eine Million DM jährlich belaufen, die aus Beiträgen der Mitgliedsgewerkschaften zu finanzieren seien. Gemeinwirtschaftliche Unternehmen sollten als finanzstarke Unterstützer gewonnen werden. Zunächst müsse aber noch der Bundesvorstand darüber abstimmen. In der sich anschließenden Diskussion wurde eine Gründung einhellig befürwortet, aber bemängelt, dass die Konzeptionen lediglich den Mitgliedern des Bundesvorstands zugänglich gemacht worden seien. Eine derartig wichtige Frage hätte auch in den Vorständen der Einzelgewerkschaften beraten werden müssen.

In der Bundesvorstandssitzung vom 6. April 1971 wurde schließlich deutlich, dass die Finanzierungsschwierigkeiten für das Institut nicht gelöst waren, weil die vorgesehenen Partner nicht die Bereitschaft erkennen ließen, „in diesem Umfang Geld zur Verfügung zu stellen".[41] Der IG Metall-Vorsitzende Otto Brenner schlug deshalb vor, auch die

[38] AdsD, DGB-Archiv, 5/DGAI000444, Protokoll der 6. Sitzung des Bundesausschusses am 3.3.1971.
[39] Zu den im Jahre 1969 existierenden und geplanten Forschungseinrichtungen zur Zukunftsforschung vgl. „Die vier Institute für Zukunftsforschung", in: Die Zeit vom 19.9.1969, S. 5, URL: http://www.zeit.de/1969/38/die-vier-institute-fuer-zukunftsforschung [17.05.2017].
[40] Das 1946 gegründete Wirtschaftswissenschaftliche Institut (WWI) wurde im Jahre 1972 in Wirtschafts- und Sozialwissenschaftliches Institut (WSI) umbenannt und besteht bis heute mit Sitz in Düsseldorf.
[41] AdsD, DGB-Archiv, 5/DGAI000444, Protokoll der 18. Sitzung des Bundesvorstandes am 6.4.1971.

Gewerkschaften selbst an der Finanzierung zu beteiligen. In der folgenden Sitzung am 7. September 1971 informierte Vetter darüber, dass in einer Arbeitsgruppe die Möglichkeit eruiert worden sei, „durch die Umgründung des WWI in ein Wissenschaftliches Institut der Gewerkschaften und die Hereinnahme der Forschungsbereiche Zukunftsplanung, Umweltschutz usw. in die Arbeit des WWI, vor der Mitgliedschaft und auch vor der Öffentlichkeit das Engagement des DGB in diesen Bereichen zu demonstrieren".[42] Aufgrund der Finanzierungsprobleme beschloss der Bundesvorstand in seiner Sitzung am 5. Oktober 1971 schließlich, den Bereich der Zukunftsforschung in das WWI zu integrieren und dieses entsprechend personell zu erweitern.

Damit war das Vorhaben eines eigenen gewerkschaftsnahen Instituts für Zukunftsforschung ad acta gelegt. In der Debatte manifestierten sich die Schwierigkeiten, die unterschiedlichen Positionen der DGB-Mitgliedsgewerkschaften über die konkrete Ausrichtung der gewerkschaftsnahen Zukunftsforschung in Einklang zu bringen. Die Bedeutung der Zukunftsforschung wurde durchaus unterschiedlich bewertet. Als das größte Hindernis erwies sich jedoch die Frage der Finanzierung. Die Einbindung der gemeinwirtschaftlichen Unternehmen gelang nicht. Somit wurde das anfangs ambitionierte Projekt nur in rudimentärer Form implementiert. Die Zukunftsforschung blieb aber auf der gewerkschaftlichen Tagesordnung und wurde von den Einzelgewerkschaften in unterschiedlicher Intensität weiter verfolgt. So betonte der neue IG Metall-Vorsitzende Eugen Loderer, dass die „Erforschung und die planmäßige Gestaltung der Zukunft [...] eine vordingliche Gewerkschaftsaufgabe" sei. „Früher hieß es: Wissen ist Macht – Heute heißt es: Vorauswissen ist Macht."[43] Deshalb habe die IG Metall auch im gleichen Jahr einen Kongress in Oberhausen unter dem Titel „Aufgabe Zukunft: Qualität des Lebens" ausgerichtet.[44] Folglich blieb das Thema weiterhin in der Debatte präsent, allerdings waren es nun

---

[42] AdsD, DGB-Archiv, 5/DGAI000536, Protokoll der 22. Sitzung des Bundesvorstandes am 7.9.1971.
[43] So Eugen Loderer in der Diskussion auf dem DGB-Bundeskongress 1972. Deutscher Gewerkschaftsbund (Hrsg.), Protokoll 9. Ordentlicher Bundeskongress Berlin, 25. bis 30. Juni 1972, S. 93.
[44] Günter Friedrichs (Hrsg.), Aufgabe Zukunft, Qualität des Lebens. Beiträge zur vierten internationalen Arbeitstagung der Industriegewerkschaft Metall für die Bundesrepublik Deutschland, 11. bis 14. April 1972 in Oberhausen, 10 Bde., Frankfurt a. M. 1973.

einzelne Gewerkschaften und nicht mehr der DGB, die die Federführung innehatten. So büßte die Zukunftsforschung innerhalb der Gewerkschaften schon 1971/72 als übergreifendes Projekt an Bedeutung ein, da es kaum gelang, öffentlichkeitswirksam eigene Akzente zu setzen.

In dieser Verschiebung offenbaren sich nicht nur Differenzen zwischen den Einzelgewerkschaften, es zeigt sich auch eine Veränderung des gesellschaftspolitischen Klimas. Die Euphorie zu Beginn der sozialliberalen Regierung war einem nüchternen Blick gewichen. Zwar hatte die Regierung bedeutende Reformvorhaben angestoßen, aber viele wurden nicht so umgesetzt, wie es sich die Gewerkschaften gewünscht hätten. Darin spiegelten sich sowohl unterschiedliche Vorstellungen zwischen SPD und FDP, etwa bei der Reform des Betriebsverfassungsgesetzes, als auch eine Verschlechterung der weltwirtschaftlichen Lage infolge der Auflösung des Weltwährungssystems von Bretton Woods und der Ölpreiskrise Anfang der 1970er Jahre.[45] Diese Veränderung lässt sich auch an den gewerkschaftlichen Zielprojektionen ablesen.

4. Das Ende der DGB-Zielprojektionen

Ende 1971 sah sich der DGB-Bundesvorstand veranlasst, eine Erläuterung zu den jeweils im Herbst veröffentlichten Zielprojektionen herauszugeben, da diese bislang nicht die erhoffte Wirkung erzielt hatten. Die Stellungnahme trug den bezeichnenden Untertitel „Was ist, was soll, was kann die Zielprojektion des DGB und was kann sie nicht?"[46] Neben der Erfüllung des von Gewerkschaftsmitgliedern vielfach geäußerten Wunsches nach einer derartigen Erläuterung verfolgte der Text eine doppelte Intention: Einerseits versuchte er, die innergewerkschaftliche Willensbildung anzuregen, um andererseits den gewerkschaftlichen Positionen in einer breiten Öffentlichkeit größere Resonanz zu verschaffen. In der Aufklärungsschrift wiederholte der DGB die beiden Prämissen eines gesamtwirtschaftlichen Rahmenplans. Durch die in die Zukunft projektierte volkswirtschaftliche Gesamtrechnung manifestiere sich, welche Entwicklung angestrebt werde und wie

---

[45] Zu den Veränderungsprozessen in jenen Jahren vgl. Anselm Doering-Manteuffel/Lutz Raphael, Nach dem Boom. Perspektiven auf die Zeitgeschichte seit 1970, Göttingen 2008.
[46] Die Erläuterungen erschienen als Sonderdruck des DGB-Bundesvorstands. Abgedruckt sind sie u.a. in: Gerhard Leminsky/Bernd Otto, Politik und Programmatik des Deutschen Gewerkschaftsbundes, Köln 1974, S. 264–277.

diese sich auf verschiedene Bereiche einer Volkswirtschaft auswirke. Zugleich benenne der Rahmenplan die für das Erreichen der Ziele notwendigen politischen Maßnahmen und Gesetzesänderungen. Die durch die Gewinnexplosion der Unternehmen hervorgerufene, steigende Einkommensungleichheit in der Gesellschaft zu überwinden, beschrieb der DGB als eines der wichtigsten Anliegen. Andererseits dürften die Zielprojektionen die Tarifpolitik keinesfalls ersetzen. Sie sollten aber einen besseren Überblick über die sozioökonomische Situation in der Bundesrepublik liefern und dadurch die Forderungen der Gewerkschaften plausibler machen. „Auf diese Weise", so schloss die Flugschrift, „kann sich die Position der Gewerkschaften in der politischen Auseinandersetzung stärken."[47]

Die Erläuterungen unterstreichen, dass die DGB-Zielprojektionen auch für einen Teil der eigenen Klientel missverständlich waren. Viele Gewerkschaftskollegen setzten zu hohe Erwartungen an Reallohnsteigerungen und unterschieden nicht zwischen Zukunftsprojektionen und realpolitischer Implementierung gewerkschaftlicher Forderungen. Diese Diskrepanz evozierte Spannungen zwischen dem DGB-Bundesvorstand und den Gewerkschaftsmitgliedern, die zukünftig vermieden werden sollten. Der DGB veröffentlichte die Zielprojektion für das Jahr 1972 inklusive der Prognosen zunächst noch in der bekannten Art und Weise.[48] Auch die Debatte über die Bedeutung von Planungskonzeptionen hielt in den „Gewerkschaftlichen Monatsheften" noch einige Zeit an.[49] Als sich jedoch immer deutlicher abzeichnete, dass große tarifpolitische Herausforderungen anstanden und damit die weitere Entwicklung unvorhersehbar werden würde, beschloss der DGB-Bundesvorstand im Herbst 1973, keine eigenen Zielprojektionen für die kommenden Jahre zu publizieren.[50] In einer Rückschau merkte der DGB-Geschäftsbericht der Jahre 1972 bis 1974 selbstkritisch an, dass das Anliegen der Prognosen nur unzureichend habe vermittelt werden können. Daran hätten auch die Aufklärungsversuche nichts geändert. Die eigentliche Zäsur sei dann Ende 1973 eingetreten: „Die unvorher-

---

[47] Ebenda, S. 277.
[48] Georg Neemann, DGB-Zielprojektion als Bewährungsprobe, in: Die Quelle 23 (1972) H. 12, S. 549 f.
[49] Vgl. etwa Gerhard Leminsky, Gewerkschaften und Planung, in: Gewerkschaftliche Monatshefte (1973) H. 12, S. 758–766.
[50] AdsD, DGB-Archiv, 5/DGAI000537, Beschlussprotokoll der Klausurtagung des Bundesvorstandes vom 1. bis 3. Oktober 1973.

gesehenen Preissteigerungen 1973 und die unberechenbaren Folgen der Ölkrise erforderten veränderte Darstellungen, um Missverständnisse auszuschließen. Dies veranlasste den Bundesvorstand des DGB, zum Jahreswechsel 1973/74 keine eigene Zielprojektion mehr zu veröffentlichen."[51] Um dennoch den Einzelgewerkschaften eine Gegenrechnung zu den Prognosen der Bundesregierung zur Verfügung zu stellen, nahm das WSI Entwicklungsschätzungen vor, die auch weiterhin publiziert wurden. Diese Gegenrechnungen stellten jedoch keinen vollen Ersatz für die gewerkschaftseigenen Zielprojektionen dar.

5. Schlussbemerkungen

Seit den späten 1950er Jahren wandelte sich der Stellenwert von Planungskonzeptionen in der wirtschaftspolitischen Debatte der Bundesrepublik. Im Zuge der Überwindung der Konjunkturkrise 1966/67 gewann eine mittelfristige Wirtschaftsplanung bisher ungekannte Anerkennung. Wirtschaftliche Planung galt nicht mehr nur als Politik staatssozialistischer Gesellschaften, sondern gerann zu einem Symbol für Fortschritt und Modernität. Die Gewerkschaften waren mit ihren Vorstellungen nicht mehr marginalisiert. Mit der neuen sozialliberalen Regierung stieg ihr Einfluss weiter. Der DGB unterstützte die staatlichen Reformvorhaben, bemühte sich aber weiterhin, eigene Akzente zu setzen. Die seit 1969 veröffentlichten gewerkschaftlichen Zielprojektionen als Gegengewicht zu den Prognosen des Sachverständigenrates stellen dafür ein gutes Beispiel dar.

Damit ist auch zugleich die Differenz zur Rolle der Gewerkschaften in der DDR markiert: Während der Freie Deutsche Gewerkschaftsbund (FDGB) als Dachverband und die Einzelgewerkschaften in der DDR lediglich angewiesen waren, die staatlich verordnete Politik auf Betriebsebene zu exekutieren, waren die Gewerkschaften der Bundesrepublik eigenständige gesellschaftspolitische Akteure. Sie waren nicht nur ausführende Organe, sondern kämpften mithilfe tarifpolitischer Instrumente für die Verbesserung der Arbeitsbedingungen und Löhne aller abhängig Beschäftigten. Damit gerieten sie nicht nur in Konflikt mit den Unternehmen, sondern oftmals auch mit der Bundesregierung.

Außerdem beschränkten die westdeutschen Gewerkschaften ihr Handeln nicht auf die Betriebsebene. Vor allem der DGB bemühte sich,

---

[51] Bundesvorstand des Deutschen Gewerkschaftsbundes (Hrsg.), Geschäftsbericht 1972–1974, Bochum 1975, S. 373.

die Wirtschaftspolitik der jeweiligen Regierung gemäß gewerkschaftlicher Interessen zu beeinflussen. Dazu erarbeitete er eigene Konzeptionen, speiste wissenschaftliche Expertise in den politischen Diskurs ein und formulierte klare wirtschaftspolitische Vorstellungen. Seine Auffassungen ordneten sich niemals wie die der Gewerkschaften in der DDR einer staatlichen Planungsinstanz unter. Vielmehr drückten sie eigenständige Interessen einer unabhängigen gesellschaftspolitischen Organisation aus.

Die Planungseuphorie in der Bundesrepublik seit den späten 1960er Jahren beschränkte sich nicht nur auf die Wirtschaft, sondern umfasste so gut wie alle Gesellschaftsbereiche. Die bewusste Lenkung der gesellschaftlichen Entwicklung erschien als Ideal. Der Aufschwung der Zukunftsforschung stellte eine Konsequenz daraus dar. Auch der DGB erkannte die Relevanz dieser neuen Disziplin und beabsichtigte, ein eigenes Institut zu gründen. Dieses Vorhaben scheiterte letztlich an Finanzierungsproblemen. Die 1969 begonnenen eigenen Zielprojektionen stellte der DGB-Bundesvorstand bereits 1973 wieder ein, da die unvorhersehbaren Auswirkungen der Ölpreiskrise klare Voraussagen unmöglich machten. Das Scheitern dieser beiden Vorhaben – die Gründung eines gewerkschaftsnahen Instituts für Zukunftsforschung und die Erstellung gewerkschaftlicher Zielprojektionen – drückt eine deutliche Veränderung zwischen den Jahren 1969 und 1973 aus. Der zukunftsorientierte Reformoptimismus und der Glaube an die Planbarkeit der Entwicklung wichen auch beim DGB einem pragmatischeren Blick auf die Komplexität der Verhältnisse.

Detlev Brunner

„Plane mit, arbeite mit, regiere mit"

Planung und Gewerkschaften in der DDR

„Plane mit, arbeite mit, regiere mit" – mit diesem Motto warb die „Nationale Front", die Zusammenfassung aller Parteien und „Massenorganisationen" der DDR, für die Beteiligung an den „Volkswahlen" am 16. November 1958.[1] Dieser Slogan hatte – in veränderter Reihenfolge – Verfassungsrang. Nachdem bereits in der ersten DDR-Verfassung von 1949 die „unmittelbare Mitwirkung" der Bürger an der Erstellung des „öffentlichen" Wirtschaftsplanes festgeschrieben wurde, war der Grundsatz „Arbeite mit, plane mit, regiere mit" in den beiden folgenden Versionen der DDR-Verfassung von 1968 und 1974 explizit verankert.[2] Die Gewerkschaften, so hieß es, „nehmen [...] maßgeblich teil [...] an der Planung und Leitung der Volkswirtschaft". Sie arbeiten „in den Betrieben und Institutionen an der Ausarbeitung der Pläne mit."[3]

Im Unterschied zu den westdeutschen Gewerkschaften haben die Gewerkschaften in der Sowjetischen Besatzungszone und in der DDR kein eigenes Planungskonzept entwickelt.[4] Das, was als erster Zweijahrplan für den Zeitraum 1949/50 propagiert wurde, war im Auftrage der SED von der Deutschen Wirtschaftskommission (DWK), dem seit 1948 mit zentralen Befugnissen ausgestatteten Vorläufer einer Zentralregierung des bald gegründeten Teilstaates DDR, erarbeitet worden. Dieses Prinzip galt im Grunde für die gesamte Existenz der DDR: Die zentralen Gremien der SED lieferten die politischen und ökonomischen Vorgaben und waren die letztentscheidenden Instanzen. Dazwischen ordneten sich gemäß dem Prinzip des demokratischen Zentralismus

---
[1] Vgl. Plane mit – arbeite mit – regiere mit! Hrsg. v. Zentralvorstand der IG Wismut, o.O. [Karl-Marx-Stadt] 1958. Der Beitrag ist als vorläufige Skizze zu verstehen, eine detaillierte Forschung zum Thema Planung und FDGB/Gewerkschaften der DDR liegt bislang nicht vor.
[2] Vgl. die Verfassungen der DDR von 1949, 1968 und 1974, jeweils Artikel 21, hier zitiert nach Udo Sautter, Deutsche Geschichte seit 1815: Daten, Fakten, Dokumente, Bd. II: Verfassungen, Tübingen 2004, S. 278, 311 und 336.
[3] Vgl. ebenda, S. 316 und 343; zur Formulierung in der Verfassung von 1968 vgl. Ulrich Gill, FDGB. Die DDR-Gewerkschaft von 1945 bis zu ihrer Auflösung 1990, Köln 1991, S. 123.
[4] Vgl. den Beitrag von Sebastian Voigt in diesem Band.

die verschiedenen Entscheidungsebenen ein, ohne die zentralen Vorgaben in Abrede zu stellen. Diesem idealtypischen Konstrukt stand allerdings, wie zu zeigen sein wird, die Realität in den Betrieben nicht selten entgegen.

Die Rolle des FDGB und seiner Gewerkschaften bei der Planung der Wirtschaft lässt sich nicht verstehen ohne die Beschreibung des Verhältnisses zwischen SED und FDGB. Mit der schnellen Entwicklung der SED zur dominierenden politischen Kraft ab 1946 war frühzeitig die Hierarchisierung zwischen Partei und Einheitsgewerkschaft verbunden. Spätestens seit dem dritten FDGB-Kongress (30. August bis 3. September 1950) war es offiziell: Der FDGB und dessen Einzelgewerkschaften erkannten die Führungsrolle der SED an. Dies wirkte sich grundsätzlich auf die Aufgabenbeschreibung der DDR-Gewerkschaften aus. Die SED als Avantgarde der Arbeiterklasse gab die Ziele und alle erforderlichen Maßnahmen vor. Den Gewerkschaften stand es nicht zu, diese Zielsetzungen in Frage zu stellen. Doch konnten sie darauf hinwirken, innerhalb der gesetzten Margen die Interessen der Werktätigen auf sozialem Gebiet zu berücksichtigen. Der FDGB befand sich somit in einem Rollenkonflikt – zum einen vollstreckender Helfer der SED-Politik gegenüber den Mitgliedern, zum anderen deren Interessenvertreter in sozialen Bereichen zu sein, was der Durchsetzung der SED-Politik nicht selten potenziell im Wege stand.

1. Erfüllung der „Hauptaufgabe"

Die von Walter Ulbricht auf dem V. Parteitag der SED (10. bis 16. Juli 1958) verkündete „ökonomische Hauptaufgabe", die Bundesrepublik binnen drei Jahren im Pro-Kopf-Verbrauch der Werktätigen bei Lebensmitteln und Konsumgütern zu erreichen und zu übertreffen,[5] stellte die Gewerkschaften vor besondere Herausforderungen. Schon zuvor war ein Spagat zu leisten gewesen bei der Durchsetzung des Leistungsprinzips, bei der Erfüllung und möglichst Übererfüllung des Plans und der gleichzeitigen Wahrnehmung der zunehmend vernachlässigten gewerkschaftlichen Kernaufgabe, der Vertretung der Arbeiterinteressen in Betrieb und Wirtschaft.

Die Erfüllung der „Hauptaufgabe" gestaltete sich trotz der gegen Ende der 1950er Jahre verbreiteten euphorischen Stimmung schwierig.

---

[5] André Steiner, Von Plan zu Plan. Eine Wirtschaftsgeschichte der DDR, München 2004, S. 110.

Die politische Führung der DDR wähnte sich im Schatten des sowjetischen Sputnikerfolgs von 1957 auf der Siegerstraße. Symptomatisch war der Ausspruch des stellvertretenden Vorsitzenden des Ministerrates Fritz Selbmann am 10. Oktober 1957, wer einen Erdsatelliten ins Weltall schicken könne, dem werde es auch möglich sein, „die ökonomische Hauptaufgabe" zu lösen, „nämlich den Kapitalismus in der Produktion von Fleisch und Fett zu überholen."[6] Dass es die Sowjetunion und nicht die DDR war, die den Satelliten losgeschickt hatte, spielte dabei keine Rolle, die Überlegenheit des sozialistischen Lagers schien offenkundig.

Den Gewerkschaften war die Rolle zugeordnet, für die Erfüllung des Planes durch die Werktätigen zu sorgen. Dafür war deren Mobilisierung erforderlich. Die Partizipation an der Planung sollte diese befördern und deren Erfolg garantieren. Doch eine Mitbestimmung im eigentlichen Sinne war nicht vorgesehen. Zwar sollten die Vorschläge und Hinweise der Werktätigen gesammelt und beachtet werden, die Planung als solche wurde deshalb jedoch nicht verändert. Dem stand allein schon die Systematik der Planerstellung entgegen. Es ging um die Institutionalisierung einer postulierten „Interessenübereinstimmung" zwischen der Politik der SED und den Werktätigen.[7] Auf den jährlichen „Plandiskussionen" auf Betriebsebene konnten zwar betriebsbezogene Verbesserungsvorschläge gemacht werden, aber wesentliche Planveränderungen hatte dies nicht zur Folge.

Die Abteilung Wirtschaft des FDGB-Bundesvorstandes formulierte für die Plandiskussion 1961 klare Vorgaben, die die Plandiskussion als eine der „wichtigsten Formen der Einbeziehung der Arbeiter, Angestellten und Angehörigen der Intelligenz in die Planung und Leitung eines Betriebes bzw. ihres Industriezweiges" hervorhoben, im nächsten Satz jedoch klarstellten, dass all dies „unter Führung der Partei der Arbeiterklasse von den Gewerkschaften organisiert" werde.[8] Diese Formel von der führenden Rolle der Partei beschrieb das generelle Hierarchieverhältnis zwischen Partei und Gewerkschaft. Was dies für den

---

[6] Zitiert nach ebenda, S. 110 f.
[7] Peter Hübner, Zentralismus und Partizipation: Soziale Interessen im „vormundschaftlichen Staat", in: Dierk Hoffmann/Michael Schwartz (Hrsg.), Sozialstaatlichkeit in der DDR. Sozialpolitische Entwicklungen im Spannungsfeld von Diktatur und Gesellschaft 1945/49–1989, München 2005, S. 115–133, hier S. 129.
[8] FDGB Bundesvorstand, Abt. Wirtschaft (Hrsg.), Hinweise für Gewerkschaftsfunktionäre zur Plandiskussion über den Volkswirtschaftsplan 1961, [Berlin 1960], S. 12.

Ablauf konkret bedeutete, ging aus den weiteren Anweisungen nicht eindeutig hervor. Erwähnt wurde die Abstimmung der Betriebsgewerkschaftsleitung (BGL) mit der Betriebsparteiorganisation und deren Hinzuziehung zu Versammlungen.[9]

Bekanntermaßen scheiterte der Siebenjahrplan (1959–1965), dem diese Plandiskussion zum Erfolg verhelfen sollte. Anstelle eines gelungenen Überholmanövers waren eine massive Wirtschaftskrise und steigende Zahlen von „Republikflüchtigen" Richtung Westen die Realität – Entwicklungen, die letztlich zur Entscheidung für den Mauerbau führten.[10]

2. Mauerbau und „Produktionsaufgebot"

Der 13. August 1961, die Abriegelung der Grenze und das Schließen des „Schlupflochs" West-Berlin, wird als „heimlicher Gründungstag" der DDR bezeichnet.[11] Bruno Leuschner, bis Juli 1961 Chef der Staatlichen Plankommission und stellvertretender Ministerpräsident, hatte im April 1961 gegenüber einem sowjetischen Gesprächspartner geäußert, „daß man unter den Bedingungen der DDR bei offenen Grenzen keinerlei Experimente machen kann."[12] Nach dem Mauerbau war dies anders, denn die Alternative, in „den Westen" zu gehen, war für die Beschäftigten in den Betrieben der DDR seither so gut wie ausgeschlossen. Was blieb, war die Perspektive eines Arrangements mit den Gegebenheiten. Zunächst waren die Belegschaften mit einem als Zumutung empfundenen „Produktionsaufgebot" konfrontiert. Dieses „Produktionsaufgebot" lief unter der Devise: „In der gleichen Zeit für gleiches Geld mehr produzieren." Es war, wie üblich für derartige Kampagnen, die eine Basisinitiative vortäuschten, am 6. September 1961 mit einem Aufruf in einem Betrieb – dem VEB Elektrokohle in Berlin – propagiert worden und zielte auf die Erhöhung der Arbeitsproduktivität.[13]

---

[9] Vgl. ebenda.
[10] Steiner, Plan, S. 120–122.
[11] Dietrich Staritz, Geschichte der DDR, Frankfurt a. M. 1996, S. 196 f., darauf Bezug nehmend: Steiner, Plan, S. 123.
[12] Zitiert nach Steiner, Plan, S. 122, Quellennachweis S. 241, Anm. 83.
[13] Christoph Kleßmann, Arbeiter im „Arbeiterstaat" DDR. Deutsche Traditionen, sowjetisches Modell, westdeutsches Magnetfeld (1945 bis 1971), Bonn 2007, S. 554; Peter Hübner, Konsens, Konflikt und Kompromiß. Soziale Arbeiterinteressen und Sozialpolitik in der SBZ/DDR 1945–1970, Berlin 1995, S. 79; vgl. außerdem Wolfgang Eckelmann/Hans-Hermann Hertle/Rainer Weinert, FDGB intern. Innenansichten einer Massenorganisation der SED, Berlin 1990, S. 65 f.

Dieses Thema war ein „Dauerbrenner" in der Debatte seit den späten 1940er Jahren. Die Höhe der Arbeitsproduktivität war eine wesentliche Voraussetzung für die Erfüllung der Pläne. Der FDGB hatte sich diesem Ziel frühzeitig verschrieben, war dabei allerdings immer wieder auf Widerstände gestoßen. Die Streik- und Aufstandsbewegung im Juni 1953 stach dabei besonders heraus, aber auch nach dem Mauerbau regte sich deutlicher Unmut in den Belegschaften, ja sogar in den gewerkschaftlichen Organisationen angesichts der befürchteten Normenerhöhung und des damit verbundenen Leistungsdrucks. Zudem schien es sich bei dem „Produktionsaufgebot" nicht um eine einmalige Kampagne zu handeln. Das Präsidium des Zentralvorstandes der IG Bergbau wandte sich im September 1962 mit scharfen Worten gegen neuerliche Aufrufe zu Sonderwettbewerben, die an die Kumpel im Revier Borna gerichtet wurden. „Man lasse sich nicht ‚in alter Manier' herumkommandieren."[14] Informationsberichte des FDGB dokumentieren eine Vielzahl von Äußerungen, die von einem traditionellen Verständnis gewerkschaftlicher Interessenvertretung zeugten: „Ich verkaufe meine Arbeitskraft so teuer wie möglich." Oder: „Die Erhöhung der Produktivität muss auch für mich einen materiellen Anreiz haben."[15] Solche Meinungen, die auch von Basisfunktionären und BGL-Mitgliedern vertreten wurden, wurden seitens der SED-Politik als „Nur-Gewerkschaftertum" diskreditiert, zeigten aber die Brisanz derartiger Kampagnen und das anhaltende Problem gewerkschaftlicher Interessenvertretung. Vor allem die Widerstände aus der Bergarbeiterschaft einschließlich ihrer Gewerkschaft schienen ein Umlenken der SED-Spitze zu befördern. Walter Ulbricht verkündete im Dezember 1962 ein Ende des „Produktionsaufgebotes" auf einer in Cottbus im Lausitzer Braunkohlerevier tagenden SED-Bezirksdelegiertenkonferenz. Das „Produktionsaufgebot" sei zwar richtig gewesen, aber man dürfe dies nicht schematisch durchführen, denn es gehe um die Erhöhung der Arbeitsmoral durch Überzeugung der Werktätigen, „aber vor allem durch die materielle Interessiertheit".[16]

---

[14] Zitiert nach Hübner, Konsens, S. 82.
[15] Berichte vom September und Oktober 1962, vgl. Eckelmann/Hertle/Weinert, FDGB, S. 67 f.
[16] Zitiert nach Hübner, Konsens, S. 82; vgl. Kleßmann, Arbeiter, S. 556 f.

3. Planung und „Neues Ökonomisches System"

Damit vollzog die SED eine Wende, die an jene sowjetische Reformideen anknüpfte, die der Charkower Wirtschaftswissenschaftler Evsei G. Liberman im September 1962 veröffentlicht hatte. Liberman wandte sich gegen den effektivitätshemmenden Zentralismus und machte statt der quantitativen Planerfüllung (Menge, Gewicht, die sogenannte „Tonnenideologie") die Rentabilität des Betriebes, sprich das Verhältnis des geplanten Gewinns zu den Geld- und Umlaufmitteln, zum Maßstab des Erfolges. Bereits im Oktober 1962 hatte Ulbricht auf der 17. ZK-Tagung der SED das bisherige Planungssystem als ungeeignet bezeichnet, weil es „dem Gesetz der Verteilung nach der Leistung und dem Prinzip der materiellen Interessiertheit" nicht gerecht werde.[17] Weitere Schritte kündigten die Reform des wirtschaftlichen Planungssystems an. So hieß es im neuen SED-Parteiprogramm, das auf dem VI. Parteitag (15. bis 21. Januar 1963) verabschiedet wurde: „Sozialismus, das ist: der Kampf um eine hohe Arbeitsproduktivität, die Erreichung und Mitbestimmung des Weltniveaus in der Produktion. Dies erfordert die Anwendung der fortgeschrittenen Wissenschaft und Technik, die Meisterung der modernsten Produktionsverfahren und die qualifizierte Leitung und Organisation der Volkswirtschaft. Das ist die Grundbedingung für die ständige und planmäßige Verbesserung der Lebensbedingungen des Volkes."[18]

Nach einem entsprechenden Beschluss des VI. SED-Parteitages und weiteren Beratungen auf einer Wirtschaftskonferenz der SED am 24./25. Juni 1963 verabschiedete das Präsidium des Ministerrates der DDR am 11. Juli 1963 die „Richtlinie für das neue ökonomische System der Planung und Leitung der Volkswirtschaft" (NÖS oder NÖSPL). Ab Jahresbeginn 1964 wurden die darin festgelegten Reformen schrittweise umgesetzt. Die Kernelemente des NÖS waren eine Dezentralisierung der Wirtschaftsstruktur: Die Vereinigungen Volkseigener Betriebe (VVB), bisher Verwaltungsinstanzen für die Industriebranchen, sollten ökonomische Einheiten mit größerer Eigenverantwortung werden, auch die Eigenverantwortung der Betriebe selbst war zu steigern. Als zentraler Leistungsmaßstab für die Betriebe sollte nicht mehr die Bruttoproduktion, sondern der Gewinn gelten. Ein wichtiger Bestandteil der Eigenverantwortung war die „Eigenerwirtschaftung der Mittel", d.h. der Investitionen. Damit sollten z.B. Verschwendungen begrenzt wer-

---

[17] Zitiert nach Hübner, Konsens, S. 83.
[18] Zitiert nach Kleßmann, Arbeiter, S. 567.

den. Den Rahmen für die eigenständige Wirtschaftstätigkeit der VVB und Betriebe sollte der „mittelfristige Perspektivplan" bieten. Innerhalb dessen legte die Staatliche Plankommission nur die wesentlichen Ziele und volkswirtschaftlichen Hauptproportionen fest. Neben dem System sogenannter „ökonomischer Hebel" (insbesondere Gewinnorientierung) sollte die „materielle Interessiertheit" der Beschäftigten geweckt werden. Das bedeutete eine stärkere Leistungsbezogenheit der Löhne und Gehälter, auch für die Leitungskader.[19]

Über Erfolg und Misserfolg dieser Reform kann an dieser Stelle nicht ausführlicher berichtet werden. Eines der systemimmanenten Probleme war eine unzureichende Preisreform. Vor allem der Führungsanspruch der SED stand einer wirksamen Reform im Wege. Im Prinzip hätte eine tatsächliche Liberalisierung des Plansystems die Aufgabe des unantastbaren Führungsanspruches der Partei zur Konsequenz haben müssen: „Im Grunde versuchten die Reformer, marktwirtschaftliche Mechanismen zu simulieren, ohne die Grundlagen einer Marktwirtschaft einzuführen."[20]

Der FDGB war an der Ausarbeitung des neuen Konzeptes nicht beteiligt. Die auf „planwirtschaftliche Direktiven fixierten" Gewerkschaftsfunktionäre standen dem neuen System skeptisch gegenüber.[21] Der FDGB suchte deshalb seine Funktionäre auf die neue Linie einzustellen. Die vom 6. FDGB-Kongress (19. bis 23. November 1963) verabschiedete Entschließung zu Planung und Gewerkschaftsarbeit sagte zunächst wenig Neues. Es hieß: „Die Arbeit jeder Gewerkschaftsleitung wird daran gemessen, wie sie den Volkswirtschaftsplan zu ihrem Arbeitsplan macht, wie dieser in ihrem Bereich erfüllt wird und auf dieser Grundlage die Arbeits- und Lebensbedingungen der Werktätigen verbessert werden."[22] Allerdings gehe die Planung, so das neue FDGB-Schulungsmaterial, nunmehr von anderen Voraussetzungen aus. Nicht mehr der gegebene Stand der Produktivkräfte und der Wirt-

---

[19] Ausführlich zum NÖS André Steiner, Die DDR-Wirtschaftsreform der sechziger Jahre. Konflikt zwischen Effizienz und Machtkalkül, Berlin 1999; außerdem Jörg Roesler, Zwischen Plan und Markt. Die Wirtschaftsreform in der DDR zwischen 1963 und 1970, Berlin 1990.
[20] Steiner, Plan, S. 131.
[21] Hübner, Konsens, S. 85.
[22] Zitiert nach Heinz Brückner/Gunnar Winkler, Die Planung in der sozialistischen Industrie und einige sich daraus ergebende Aufgaben der Gewerkschaften, Berlin (Ost) 1964, S. 4.

schaftsstruktur sei der Ausgangspunkt, sondern nun werde „die zukünftige Entwicklung von Wissenschaft und Technik" berücksichtigt – Planung also unter Einbeziehung künftiger Entwicklungen. Walter Ulbricht habe auf dem FDGB-Kongress darauf hingewiesen, dass man die Entwicklung der Naturwissenschaften und der Technik bisher unterschätzt habe: „Deshalb brauchen wir eine sorgfältige und zugleich kühne Prognose der Entwicklung der Produktivkräfte in den nächsten 20 Jahren, eine Voraussicht, die die technische Umwälzung in ihrer ganzen Tragweite erfaßt, darunter die Nutzung der Kernenergie, die Chemisierung, die Automatisierung."[23] Dies, so das Schulungsheft, sei für den Perspektivplan 1970 und für die Prognose bis 1980 zu berücksichtigen. Es seien Pläne aufzustellen, „die uns exakt an die volle Ausnutzung von Wissenschaft und Technik heranführen."[24]

Die starke Orientierung an Wissenschaft und Technik zeigt gewisse Parallelen zu der in den westdeutschen Gewerkschaften erkennbaren Fokussierung auf wissenschaftsbasierte Planbarkeit sozioökonomischer Prozesse. Sie überforderte allerdings die Basisfunktionäre und Mitglieder, wie eine Untersuchung des Instituts für Gesellschaftswissenschaften beim ZK der SED vom 9. Juni 1967 feststellte. Brigaden bzw. Brigademitglieder, so das Ergebnis, seien nicht genügend befähigt, sich „auf die Entwicklung von Wissenschaft und Technik einstellen zu können."[25] Bei aller angestrebten Dezentralisierung und Stärkung der Eigenverantwortung der Betriebe war den Gewerkschaften wie bisher als Aufgabe zugeordnet, die neuen Leitlinien zu übernehmen und umzusetzen. Sie hatten darauf zu achten, „daß der neue Inhalt der Planung und Leitung überall konsequent durchgesetzt wird."[26] Im Unterschied zu früheren Zeiten wirke „die materielle Interessiertheit jetzt auf das Ausarbeiten optimaler Betriebspläne. Die Gewerkschaften haben jetzt eine gute Grundlage, um den Werktätigen den engen Zusammenhang zwischen ihren Interessen und den Bedürfnissen der ganzen Gesellschaft klarzumachen."[27] Als „optimaler Plan" sei jener anzusehen, der den Grundsatz gewährleiste: „Auf der Grundlage der im Betrieb vorhandenen Voraussetzungen (Arbeitskräfte, technische

---

[23] Ulbricht auf dem 6. FDGB-Kongress, zitiert nach ebenda, S. 6.
[24] Ebenda, S. 6.
[25] Renate Hürtgen, Zwischen Disziplinierung und Partizipation. Vertrauensleute des FDGB im DDR-Betrieb, Köln 2005, S. 81.
[26] Brückner/Winkler, Planung, S. 7.
[27] Ebenda, S. 13.

Ausrüstungen u.a.) muß mit dem geringsten Aufwand der höchste Nutzen für den Betrieb und für die Volkswirtschaft erreicht werden."[28]

Zur Haltung der Belegschaften fehlen bislang umfangreichere Forschungen.[29] Überliefert sind Befürchtungen eines steigenden Leistungsdrucks. Mehrarbeit war eine Erfahrung, Erweiterung der Arbeitszeiten und das Überhandnehmen des „Überstundenunwesens" waren konkrete Folgen dieser Politik.[30] Das NÖS wurde von den Beschäftigten jedoch keineswegs nur negativ beurteilt, bot es doch Chancen zur Verbesserung der persönlichen wirtschaftlichen Lage. Feststellbar waren teils beachtliche Einkommenszuwächse, allerdings bei erhöhtem Leistungsdruck.[31] Auf betrieblicher Ebene zeigten sich rasch Schwierigkeiten, die den Zielsetzungen der Gewerkschaftsleitungen – Produktionssteigerung und Erhöhung der Arbeitsproduktivität – entgegenstanden. Die Furcht der Betriebsleiter und der leitenden betrieblichen Gewerkschaftsfunktionäre vor Konflikten mit den Belegschaften begünstigten „Aushandlungsprozesse", die die Durchführung ökonomisch erforderlicher Entscheidungen erschwerten.[32] Die Werktätigen eigneten sich in zahlreichen Fällen den Plan in „eigensinniger" Weise an. Sie instrumentalisierten „die von der SED betriebene politische Inszenierung der Arbeiterschaft als führende Klasse und das Postulat der Interessenübereinstimmung, um sozialen Forderungen Nachdruck zu verleihen."[33] Auch für die 1970er Jahre lassen sich derartige „Aushandlungsprozesse" und „Planerfüllungspakte" nachweisen. Ein Beispiel ist der VEB Goldring im sächsischen Markleeberg: „Das ganze Ziel war immer so, den Plan so aufzubauen, daß wir diese Prämien zahlen konnten. [...] Und damit konnten sie ein bestimmtes Betriebsklima erzielen. Und die Leitung hatte dann eine gewisse Anerkennung. Das Klima in der Belegschaft stimmte."[34] Damit schuf die Jahresendprämie eine Identifizierung der Belegschaft mit „dem Plan".

---

[28] Ebenda, S. 11.
[29] Kleßmann, Arbeiter, S. 576.
[30] Hürtgen, Disziplinierung, S. 79.
[31] Hübner, Konsens, S. 86f.
[32] Kleßmann, Arbeiter, S. 579.
[33] Hübner, Zentralismus, S. 129.
[34] Interview mit einem Kollegen des VEB Goldring, zitiert nach Francesca Weil, Herrschaftsanspruch und soziale Wirklichkeit. Zwei sächsische Betriebe in der DDR während der Honecker-Ära, Köln 2000, S. 67.

4. „Einheit von Wirtschafts- und Sozialpolitik"

Die Wirtschaftsreform firmierte seit 1967 als Ökonomisches System des Sozialismus (ÖSS). Damit gewannen zentralplanerische Elemente wieder an Bedeutung. Unter dem Eindruck wiederkehrender wirtschaftlicher Krisenerscheinungen machte das Ulbrichtsche Reformkonzept einer neuen Losung Platz: Ulbrichts Nachfolger Erich Honecker propagierte ab 1971 die „Einheit von Wirtschafts- und Sozialpolitik".[35] Auf die Grundprobleme und die Folgen dieser Politik kann an dieser Stelle nicht ausführlicher eingegangen werden – dass die sozialpolitischen Leistungen mit einer fatalen Verschuldung der DDR und zunehmenden Abhängigkeit vom westlichen Ausland (insbesondere der Bundesrepublik) verbunden waren, sei hier aber erwähnt.

Honeckers neuer Kurs bedeutete eine Erweiterung der Sozialpolitik und eine Zurückdrängung des Leistungsprinzips als Voraussetzung (auch persönlichen) wirtschaftlichen Erfolgs. Diese Wende stieß in der arbeitenden DDR-Gesellschaft vorerst durchaus auf Zuspruch. In einer gemeinsamen „Direktive" des Politbüros des ZK der SED, des Ministerrates der DDR und des Bundesvorstandes des FDGB zur Führung der Plandiskussion 1976 hieß es, es gehe vor allem darum, dass die vom VIII. SED-Parteitag 1971 beschlossene Hauptaufgabe „in der Einheit ihrer beiden Seiten weiter zielstrebig verwirklicht wird".[36] Als Losung wurde ausgegeben: „Zu Ehren des IX. Parteitages der SED! Aus jeder Mark, jeder Stunde Arbeitszeit, jedem Gramm Material einen größeren Nutzeffekt!"[37]

Die Gewerkschaftshochschule „Fritz Heckert" veranstaltete im Februar 1973 Seminare für leitende Kader des FDGB, die über die Rolle der Gewerkschaften im Planungssystem unterrichten sollten. Es referierten unter anderem Gerhard Schürer, Vorsitzender der Staatlichen Plankommission, und Horst Heintze, Mitglied des Präsidiums des Bundesvorstandes des FDGB. Deutlich wurde zweierlei: Auch und gerade unter der neuen Linie der „Einheit von Wirtschafts- und Sozialpolitik" waren Probleme der Leistungsanreize, der Effizienz, der mangelnden Ausnutzung von Potenzialen weiterhin evident. Zum zweiten

---

[35] Vgl. hierzu den Beitrag von Dierk Hoffmann in diesem Band.
[36] Gemeinsame Direktive des Politbüros des ZK der SED, des Ministerrates der DDR und des Bundesvorstandes des FDGB zur Führung der Plandiskussion 1976 in der Volkswirtschaft. Hrsg. v. Bundesvorstand des FDGB, Berlin (Ost) 1975, S. 2.
[37] Ebenda.

war der Einfluss der Gewerkschaften auf die planerischen Abläufe aus FDGB-Sicht zumindest unbefriedigend. Schürer betonte, es müsse viel mehr „die Wirkung von Wissenschaft und Technik auf Produktivität, Effektivität und Qualität" berücksichtigt werden, ebenso „die Bewußtheit und Initiative der Arbeiter".[38] Dies waren Themen, die besonders durch die NÖS-Reform auf die Tagesordnung gehoben worden waren, nun aber anders und letztlich nur durch Appelle beantwortet wurden.

Auch Horst Heintze zielte auf mangelnde Sorgfalt beim „Plan Wissenschaft und Technik". Für das Planjahr 1974 müsse man sich diesem Plan besonders widmen, „weil über ihn und durch ihn weitestgehend über die Probleme der Steigerung der Arbeitsproduktivität und die Erhöhung der Effektivität entschieden wird."[39] Aber Heintze verwies noch auf einen weiteren Punkt:

„Wir sind der Auffassung, daß der gewerkschaftliche Einfluß, besonders auch auf zentraler Ebene, der Zentralvorstände in den Ministerien, stärker werden muß, was die Vorbereitung der Planaufgaben anbelangt. Bereits hier sollte gesichert werden, bevor die Kennziffern an die Betriebe und Kombinate gegeben werden, daß richtige Relationen bei der materiellen und finanziellen Bilanzierung bestehen. Dazu gehört, zentral wichtige Vorhaben des Planteils Arbeits- und Lebensbedingungen festzulegen und den Betrieben vorzugeben, sozusagen als Orientierung und Hilfe für die Gewerkschaftsleitungen in den Betrieben. Und schließlich gehört dazu, daß unsere gewerkschaftlichen Vorschläge noch konkreter, aussagefähiger und abrechenbar gestaltet werden."[40]

Selbst in derartigen offiziellen Stellungnahmen leitender FDGB-Funktionäre wird die nachgeordnete Bedeutung der Gewerkschaften im Planungsablauf deutlich. Die Rolle der Gewerkschaften war gesetzlich festgeschrieben. Im novellierten Arbeitsgesetzbuch der DDR für 1978 war den Gewerkschaften die Aufgabe zugeteilt, die Mitglieder der Arbeitskollektive „zum Kampf um hohe Leistungen bei der Erfüllung der volkswirtschaftlichen Aufgaben" zu organisieren und für die „ständige Verbesserung der Arbeits- und Lebensbedingungen der Werktätigen" zu wirken. Die Gewerkschaften „befähigen die Werktätigen, ihr Recht auf Mitwirkung an der Leitung und Planung bewußt und sachkundig

---

[38] Gerhard Schürer, Zu einigen Fragen des Volkswirtschaftsplanes 1973 (8. Seminar für leitende Kader des FDGB vom 11.–14.9.1972), Gewerkschaftshochschule „Fritz Heckert", Bernau 1973, S. 9.
[39] Horst Heintze, Die Entwicklung der Masseninitiative für die Erfüllung des Volkswirtschaftsplanes 1973 (9. Seminar für leitende Kader des FDGB vom 19.–22.2.1973), Gewerkschaftshochschule „Fritz Heckert", Bernau 1973, S. 15.
[40] Ebenda, S. 16.

wahrzunehmen."[41] Auf Betriebsebene hatte der Betriebsleiter zusammen mit der BGL die Plandiskussion zu organisieren. „Den Arbeitskollektiven sind konkrete Aufgaben vorzugeben sowie die Schwerpunkte und Lösungswege zur Überbietung der staatlichen Aufgaben und die mit der Übernahme hoher Verpflichtungen verbundenen Vorteile materieller Anerkennung zu erläutern."[42] Es waren organisatorische Aufgaben, die den Gewerkschaften zugewiesen wurden und die zugleich den Anschein von Partizipation erwecken sollten. Denn die in den Plandiskussionen vorgebrachten Kritiken und Vorschläge sollten sorgfältig geprüft und gegebenenfalls berücksichtigt werden.

Die Realität des zentralistischen Systems sah indes anders aus. Die Belegschaften stellten den Plan als solchen nicht in Frage, diskutierten jedoch Wege seiner Erfüllung. Aber auch hier blieben die Vorschläge der Belegschaften oftmals unberücksichtigt. So jedenfalls waren die Erfahrungen im VEB Leipziger Arzneimittelwerk angesichts der „Plandiskussionen" in der ersten Hälfte der 1970er Jahre:

> „Und dann auch diese Plandiskussionen, wo dann das Kollektiv erfuhr: Im nächsten Jahr müssen wir das und das mehr machen. Da sagten sie: ‚Was?! Wir haben es dieses Jahr schon nicht geschafft und nun noch mehr? Dann brauchen wir das und das! Ja, das schreiben wir alles auf.' Dann wurde in die Protokolle geschrieben: Wir brauchen dort also neue Tische. Dort brauchen wir das. Dort brauchen wir einen Gabelstapler. Das blieb auf dem Papier. Die Planauflage, die kam. Das andere[,] das kam nicht."[43]

5. Schlussbemerkungen

Die „Schöpferin" der Pläne war in der DDR „die Partei", die SED. Dem FDGB und seinen Gliederungen blieb trotz aller rechtlich festgeschriebenen Beteiligungsmöglichkeiten vor allem die Aufgabe, die Pläne in den Betrieben umzusetzen und gegenüber der Mitgliedschaft zu propagieren. Eine aktive Rolle bei der Gestaltung der sozialistischen Planung in der DDR ist für den FDGB nicht nachgewiesen, zu sehr war er in die Hierarchie zwischen Partei und Gewerkschaft eingebunden. Dies schließt Prozesse gewerkschaftlicher Interessenvertretung nicht aus, sei es an der Basis, sei es aber auch in der Reflektion im gewerk-

---

[41] Arbeitsgesetzbuch 1978 (§ 6), zitiert nach Gill, FDGB, S. 129.
[42] AGB (§ 32, Abs. 1), zitiert nach Weil, Herrschaftsanspruch, S. 91.
[43] Interview eines Kollegen aus dem VEB Leipziger Arzneimittelwerk, zitiert nach Weil, Herrschaftsanspruch, S. 92.

schaftlich-wissenschaftlichen Bereich (Gewerkschaftshochschule) und in gewerkschaftlichen Gremien der mittleren Ebene, unter anderem der Industriegewerkschaften und partiell selbst der höchsten Ebene (FDGB-Bundesvorstand).[44]

In Ost- und Westdeutschland gelten die 1960er Jahre als Reformphase, in denen konvergente Entwicklungen entdeckt wurden und Parallelen unverkennbar sind. In der Bundesrepublik lässt sich partiell von einer „Planungseuphorie" sprechen, mit den neuen Konzepten verwissenschaftlichter Planung, dem Stichwort der „Globalsteuerung" und der mitunter erstaunlich positiven Rezeption der „Planung" im östlichen deutschen Staat[45]. Auf der anderen Seite zielte das Neue Ökonomische System auf „marktwirtschaftliche" Elemente im DDR-Planungssystem und setzte ebenfalls verstärkt auf verwissenschaftlichte Steuerung. Gab es also Annäherung, sogar Konvergenz? So nachvollziehbar manche zeitgenössischen Reflektionen und aktuellen Überlegungen angesichts dieser Prozesse waren und sind: Im gewerkschaftlichen Bereich lässt sich Derartiges nicht erkennen. Dem standen die grundlegend unterschiedlichen politischen Strukturen und gewerkschaftlichen Funktionen entgegen. Die westdeutschen Gewerkschaften waren keine nachgeordneten Organe einer Partei, die deren Linie umsetzten. Der FDGB aber war dies; insofern war ihm schon strukturell lediglich die Rolle zugewiesen, allenfalls kleine Korrekturen am Plan vorzuschlagen und ansonsten für dessen Umsetzung zu sorgen. Dass „der Plan" gleichwohl im Sinne der Beschäftigten mitunter flexibel gehandhabt wurde, zeigte und erzwang die Realität in der DDR.

---

[44] Eine detaillierte Forschung zu diesem Komplex steht noch aus.
[45] Vgl. z.B. Michael Ruck, Vom „geplanten Wunder" zur „Pleite der Praxis". Wahrnehmungen der DDR-Planwirtschaft in der westdeutschen Wirtschaftspresse während des Jahrzehnts der Entspannung, in: Detlev Brunner/Mario Niemann (Hrsg.), Die DDR – eine deutsche Geschichte. Wirkung und Wahrnehmung, Paderborn 2011, S. 389–409; vgl. ebenso die Einleitung in diesem Band.

Agnes Bresselau von Bressensdorf
Fortschritt und Entwicklung
Die beiden deutschen Staaten in der Dritten Welt seit den 1960er Jahren

Mit dem Begriff der Entwicklung ist der Gedanke des Fortschritts untrennbar verbunden. Gemeinsam gelten sie als Leitvorstellungen der europäischen Aufklärung und Eckpfeiler der Moderne, denen der Blick auf das Zukünftige stets inhärent ist.[1] Dieses zunächst philosophisch geprägte Fortschritts- und Entwicklungsverständnis erfuhr seit dem 19. Jahrhundert im Zuge rasant voranschreitender Industrialisierung eine technische, ökonomische, politische und globale Ausweitung. Damit eng verbunden war die selbst auferlegte Aufgabe der industrialisierten Welt, durch eine Art „Zivilisierungsmission" die als „unterentwickelt" eingestuften Nationen in einem evolutionären Prozess schrittweise an den europäischen Standard heranzuführen. Diese Einteilung der Welt in „entwickelte" und „unterentwickelte" Länder wurde im Mandatssystem des Völkerbundes 1919/20 erstmals international kodifiziert und erfuhr nach 1945 während des Kalten Krieges eine weitere ideologische Aufladung.[2] Dieser Beitrag untersucht die Entwicklungspolitiken Ost- und Westdeutschlands seit den 1960er Jahren unter der Fragestellung, welche Leitbilder, Zukunfts- und Fortschrittsvorstellungen ihnen zugrunde lagen, welche ideologischen Prämissen und politischen Planungskonzepte fassbar werden und welche Wandlungsprozesse vor dem Hintergrund sich dynamisch verändernder internationaler Rahmenbedingungen ausgemacht werden können.

---

[1] Daniel Speich Chassé, Fortschritt und Entwicklung, Version: 1.0, in: Docupedia-Zeitgeschichte, 21.9.2012, URL: http://docupedia.de/zg/Fortschritt_und_Entwicklung [7.9.2016]; Elke Seefried, Bruch im Fortschrittsverständnis? Zukunftsforschung zwischen Steuerungseuphorie und Wachstumskritik, in: Anselm Doering-Manteuffel/Lutz Raphael/Thomas Schlemmer (Hrsg.), Vorgeschichte der Gegenwart. Dimensionen des Strukturbruchs nach dem Boom, Göttingen 2016, S. 425–449, hier S. 426.
[2] Vgl. Gilbert Rist, The History of Development. From Western Origins to Global Faith, London 2014, S. 47–79.

1. Modernisierungs- und Fortschrittsverständnisse im Zeichen deutsch-deutscher Systemkonkurrenz

Nach dem Ende des Zweiten Weltkriegs stand im geteilten Deutschland zunächst der eigene wirtschaftliche Wiederaufbau im Vordergrund. Zudem besaßen Bundesrepublik und DDR zunächst nur einen sehr eingeschränkten außenpolitischen Handlungsspielraum. Deshalb blieben entwicklungspolitische Bemühungen in Bonn und Ost-Berlin bis in die frühen 1950er Jahre ausgesprochen begrenzt. Dies änderte sich für die Bundesrepublik, als mit Beginn des „Wirtschaftswunders" und einem scheinbar unbegrenzt steigenden Wohlstandsniveau von amerikanischer Seite die Forderung an die Bundesregierung herangetragen wurde, im Sinne eines Marshall-Plans für die „Dritte Welt"[3] tätig zu werden. Den Ausgangspunkt der bundesdeutschen Entwicklungshilfepolitik bildeten somit die Erwartung dauerhafter ökonomischer Prosperität sowie modernisierungs- und wachstumstheoretische Konzepte, deren wirkmächtigstes der US-Ökonom Walt Rostow 1960 in seiner Studie „The Stages of Economic Growth" vorlegte.[4] In expliziter Abgrenzung zum historischen Materialismus konzipierte Rostow ein Stufenmodell, wonach es lediglich einer Anschubfinanzierung seitens der Industrieländer bedürfe, um in den Entwicklungsländern ein sich selbst tragendes Wirtschaftswachstum zu etablieren. In diesem Konzept der „nachholenden Entwicklung", das bereits im Vier-Punkte-Programm des US-Präsidenten Harry S. Truman von 1949 angelegt war, sollte die „Dritte Welt" dem erfolgreichen Industrialisierungsweg des Westens folgen.[5] Das Rostow´sche Wachstumsparadigma fand Ein-

---

[3] Zum Begriff der „Dritten Welt" vgl. Jürgen Dinkel, „Dritte Welt" – Geschichte und Semantiken, Version: 1.0, in: Docupedia-Zeitgeschichte, 6.10.2014, URL: http://docupedia.de/zg/Dritte_Welt [7.9.2016].
[4] Walt W. Rostow, The Stages of Economic Growth: A Non-Communist Manifesto, Cambridge 1960. Zum Begriff der Modernisierung vgl. Hubertus Büschel/Daniel Speich, Einleitung. Konjunkturen, Probleme und Perspektiven der Globalgeschichte von Entwicklungszusammenarbeit, in: dies. (Hrsg.), Entwicklungswelten. Globalgeschichte der Entwicklungszusammenarbeit, Frankfurt a.M. 2009, S.7–32, hier S.14 ff.; Corinna Unger, Histories of Development and Modernization: Findings, Reflections, Future Research, in: H-Soz-Kult, 9.12.2010, URL: www.hsozkult.de/literaturereview/id/forschungsberichte-1130 [9.9.2016].
[5] Bastian Hein, Die Westdeutschen und die Dritte Welt. Entwicklungspolitik und Entwicklungsdienste zwischen Reform und Revolte, 1959–1974, München 2006, S.39f.; Hubertus Büschel, Hilfe zur Selbsthilfe. Deutsche Entwicklungsarbeit in Afrika 1960–1975, Frankfurt a.M. 2014, S.510f.

gang in die Resolution der Vollversammlung der Vereinten Nationen vom 19. Dezember 1960, mit der die erste UN-Entwicklungsdekade unter dem Titel „A program for international economic growth" ausgerufen wurde.

Vor dem Hintergrund des entspannungspolitischen Tauwetters auf internationaler Ebene und der aufkommenden Konvergenztheorien hielten politische Planungsideen, die anfangs mit Verweis auf die sozialistische Planwirtschaft negativ assoziiert wurden,[6] auch im Bundesministerium für wirtschaftliche Zusammenarbeit (BMZ) Einzug. In der Folge gewannen sie Züge einer für die 1960er Jahre typischen, technikaffinen Planungs- und Steuerungseuphorie. Das BMZ war 1961 zunächst als reines Koordinierungsgremium zwischen Bundeswirtschaftsministerium und Auswärtigem Amt ohne nennenswerten eigenen Handlungsspielraum oder programmatisches Konzept gegründet worden, erhielt jedoch sukzessive mehr Zuständigkeiten.[7] Durch die Einrichtung eines Wissenschaftlichen Beirats und eines Planungsstabs sollte die Vergabe von Entwicklungshilfe weniger als bisher an politischen als an wissenschaftlich fundierten Analysen und rein rationalen, technikbasierten Berechnungsfaktoren ausgerichtet werden. Die Einführung einer EDV-basierten Entwicklungshilfeplanung zur Errechnung computergestützter Länderprogramme zielte auf ökonomische Effizienzsteigerung und zeigt beispielhaft den Glauben an die „Programmierbarkeit der Zukunft".[8] Damit einher ging die Entwicklung wissenschaftlicher Methoden für eine umfassende und konsequente Evaluierung laufender Projekte, um diese kontinuierlich optimieren zu können. Auf der Grundlage empirischer Studien und

---

[6] Vgl. Gabriele Metzler, Demokratisierung durch Experten? Aspekte politischer Planung in der Bundesrepublik, in: Heinz-Gerhard Haupt/Jörg Requate (Hrsg.), Aufbruch in die Zukunft. Die 1960er Jahre zwischen Planungseuphorie und kulturellem Wandel. DDR, ČSSR und Bundesrepublik Deutschland im Vergleich, Weilerswist 2004, S. 267–287, hier S. 273; Elke Seefried, Zukünfte. Aufstieg und Krise der Zukunftsforschung, 1945–1980, Berlin 2015, S. 418–423.

[7] Vgl. Michael Bohnet, Geschichte der deutschen Entwicklungspolitik. Strategien, Innenansichten, Zeitzeugen, Herausforderungen, Konstanz 2015, S. 37–58; Markus Lohmann, Von der Entwicklungspolitik zur Armenhilfe. Die Entwicklungspolitik der Bundesrepublik Deutschland 1961–1989 auf dem Weg in die Wirkungslosigkeit?, Berlin 2010, S. 99–106.

[8] Dirk van Laak, Planung, Planbarkeit und Planungseuphorie, Version: 1.0, in: Docupedia-Zeitgeschichte, 16.2.2010, URL: http://docupedia.de/zg/Planung [7.9.2016].

unter Rückgriff auf den britischen Ansatz des *Community Development* konzipierte das BMZ die Strategie der „Hilfe zur Selbsthilfe".[9] Statt auf einer (als koloniale Bevormundung und Unterdrückung delegitimierten) top-down-Perspektive beruhte dieses Konzept auf dem Gedanken, durch Einbeziehung der Bürger der unabhängig gewordenen Staaten der „Dritten Welt" in die entwicklungspolitische Praxis einen Prozess der inneren Dekolonisation und Emanzipation einzuleiten. Gleichwohl sollte der hohe Entwicklungsstand des Westens weiterhin Zielperspektive bleiben.

Auch die Staaten des Ostblocks und mit ihnen die DDR vertraten ein entwicklungspolitisches Konzept, dass der Vorstellung einer „nachholenden" Entwicklung entsprach, wenngleich unter sozialistischen Vorzeichen. Da die westlich dominierten Begriffe „Dritte Welt" und „Entwicklungspolitik" abgelehnt wurden, sprach man in Ost-Berlin von der Politik gegenüber den „Staaten Afrikas, Asiens und Lateinamerikas", die eine klar „antiimperialistische" und antikapitalistische Stoßrichtung besaß.[10] Sie beruhte auf dem marxistisch-leninistischen Verständnis vom Prozesscharakter der Geschichte, die nach dem Zusammenbruch des Kapitalismus zwangsläufig in Weltrevolution und Kommunismus münden müsse. Ziel gegenüber den neuen, unabhängig gewordenen Staaten der nichteuropäischen Welt war die „Intensivierung des nationalen Befreiungskampfes als wichtigem Frontabschnitt im Kampf gegen den Imperialismus, um die internationalen Positionen des Imperialismus zu schwächen und das Kräfteverhältnis weiter zugunsten der Staaten der sozialistischen Staatengemeinschaft zu verändern".[11]

Anders als die Bundesrepublik verzichtete die SED-Führung auf eine wissenschaftlich basierte Planung ihrer Südpolitik.[12] Sie lehnte soziologische Modelle ab, die einzelne Etappen der Entwicklungshilfe prototypisch beschrieben, und verstand ihren Ansatz der „Internationalen Solidarität" als naturgemäßes, dem linear gedachten marxistisch-leninistischen Fortschrittsparadigma verpflichtetes Konzept.

---

[9] Büschel, Hilfe, S. 68–73.
[10] Benno-Eide Siebs, Die Außenpolitik der DDR 1976–1989. Strategien und Grenzen, Paderborn 1998, S. 190f.
[11] Büro Hermann Axen, 25.1.1970, zit. nach Hans-Joachim Döring, „Es geht um unserer Existenz". Die Politik der DDR gegenüber der Dritten Welt am Beispiel von Mosambik und Äthiopien, Berlin 1999, S. 33.
[12] Vgl. Büschel, Hilfe, S. 75–78.

Demnach bestand eine grundlegende Interessenidentität zwischen DDR und Ostblock einerseits und den Entwicklungsländern andererseits, die gemeinsam im „antiimperialistischen Bündnis"[13] gegen „koloniale und rassistische Unterdrückung, für nationale Unabhängigkeit und den sozialen Fortschritt" kämpften. Deutlich erkennbar ist die globale Übertragung des Solidaritätsprinzips als Kampfbegriff der Arbeiterbewegung und die Auffassung, das Eintreten für die Unterprivilegierten dieser Welt sei einem sozialistischen Staat inhärent. Mit dem Imperialismusbegriff stand Entwicklungsländern und Ostblock ein gemeinsames, einigendes Feindbild zur Verfügung – die DDR erschien in dieser Sicht als natürlicher Verbündeter der „Dritten Welt".[14]

Alle konkreten entwicklungspolitischen Maßnahmen der SED-Führung folgten in den 1960er Jahren allerdings deutschlandpolitischen Maximen: Oberstes Ziel blieb die Durchbrechung des Bonner Alleinvertretungsanspruchs und die internationale Anerkennung der DDR. Dies gestaltete sich ausgesprochen schwierig, da Ost-Berlin aufgrund seiner begrenzten ökonomischen Ressourcen keine vergleichbaren Investitionen und Hilfeleistungen zu bieten hatte und sich die Bereitschaft vieler Entwicklungsländer, einen Bruch mit der finanzstarken Bundesrepublik zu riskieren, daher in engen Grenzen hielt. Allerdings schien seit Mitte der 1960er Jahre Bewegung in die festgefahrene Situation zu kommen: Erstens hatte zwischen den Supermächten die Ära der Entspannung begonnen. Insbesondere die USA drängten die Bundesrepublik deshalb zunehmend zu einem pragmatischen Umgang mit der deutschen Teilung. Zweitens wurden die Länder der „Dritten Welt" selbst aktiv. 1964 hatten sie sich mit der ersten UNCTAD-Konferenz und der Gründung der „Gruppe der 77" erstmals eine gemeinsame Interessenvertretung geschaffen und forderten gerechtere „Terms of Trade".[15] Seine wissenschaftliche Entsprechung fand dies in den Dependenztheorien lateinamerikanischer und angloamerikanischer Wirtschafts- und Sozialwissenschaftler, die ein Gegenmodell zur Wachs-

---

[13] Stefan Doernberg (Autorenkollektiv), Außenpolitik der DDR. Drei Jahrzehnte sozialistische deutsche Friedenspolitik, Berlin (Ost) 1979, S. 227. Nachfolgendes Zitat ebenda.
[14] Vgl. Döring, Existenz, S. 27.
[15] Vgl. Sönke Kunkel, Zwischen Globalisierung, internationalen Organisationen und „global governance". Eine kurze Geschichte des Nord-Süd-Konflikts in den 1960er und 1970er Jahren, in: VfZ 60 (2012), H. 4, S. 555–577.

tumstheorie Rostows entwarfen.¹⁶ Statt die Länder der „Dritten Welt" in einen idealtypisch aus der europäischen Industrialisierung abgeleiteten Entwicklungsprozess einzuordnen, richteten diese ihren Blick auf die Ursachen der Unterentwicklung, die sie in den asymmetrischen, durch den Kolonialismus entstandenen Strukturen des internationalen Welthandels erblickten. Für die Politik der DDR bot dies einen idealen propagandistischen Anknüpfungspunkt, konnte sie damit doch ihre These von der Interessenidentität des globalen Südens und der staatssozialistischen Länder des Ostblocks im Kampf gegen die postkoloniale Ausbeutung durch den kapitalistischen Westen unterstreichen.

Während Ost-Berlin gegen Ende der 1960er Jahre erste Anerkennungserfolge in der „Dritten Welt" verbuchen konnte und die Bonner Hallstein-Doktrin zunehmend an Glaubwürdigkeit verlor, nahm innerhalb der westlichen Sozialwissenschaften und Zukunftsforschung, aber auch auf gesellschaftlicher Ebene – etwa in der Studentenbewegung und der Neuen Linken – die Kritik an der Wachstumsorientierung des Kapitalismus zu.¹⁷ In dem Maße, in dem die Überzeugung von der Steuer- und Planbarkeit der Zukunft schwand, wandelte sich auch das Fortschrittsverständnis vieler westdeutscher Experten und politischen Entscheidungsträger. Nicht mehr die Forcierung ökonomischer Prosperität, sondern die Frage nach der Lebensqualität des Einzelnen und dem Stellenwert der Ökologie rückte ins Zentrum von Zukunftsdebatten.¹⁸ Damit verband sich eine Infragestellung modernisierungstheoretischer Deutungshoheiten. Dies fand seinen Niederschlag im ersten umfassenden Entwicklungshilfekonzept der Bundesrepublik, das Bundesminister Erhard Eppler (SPD) im Februar 1971 vorlegte.¹⁹ Es orientierte sich am Pearson-Bericht der „Kommission für internationale Entwicklung" und dem Strategie-Papier der Vereinten Nationen für die Zweite Entwicklungsdekade von 1970. Auf Grundlage der Länderhilfsprogramme sollten die bisherige Projekthilfe auf thematische

---

¹⁶ Vgl. Ilan Kapoor, Capitalism, Culture, Agency: Dependency versus Postcolonial Theory, in: Third World Quarterly 23 (2002) H. 4, S. 647–664.
¹⁷ Zu den Neuen Sozialen Bewegungen in der BRD siehe den Beitrag von Silke Mende in diesem Band; vgl. ebenso: Dorothee Weitbrecht, Aufbruch in die Dritte Welt. Der Internationalismus der Studentenbewegung von 1968 in der Bundesrepublik Deutschland, Göttingen 2012.
¹⁸ Seefried, Zukünfte, S. 255–292.
¹⁹ BMZ (Hrsg.), Die entwicklungspolitische Konzeption der Bundesrepublik Deutschland und die Internationale Strategie für die Zweite Entwicklungsdekade, Bonn 1971.

Sektorenprogramme umgestellt und die Entwicklungsländer stärker aktiv in die Planung einbezogen werden.[20] Auch war Eppler bestrebt, den „sozialen Fortschritt", mithin eine sozial ausgewogene Verteilung des Wohlstands innerhalb der Entwicklungsländer zu fördern sowie umweltpolitische Aspekte stärker zu berücksichtigen. Anstelle des auf Wachstum basierenden Modells einer nachholenden Entwicklung forderte Eppler, als neues Leitziel die „Grundbedürfnisse der Menschen" nach Nahrung, Gesundheit, Wohnen, Bildung, Beschäftigung und sozialer Integration in den Vordergrund zu rücken.[21]

In diese Debatte stieß 1972 die Studie des *Club of Rome* zu den „Grenzen des Wachstums", die auch von den Planungsabteilungen des BMZ und des Kanzleramts intensiv diskutiert wurde.[22] Darin wurde das bislang gültige Wachstumsparadigma radikal in Frage gestellt: Die exponentielle Zunahme der Weltbevölkerung und der industriellen Produktion führten, so das Szenario, zu wachsender Umweltverschmutzung, zum Versiegen der Nahrungsmittelproduktion und der natürlichen Rohstoffe. Daher plädierten die Autoren für einen weltweiten Verzicht auf wirtschaftliches Wachstum. Diese Studie löste eine anhaltende internationale Debatte um die ökologischen und sozialen Folgen industriellen Wachstums aus. In diesem Kontext kritisierten Wissenschaftler aus Schwellen- und Entwicklungsländern, im Süden sei wirtschaftliches Wachstum weiterhin nötig. In der Bundesrepublik griff besonders Entwicklungshilfeminister Eppler die Diskussion auf und distanzierte sich von allen modernisierungstheoretischen Konzeptionen. Notwendig sei eine ökonomisch, ökologisch und sozial ausgewogene Politik der Industriestaaten gegenüber der „Dritten Welt". Auch in Ostdeutschland diskutierten Wissenschaftler wie Jürgen Kuczynski von der Akademie der Wissenschaften der DDR die Thesen des *Club of Rome* und erkannten die Problematik der Umweltverschmutzung grundsätzlich an. Deren Ursache wurde jedoch auf die von Profitstreben und Ausbeutung gekennzeichnete Produktionsweise der kapitalistischen Staaten zurückgeführt, womit jede Mitverantwortung der sozialistischen Staaten negiert wurde.[23]

---

[20] Bohnet, Geschichte, S. 68 f.
[21] Erhard Eppler, Wenig Zeit für die Dritte Welt, Stuttgart 1971, S. 31-33.
[22] Seefried, Zukünfte, S. 452-468.
[23] Elke Seefried, Der kurze Traum von der steuerbaren Zukunft. Zukunftsforschung in West und Ost, in: Lucian Hölscher (Hrsg.), Die Zukunft des 20. Jahrhunderts. Dimensionen einer historischen Zukunftsforschung, Frankfurt a. M. 2017, S. 179-220, hier S. 210-213.

2. Zwischen Ernüchterung und neuer Aufbruchsstimmung: Bonn, Ost-Berlin und der Nord-Süd-Konflikt in den 1970er Jahren

Stehen die Jahre 1972/73 einerseits symbolisch für den „Strukturbruch" der 1970er Jahre und den Beginn eines durch die Ölkrisen geprägten Zeitalters „nach dem Boom",[24] in dem Planungseuphorie und Fortschrittsglaube einer neuen Fortschrittsskepsis und einer neuen Zukunftsangst wichen, so sind mit Blick auf die ost- und westdeutsche Entwicklungspolitik gleichzeitig doch auch gegenläufige Prozesse zu beobachten. Denn in diesen Jahren vollzog sich ein fundamentaler deutschlandpolitischer Wandel: Mit dem Grundlagenvertrag zwischen der Bundesrepublik und der DDR, dem Beginn der multilateralen Konferenz für Sicherheit und Zusammenarbeit in Europa (KSZE) und dem UN-Beitritt beider deutscher Staaten 1973 nahm deren außenpolitischer Handlungsspielraum sprunghaft zu. Somit war diese Phase nicht nur von einem überwiegend im Westen präsenten Krisenbewusstsein geprägt, sondern auch von einer neuen Aufbruchsstimmung, insbesondere in der DDR, die ihr so lang ersehntes Ziel der internationalen Anerkennung endlich erreicht hatte. Zugleich drängte der Nord-Süd-Gegensatz verstärkt auf die internationale Tagesordnung und begann die Konfliktlinien des Kalten Kriegs zu überlagern.

Aus Sicht der SED-Führung, allen voran Erich Honeckers, schien sich die globale Auseinandersetzung mit der Bundesrepublik und dem Westen zugunsten des sozialistischen Lagers zu wenden. Entsprechend war ab 1973 ein entwicklungspolitischer Aktionismus der DDR zu verzeichnen – mit etlichen Staaten Asiens, Lateinamerikas und Afrikas wurden diplomatische Beziehungen aufgenommen und bilaterale Wirtschaftsbeziehungen verstärkt. Hatte der Schwerpunkt der DDR-Südpolitik in den 1960er Jahren auf dem Nahen Osten gelegen, was im Kairo-Besuch Walter Ulbrichts 1965 gipfelte,[25] richtete Ost-Berlin sein Augenmerk nun schwerpunktmäßig auf den afrikanischen Kontinent und stieg hier zum Juniorpartner der Sowjetunion auf.[26]

---

[24] Anselm Doering-Manteuffel/Lutz Raphael, Nach dem Boom. Perspektiven auf die Zeitgeschichte seit 1970, Göttingen ³2012.
[25] Vgl. Hermann Wentker, Außenpolitik in engen Grenzen. Die DDR im internationalen System 1949–1989, München 2007, S. 278–283.
[26] Ebenda, S. 473 f.

Ihren Höhe- und Wendepunkt erlebte die ostdeutsche Entwicklungspolitik mit den prestigeträchtigen Afrika-Reisen Honeckers im Jahr 1979.

Da umweltpolitische Fragen vor allem als eine dem „kapitalistischen Profitstreben geschuldete Entwicklung"[27] und somit als vom Westen zu verantwortende Problematik begriffen wurden, dominierten nicht ökologische Kriterien, sondern – nach dem Grundsatz der Einheit von Außen- und Außenwirtschaftspolitik – ökonomische und ideologische Motive die DDR-Entwicklungspolitik. Um die begrenzten finanziellen Ressourcen effizient einzusetzen, wurden die Länder der „Dritten Welt" in unterschiedliche Kategorien eingeteilt.[28] Als Länder mit „sozialistischer Orientierung" galten diejenigen, in denen der „alte" Staatsapparat bereits zerschlagen sowie ein staatlicher oder genossenschaftlicher Wirtschaftssektor im Aufbau war. Als bedeutsam erachtet wurde außerdem, dass sich eine marxistisch-leninistische Avantgarde-Partei gebildet hatte bzw. bereits an der Macht war, könne doch – so glaubte man – der in der Theorie vorgesehene Weg über den Kapitalismus in solchen Fällen umgangen und stattdessen der direkte Weg in eine sozialistische Ordnung gesucht werden. Die zweite Gruppe umfasste die Staaten der Blockfreien-Bewegung und die dritte diejenigen Staaten, die einen „kapitalistischen Entwicklungsweg" eingeschlagen hatten.

Eine partielle Interessenidentität mit der „Dritten Welt" erkannte Ost-Berlin insbesondere bei der 1974 erhobenen Forderung der Vereinten Nationen nach einer Neuen Weltwirtschaftsordnung, die ein globales keynesianisches Konjunkturprogramm zugunsten der Entwicklungsländer und gerechtere wirtschafts- und rohstoffpolitische Rahmenbedingungen anmahnten. Dies bestärkte die DDR in ihrer Auffassung, ein natürlicher Verbündeter der benachteiligten „Dritten Welt" zu sein. Denn eine der Hauptursachen für deren anhaltende Unterentwicklung sah Ost-Berlin in der kolonialen und postkolonialen Ausbeutung durch den Imperialismus, für die die sozialistischen

---

[27] Jürgen Kuczynski, Das Gleichgewicht der Null. Zu den Theorien des Null-Wachstums, Berlin 1973, S. 52.
[28] Vgl. Wentker, Außenpolitik, S. 460; Hans-Joachim Spanger/Lothar Brock, Die beiden deutschen Staaten in der Dritten Welt. Die Entwicklungspolitik der DDR – eine Herausforderung für die Bundesrepublik Deutschland?, Opladen 1987, S. 114–157.

Industriestaaten aus Sicht der SED-Führung keine historische Verantwortung trugen.[29]

Trotz ihres propagandistischen Einsatzes für eine Neue Weltwirtschaftsordnung gewann jedoch die ökonomische Komponente in der DDR-Entwicklungspolitik mit Einrichtung der Entwicklungsländer-Kommission 1977, nach ihrem Leiter Günter Mittag auch als Mittag-Kommission bezeichnet, an Bedeutung.[30] Angesichts der sich beschleunigenden Talfahrt der DDR-Wirtschaft richtete die Kommission ihr Augenmerk darauf, sich stärker als bisher auf Schwerpunktländer zu konzentrieren, um stabile Importlinien und eine Ausweitung der Exporte zu gewährleisten. Indem die DDR auf dem Grundprinzip Investitionsgüter gegen Rohstoffe beharrte, hielt auch sie am traditionellen Warenaustausch von Industrie- und Entwicklungsländern fest, während sie das entsprechende Verhalten der westlichen Staaten als „Neokolonialismus" anprangerte.[31] Das ideologisch basierte ostdeutsche Entwicklungsverständnis mit der kommunistischen Weltrevolution als Zielperspektive reduzierte sich in der Praxis auf ökonomische Machbarkeit.

Aus Sicht der Bundesrepublik stand der Appell der UNO für eine grundlegende strukturelle Umgestaltung der Weltwirtschaft quer zur entwicklungspolitischen Strategie Bonns und seiner westlichen Partner, die angesichts der angespannten ökonomischen Lage auf eine stärkere Einbeziehung der Marktkräfte setzten. Dementsprechend erklärte Botschafter Walter Gehlhoff am 1. Mai 1974 vor der Sonder-Generalversammlung der Vereinten Nationen, Bonn begrüße zwar die Grundsatzerklärung über eine „Neue Weltwirtschaftsordnung", doch dürften die dort geforderten strukturellen Anpassungsmaßnahmen „nicht dazu führen, dass gesunde und wettbewerbsfähige Wirtschaftszweige geopfert" würden. Ebenfalls abgelehnt wurden feste Preisrelationen, die „geeignet [seien], den Marktmechanismus aufzuheben, der für das ordnungsmäßige Funktionieren der Weltwirtschaft unerlässlich" sei.[32] Gleichwohl fanden sich in dem von Eppler verantworteten

---

[29] U.a. Helmut Faulwetter/Gerhard Scharschmitt, Zur gegenwärtigen V. UNCTAD: Worum es in Manila geht, in: Horizont. Sozialistische Wochenzeitung für internationale Politik und Wirtschaft 23 (1979), S. 24; Döring, Existenz, S. 41 f.
[30] Ebenda, S. 44–50.
[31] Siebs, Außenpolitik, S. 213–215.
[32] Bericht zur Entwicklungspolitik der Bundesregierung vom 10.11.1975, in: Deutscher Bundestag, Drs. 7/4293, Anlage 6: Erklärung zur Stimmabgabe durch

entwicklungspolitischen Konzept der Bundesregierung vom November 1973 auch Elemente ökologischer Wachstumskritik und Ansätze eines qualitativen Wachstumsbegriffs.[33] Eppler sowie das von Peter Menke-Glückert geleitete Umweltreferat des Bundesinnenministeriums griffen die Thesen aus „The Limits to Growth" auf und forderten, die „Qualität des Lebens" in den Vordergrund zu rücken – die von der SPD bereits im Bundestagswahlprogramm von 1972 zum Leitbild erhoben worden war.[34]

Dies änderte freilich nichts daran, dass mit dem Amtsantritt des Realpolitikers Helmut Schmidt (SPD) als Kanzler ab 1974 wirtschafts-, finanz- und rohstoffpolitische Interessen der Bundesrepublik in den Vordergrund traten. Statt langfristiger Planung war seither Krisenmanagement angesagt. Die Gymnicher Thesen, unter dem neuen Entwicklungshilfeminister Egon Bahr (SPD) als Notfallplan im Angesicht der Ölkrise konzipiert und von einem nüchtern-pessimistischen Sprachduktus durchzogen, forderten eine stärkere Einbeziehung der OPEC-Staaten, größere Eigenanstrengungen der Entwicklungsländer und die Konzentration der Entwicklungshilfe auf die ärmsten Länder. Dieser Ansatz, der auf einer Differenzierung der „Dritten Welt" in unterschiedlich weit entwickelte Ländergruppen basierte, konzentrierte sich auf die Bekämpfung der absoluten Armut und zog folglich eine Fokussierung Bonns auf den afrikanischen Kontinent nach sich. Mit dem Schwellenländerprogramm von 1978 wurde nach dem Grundsatz „weniger Staat, mehr Markt" die stärkere Einbeziehung der Privatwirtschaft und nicht-staatlicher Träger vorangetrieben.[35] Grundbedürfnisstrategie und Schwellenländerkonzept bildeten den entwicklungspolitischen Handlungsrahmen der Bundesregierung Schmidt.

---

den Vertreter der Bundesrepublik Deutschland, Botschafter Walter Gehlhoff, namens der Bundesrepublik Deutschland (Teil I) und namens der Europäischen Gemeinschaft (Teil II) im Plenum der Sonder-Generalversammlung am 1. Mai 1974, S. 73 f., URL: http://dip21.bundestag.de/dip21/btd/07/042/0704293.pdf [10.9.2016].
[33] Bericht zur Entwicklungspolitik der Bundesregierung vom 9.11.1973, in: Deutscher Bundestag, Drs. 7/1236, Anlage 3: Text der entwicklungspolitischen Konzeption der Bundesrepublik Deutschland für die Zweite Entwicklungsdekade (Neufassung 1973), S. 64–77, URL: http://dip21.bundestag.de/dip21/btd/07/012/0701236.pdf [10.9.2016].
[34] Vgl. Seefried, Zukünfte, S. 461–464.
[35] Lohmann, Entwicklungspolitik, S. 156–162, hier S. 158.

In beiden deutschen Staaten fand in den 1970er Jahren somit eine Binnendifferenzierung der „Dritten Welt" statt – in der DDR stärker nach ideologischen, in der Bundesrepublik mehr nach ökonomischen Gesichtspunkten. Beide hatten zunächst die Debatte um die Wachstumskritik aufgegriffen – die Bundesregierung, indem sie ökologische Fragen in den Vordergrund stellte, die SED-Führung, indem sie die strukturellen Ungerechtigkeiten der Weltwirtschaftsordnung betonte. Seit der Mitte des Jahrzehnts aber richteten beide ihre entwicklungspolitische Praxis mehr noch als bisher strikt entlang ökonomischer Kriterien aus.

3. Frieden, Fortschritt, Ökonomisierung: Ost- und westdeutsche Entwicklungskonzepte in den frühen 1980er Jahren

An der Wende zu den 1980er Jahren waren es erneut zwei weltpolitische Prozesse, die nachhaltige Auswirkungen auf die konzeptionelle Ausgestaltung der beiden deutschen Entwicklungspolitiken haben sollten: Erstens der „Mexiko-Schock" als Auftakt der weltweiten Verschuldungskrise der Entwicklungsländer und zweitens das Abrutschen der Ost-West-Beziehungen in einen „Zweiten Kalten Krieg".[36] Hatte in den 1970er Jahren der Nord-Süd-Konflikt massiv an Bedeutung gewonnen, richtete sich nun der Blick erneut auf Europa. Hier spitzte sich die Auseinandersetzung um die sowjetische Aufrüstung mit nuklearen Mittelstreckenraketen und den Doppelbeschluss der NATO im Dezember 1979 rasant zu; dies wurde durch den sowjetischen Einmarsch in Afghanistan 1979 sowie die Verhängung des Kriegsrechts in Polen 1981 noch weiter angeheizt. Diese weltpolitische Klimaverschlechterung trug wesentlich zum Entstehen der Friedensbewegungen in Ost und West bei, die ein Sammelbecken für linke, ökologisch und pazifistisch engagierte Gruppierungen bildeten.[37]

Vor diesem Hintergrund sind mit Blick auf die Entwicklungspolitiken beider deutscher Staaten zwei Komponenten greifbar, die unter

---

[36] Zum Begriff des „Zweiten Kalten Kriegs" vgl. Agnes Bresselau von Bressensdorf, Frieden durch Kommunikation. Das System Genscher und de Entspannungspolitik im Zweiten Kalten Krieg 1979–1982/83, Berlin 2015, S.2f.
[37] Vgl. u.a. Philipp Gassert/Tim Geiger/Hermann Wentker (Hrsg.), Zweiter Kalter Krieg und Friedensbewegung. Der NATO-Doppelbeschluss in deutsch-deutscher und internationaler Perspektive, München 2011.

die Schlagwörter Friedenspolitik und Ökonomisierung subsumiert werden können. So legte die 1977 gegründete „Unabhängige Kommission für internationale Entwicklungsfragen" unter Leitung des ehemaligen Bundeskanzlers Willy Brandt im Februar 1980 einen Bericht vor, der die Forderung nach einer Neuen Weltwirtschaftsordnung sowie die Verknüpfung ökonomischer, ökologischer und sozialer Motive aufgriff und dies mit einem friedenspolitischen Akzent verband. Ausgehend von der Vorstellung einer interdependenten, zunehmend globalisierten Welt wurde für eine Neuausrichtung der Nord-Süd-Beziehungen auf Grundlage gleicher Rechte der Industrie- und Entwicklungsländer und des gemeinsamen Interesses aller Staaten an der Überwindung globaler Probleme wie Massenarmut, soziale Ungleichheit, Bevölkerungsexplosion, Bürgerkrieg und Umweltzerstörung plädiert.[38] Klar erkennbar ist ein qualitativer Wachstumsbegriff, der wirtschaftlichen Aufschwung und Wohlstand lediglich als Instrument für eine am Menschen ausgerichtete Entwicklungspolitik verstand, die nach Ansicht Brandts stets auch eine sicherheitspolitische Komponente umfasste. Denn in einem weiteren Sinne sei Entwicklung „ein anderes Wort für Frieden".[39]

Bereits ein Jahr zuvor, am 30.Mai 1979, hatte das Bundeskabinett in seinen 17 Thesen zur Entwicklungspolitik ein sozial- und friedenspolitisch basiertes Entwicklungsverständnis formuliert: „Bestimmendes Ziel der deutschen Entwicklungspolitik bleibt die langfristige Friedenssicherung durch die Förderung des wirtschaftlichen und sozialen Fortschritts der Entwicklungsländer."[40] Die Vorstellung, dass weltweiter Frieden nur durch eine Entschärfung der wirtschaftlichen, politischen und gesellschaftlichen Konflikte zwischen Nord und Süd möglich sei, spiegelte sich auch im vierten entwicklungspolitischen Bericht der Bundesregierung von 1980 wider: „Die Einflüsse, denen

---

[38] Das Überleben sichern. Gemeinsame Interessen der Industrie- und Entwicklungsländer, Bericht der Unabhängigen Kommission für Internationale Entwicklungsfragen (Nord-Süd-Kommission), Köln 1980; zur Kritik am Brandt-Bericht vgl. Fünfter Entwicklungspolitischer Bericht der Bundesregierung vom 23.2.1983, in: Deutscher Bundestag, Drs. 9/2411, S.21–24, URL: http://dip21.bundestag.de/dip21/btd/09/024/0902411.pdf [10.9.2016].
[39] Willy Brandt, Wandel tut not: Frieden, Ausgleich, Arbeitsplätze (Einleitung), in: Das Überleben sichern, S.11–40, hier S.18f.
[40] Vierter Entwicklungspolitischer Bericht der Bundesregierung vom 21.1.1980, in: Deutscher Bundestag, Drs. 8/3582, Anhang VI, S.83, URL: http://dip21.bundestag.de/dip21/btd/08/035/0803582.pdf [10.9.2016].

ein Land bei der Modernisierung ausgesetzt ist, werden in vielen EL [Entwicklungsländern; Anm. d. Verf.] als Gefahren neuer kultureller Abhängigkeiten begriffen. Dies kann zu Identitätskrisen führen, die nicht ohne Rückwirkungen auf die internationale Zusammenarbeit bleiben. Die Bundesregierung wird darauf achten, daß ihre Entwicklungszusammenarbeit im Einklang steht mit dem Ziel der EL, ihre kulturellen Werte und Traditionen zu bewahren und sie mit den notwendigen modernen Entwicklungen in Einklang zu bringen."[41]

Von einer partnerschaftlichen Zusammenarbeit auf Augenhöhe war die entwicklungspolitische Praxis der Bundesregierung indes weit entfernt. Stattdessen unterstützte Bundeskanzler Schmidt vor dem Hintergrund der massiven Verschuldungskrise der „Dritten Welt" im Zuge der zweiten Ölpreiskrise die Bemühungen von IWF und Weltbank, weitere Staatsverschuldung durch Umschuldungsmaßnahmen zu verhindern bzw. die Haushalte der Entwicklungsländer durch Strukturanpassungsprogramme rasch zu sanieren.[42] Nach dem Regierungswechsel von 1982 setzte die neue christlich-liberale Koalition unter Bundeskanzler Helmut Kohl (CDU) verstärkt auf die Einbeziehung des privaten Sektors, insbesondere des Mittelstandes,[43] und auf die Berücksichtigung der Beschäftigungswirksamkeit entwicklungspolitischer Fördermaßnahmen.[44] Die von wirtschaftlicher Rezession und ideologischer Blockkonfrontation geprägte Wirklichkeit war zu Beginn der 1980er Jahre von einer idealistischen Zukunftsvision weiter denn je entfernt.

Auch für Ost-Berlin verschoben sich die Prioritäten mit dem Heraufziehen des Zweiten Kalten Krieges.[45] Anfang der 1980er Jahre bemühte die DDR in ihrer „Dritte-Welt"-Politik kaum noch das Schlagwort der „antiimperialistischen Solidarität", sondern vermehrt das der Friedenspolitik, das Honecker bei seinen Besuchen in Entwicklungsländern, aber auch bei Auftritten vor internationalen Foren wie der UNO per-

---

[41] Ebenda, S. 5.
[42] Lohmann, Entwicklungspolitik, S. 172–175.
[43] Vgl. Regierungserklärung von Bundeskanzler Kohl vor dem Deutschen Bundestag am 13.10.1982, in: Deutscher Bundestag, Plenarprotokoll 9/121, S. 7213–7229, URL: http://dipbt.bundestag.de/doc/btp/09/09121.pdf [10.9.2016].
[44] Lohmann, Entwicklungspolitik, S. 185–188 und Andreas Wirsching, Abschied vom Provisorium. Geschichte der Bundesrepublik Deutschland 1982–1990, München 2006, S. 576.
[45] Wentker, Außenpolitik, S. 539; Siebs, Außenpolitik, S. 287.

manent artikulierte. Auf diese Weise sollte demonstriert werden, dass die „Koalition der Vernunft" nicht auf die beiden deutschen Staaten begrenzt bleiben sollte, sondern weltweite Gültigkeit besaß, womit sich die DDR im globalen Maßstab als Friedensmacht zu legitimieren versuchte. Im entwicklungspolitischen Konzept des Ministeriums für Auswärtige Angelegenheiten (MfAA) von 1983 wurde demnach als Zielvorstellung formuliert: „Ausbau der bilateralen Zusammenarbeit und Festigung der Beziehungen mit dem Ziel, das aus den Grundinteressen dieser Staaten an Frieden, nationaler und internationaler Sicherheit sowie ökonomischer Befreiung vom Imperialismus erwachsende antiimperialistische Potential zur Schaffung einer breiten Friedensbewegung zu nutzen".[46]

Ähnlich wie im Westen verknüpften auch die ostdeutschen Experten den Friedensbegriff Mitte der 1980er Jahre mit dem des sozialen Fortschritts, „um Armut, Hunger, vermeidbare Krankheiten und Analphabetentum aus dem Leben der Menschheit zu verbannen."[47] So wurde – wie im Westen – Unterentwicklung und Weltfrieden in einen unmittelbaren Zusammenhang gebracht. Damit rückte die Auseinandersetzung mit dem Klassenfeind zugunsten der Lösung globaler Menschheitsprobleme bisweilen in den Hintergrund. Unter direkter Bezugnahme auf Willy Brandt erläuterte Martin Robbe, führender Experte für die Geschichte der Entwicklungsländer an der Akademie der Wissenschaften der DDR: „Die Menschheit ist so gefordert, gemeinsam Verantwortung für ihre Zukunft wahrzunehmen. Die Sicherung des Weltfriedens steht dabei ganz vorn. Doch es geht auch um die Probleme der Entwicklungsländer, vornehmlich um Unterentwicklung und Massenarmut. Wenngleich sie weiterhin höchst ungleichmäßig verläuft, erlangt die Einheit der Weltgeschichte dadurch einen neuen Gehalt. In ihrem Rahmen besteht zwischen der Friedens- und Entwicklungsländerproblematik ein untrennbarer Zusammenhang."[48] Auch

---

[46] Zit. n. ebenda, S. 286, Anm. 945.
[47] Martin Robbe, Entwicklungsländer und Weltfrieden. Bemerkungen zu einer mehrdimensionalen globalen Problematik, in: Asien, Afrika, Lateinamerika. Zeitschrift des Zentralen Rates für Asien-, Afrika- und Lateinamerikawissenschaften in der DDR (AAL) 12 (1984), H. 5, S. 789–801, hier S. 797.
[48] Martin Robbe, Frieden und sozialer Fortschritt als globale Herausforderung, in: ders. (Autorenkollektiv), Wege zur Unabhängigkeit. Die antikoloniale Revolution in Asien und Afrika und die Zukunft der Entwicklungsländer, Berlin 1989, S. 292–306, hier S. 292.

wurde erkannt, dass diese globale Herausforderung „für das Schicksal der Weltgemeinschaft eine Schlüsselfrage"[49] darstelle und weder von den kapitalistischen noch von den sozialistischen Staaten allein bewältigt werden könnte: „Da das kapitalistische System von seinem Wesen her außerstande ist, von sich aus diese globalen Probleme zu bewältigen, der Sozialismus seinem Wesen nach dazu zwar fähig, aber auf sich allein gestellt damit kräftemäßig überfordert wäre, ist es notwendig, systemübergreifend für die Lösung dieser Menschheitsprobleme zu wirken."[50]

Diese Orientierung an der Vorstellung einer künftigen Weltfriedensordnung trug idealistische Züge und stand damit quer zur wachsenden Frustration über das offensichtliche Scheitern der eigenen entwicklungspolitischen Ambitionen – die Übertragbarkeit des sozialistischen Gesellschaftsmodells auf die Staaten Afrikas war offensichtlich an Grenzen gestoßen. Schienen die 1970er Jahre für die DDR eine Fülle an außenpolitischen Handlungsoptionen bereitzuhalten, wich dieser Fortschrittsoptimismus nun der Ernüchterung. Dementsprechend skeptisch äußerten sich die Experten der ostdeutschen Entwicklungsländerforschung und des MfAA,[51] für die Aufwand und Nutzen der DDR-Südpolitik in keinem vertretbaren Verhältnis mehr standen. Solch kritische Stellungnahmen in parteinahen Wissenschaftsorganen wie der Zeitschrift des Zentralen Rates für Asien-, Afrika- und Lateinamerikawissenschaften in der DDR zu lesen, überrascht und belegt einmal mehr die schleichende innere Erosion der DDR in den späten 1980er Jahren.[52] Für die Parteiführung, insbesondere für Erich Hone-

---

[49] Christian Mährdel, Das Friedens – und Fortschrittspotential der Völker und Staaten Asiens, Afrikas und Lateinamerikas, in: AAL 17 (1989), H.4, S.714–719, hier S.714.
[50] Heinz-Dieter Winter, Die DDR und die Staaten Asiens, Afrikas und Lateinamerikas – Zusammenwirken und Dialog für Frieden und Fortschritt, in: AAL 17 (1989), H.4, S.581–590, hier S.584.
[51] Zu den Kontroversen der Experten vgl. Siebs, Außenpolitik, S.377f.
[52] Zur Politisierung des DDR-Wissenschaftssystems und damit auch der DDR-Entwicklungsländerforschung Andreas Malycha, Wissenschafts- und Hochschulpolitik in der SBZ/DDR 1945 bis 1961. Machtpolitische und strukturelle Wandlungen, in: Sabine Schleiermacher/Norman Pohl (Hrsg.), Medizin, Wissenschaft und Technik in der SBZ und DDR. Organisationsformen, Inhalte, Realitäten, Husum 2009, S.17–40; Peter Nötzoldt, Die Berliner Akademie der Wissenschaften zwischen 1945 und 1990, in: ebenda, S.95–123; Spanger/Brock, Staaten, S.72–75.

cker, stand die Fortsetzung des Engagements in der „Dritten Welt" aus ideologischen und machtpolitischen Gründen gänzlich außer Frage.[53] Die Verschuldungskrise der Entwicklungsländer zu Beginn der 1980er Jahre war für die DDR umso prekärer, als die von ihr unterstützten Staaten überwiegend zu den ärmsten und damit zu den am meisten betroffenen Staaten zählten; zudem hatte Ost-Berlin selbst mit immer größeren ökonomischen Problemen zu kämpfen.[54] Dementsprechend setzte die SED-Regierung darauf, aus ihren Beziehungen zu rohstoffreichen, aber oftmals von Bürgerkriegen erschütterten Entwicklungsländern größtmöglichen Profit zu ziehen – nicht zuletzt durch umfangreiche Waffenlieferungen. Die wachsende Ökonomisierung ihrer „Dritte-Welt"-Politik und der Versuch, durch eine Exportoffensive einen Außenhandels- und Devisenüberschuss zur eigenen Haushaltskonsolidierung zu nutzen, konterkarierten die ideologischen Ziele und waren letztlich zum Scheitern verurteilt.

4. Fazit

Bonn und Ost-Berlin folgten in ihren entwicklungspolitischen Konzepten seit den 1960er Jahren dem Prinzip der „nachholenden Entwicklung". Auf bundesdeutscher Seite lag dieser „Hilfe zur Selbsthilfe" ein modernisierungstheoretisch basiertes Wachstumsverständnis zugrunde, das Anfang der 1970er Jahre im Zuge von wachstumskritischen Diskursen und Ideen der „einen Welt" überdacht wurde. Den wissenschaftlich fundierten Planungsgedanken, der die westdeutsche Entwicklungshilfe in den 1960er Jahren prägte, lehnte die DDR dezidiert ab. Sie beanspruchte mit ihrem Konzept der „Internationalen Solidarität" stattdessen eine naturgegebene Interessenidentität zwischen den sozialistischen Staaten des Ostblocks und der benachteiligten „Dritten Welt" im Klassenkampf gegen Imperialismus und Kapitalismus.

Folgte die entwicklungspolitische Praxis der beiden deutschen Staaten zunächst deutschlandpolitischen Maximen, korrelierte das neue, vor allem in der Bundesrepublik präsente Krisenbewusstsein zu Beginn der 1970er Jahre mit einer außenpolitischen Aufbruchsstimmung Ost-Berlins. Mit ihrer internationalen Anerkennung schien der DDR eine Fülle neuer Handlungsoptionen auf weltpolitischer Ebene offen zu stehen. Die Forderung der Vereinten Nationen nach einer neuen

---

[53] Siebs, Außenpolitik, S. 283f.
[54] Vgl. Wentker, Außenpolitik, S. 539–543.

Weltwirtschaftsordnung wurde in Bonn und Ost-Berlin gleichermaßen diskutiert. So hatte das BMZ unter Erhard Eppler den bislang an ökonomischen Kriterien ausgerichteten Planungsgedanken durch ein stärker ökologisch und sozial grundiertes Fortschrittsverständnis erweitert. Unter Helmut Schmidt wurde letzteres zwar im Rahmen des Grundbedürfniskonzepts für die ärmsten Entwicklungsländer fortgesetzt, gleichzeitig aber gewannen wirtschaftspolitische Aspekte in Form des Schwellenländerprogramms an Bedeutung. Die SED-Führung wiederum betonte die strukturellen Ungerechtigkeiten des Nord-Süd-Konflikts und entlang ihres marxistisch-leninistischen Fortschrittsverständnisses die ideologische Nähe zur „Dritten Welt", wenngleich auch sie eine Umverteilung des wirtschaftlichen Wohlstands von Nord nach Süd ablehnte.

Mit dem Rückfall des Ost-West-Konflikts in einen „Zweiten Kalten Krieg" und den damit einhergehenden sicherheitspolitischen Zukunftsängsten drängte die Frage nach dem Erhalt des Weltfriedens ins Zentrum entwicklungspolitischer Debatten. Beide deutsche Staaten beanspruchten, eine friedenserhaltende Politik zur Lösung globaler Menschheitsprobleme wie Massenarmut und Unterentwicklung zu betreiben, und postulierten einen direkten Zusammenhang zwischen Entwicklungs- und Friedenspolitik ebenso wie die Notwendigkeit einer blockübergreifenden Zusammenarbeit. Gleichwohl dominierten aufgrund der Verschuldungskrise der „Dritten Welt" beiderseits des Eisernen Vorhangs ökonomische Kriterien die entwicklungspolitische Praxis. Deutlicher als in den Jahrzehnten zuvor zeigte sich daher in den 1980er Jahren das Auseinanderklaffen zwischen Zukunftsutopien einerseits und den von Ernüchterung, Krisenbewusstsein, wirtschafts- und sicherheitspolitischen Zukunftsängsten geprägten realpolitischen Praktiken andererseits.

Hermann Wentker
Zwischen hochgesteckten Zielen und internationaler Realität
Planung in der Außenpolitik der DDR

1. Einleitung

Die DDR plante nicht nur ihre Wirtschaft. Planung durchzog vielmehr alle Bereiche der Politik. Sie beruhte auf einer ideologisch begründeten Zukunftsgewissheit: Die DDR würde ihre Zukunft auf bestmögliche Art meistern, weil sie (im marxistisch-leninistischen Verständnis) nach den Gesetzmäßigkeiten der historischen Entwicklung verfuhr. Diese Gesetzmäßigkeiten zu erkennen und ihnen zum Durchbruch zu verhelfen, war Aufgabe der führenden Partei, der SED. Diese besaß damit nicht nur das Interpretationsmonopol im Hinblick auf die Geschichte, sondern auch das Planungsmonopol im Hinblick auf die Zukunft. Dass alle Planung wissenschaftsbasiert sei, war nicht nur Anspruch, sondern auch Verpflichtung: Die Einbeziehung der Wissenschaft gehörte elementar zu allen Planungsprozessen in der DDR dazu.

Doch was bedeutete dies in der Praxis? Aufgrund ihres umfassenden Lenkungsanspruchs besaß die SED – wie alle Staatsparteien des Ostblocks – einen umfangreichen Parteiapparat, der den Staatsapparat anleitete und kontrollierte. Da der Staatsapparat ebenfalls mit Parteikadern durchsetzt war, konnten bestimmte Planungsaufgaben an ihn delegiert werden; das letzte Wort behielt in jedem Falle die Parteiführung. All das galt auch für die Außenpolitik. Im Unterschied zum Auswärtigen Amt der Bundesrepublik war Planung für das DDR-Außenministerium selbstverständlich, auch wenn die Probleme, die generell mit der Planbarkeit von Außenpolitik zusammenhängen, ähnlich gelagert waren.[1]

Im Folgenden soll zunächst die Planung in der DDR-Außenpolitik bis 1989 betrachtet werden. Gefragt wird nach Planungsinstanzen, Planungshorizonten, der Rolle von Ideologie und Wissenschaft und den Planungszielen der DDR-Außenpolitik. Der zweite Teil befasst sich mit der Planung der ganz anders ausgerichteten DDR-Außenpolitik nach

---

[1] Vgl. dazu den Betrag von Matthias Peter in diesem Band.

der Volkskammerwahl vom März 1990. Man könnte diese wenigen Monate als unbedeutend abtun; sie sind allerdings unter dem Planungsaspekt von größtem Interesse, da niemals zuvor ein Planungsstab so eng in die Außenpolitik eingebunden war und so weitreichende Konzepte ausarbeitete wie unter Außenminister Markus Meckel. Überdies ist diese Phase im deutsch-deutschen Kontext von besonderem Interesse, da zahlreiche Experten gar nicht aus der DDR, sondern aus der Bundesrepublik stammten.

2. Planung im Dienst der DDR-Anerkennungspolitik bis 1989

Was Planungsinstanzen und Planungsprozess in der Außenpolitik betraf, so galt grundsätzlich, dass die Pläne im Ministerium für Auswärtige Angelegenheiten (MfAA) ausgearbeitet und anschließend vom Politbüro der SED bestätigt wurden. Ausdifferenziert wurde der Planungsprozess erst in den 1960er Jahren – die 1950er Jahre standen im Zeichen des Aufbaus, der durch viel Improvisationskunst und zahlreiche Umstrukturierungen geprägt war.[2] Überdies war das MfAA in dieser Zeit nur eine von mehreren Instanzen, die die DDR-Außenpolitik in dem engen Rahmen gestalteten, den die Sowjetunion vorgab. Erst mit dem Statut vom 14. Dezember 1959 wurde die führende Stellung des MfAA im Hinblick auf die Koordinierung der gesamten staatlichen außenpolitischen Tätigkeit festgelegt.[3]

In den 1960er Jahren stabilisierte sich die Stellung des DDR-Außenministeriums, und im Zuge weiterer Umstrukturierungen wurde das Planungselement verstärkt. Das entscheidende Jahr war 1964, als das MfAA, wie der gesamte Staatsapparat, den wissenschaftsbasierten Grundsätzen des „Neuen Ökonomischen Systems der Planung und Leitung der Volkswirtschaft" (NÖSPL)[4] Folge leisten musste. Der Einführung des NÖSPL wiederum war die Rezeption neuer Disziplinen durch das Wissenschaftssystem der DDR vorangegangen, namentlich der Kybernetik und Prognostik, die in den 1960er Jahren auch im Wes-

---
[2] Hermann Wentker, Außenpolitik in engen Grenzen. Die DDR im internationalen System 1949–1989, München 2007, S. 37f.
[3] So § 3, Absatz 1 des Statuts, in: Gesetzblatt der DDR 1960 I, S. 163.
[4] Das NÖSPL war „der Versuch, durch die selektive Inkraftsetzung von betrieblichen und individuellen Leistungsanreizen intensives Wachstum zu stimulieren". Vgl. Ralf Ahrens, Gegenseitige Wirtschaftshilfe? Die DDR im RGW. Strukturen und handelspolitische Strategien 1963–1976, Köln 2000, S. 136.

ten en vogue waren.⁵ In dieser neuen Struktur erhielt die bereits 1959 gebildete Abteilung Grundsatzfragen eine erhöhte Bedeutung für die „Entwicklung einer strategischen Planung der Außenpolitik und der konzeptionellen Ausarbeitung außenpolitischer Schritte".⁶ Sie unterstand zunächst Michael Kohl, der aber 1965 zum Staatssekretär beim Ministerrat ernannt und mit den Passierscheinverhandlungen mit West-Berlin – sowie später mit den deutsch-deutschen Verhandlungen insgesamt – betraut wurde. Anstelle Kohls übernahm der Jurist Gerhard Herder die Leitung der Abteilung, die 1964 personell erweitert und in vier Sektionen zu Grundfragen der Entwicklung der sozialistischen Staaten, der nichtpaktgebundenen Staaten, des „imperialistischen Systems" sowie zu „Deutschen Fragen" gegliedert wurde. Zugeordnet war sie direkt Staatssekretär Otto Winzer – dem wichtigsten Mann im Ministerium, einem langjährigen SED-Kader und Vertrauten Walter Ulbrichts, der nur pro forma Minister Lothar Bolz (NDPD) unterstellt war.⁷

Da sich diese Gliederung der Abteilung jedoch schon bald als wenig praktikabel herausstellte, schlug das SED-Politbüro am 6.September 1966 vor, eine eigene Planungsgruppe im MfAA zu bilden. Letztendlich erhielt das Ministerium 1968 eine neue Organisationsstruktur, in der an die Stelle der Abteilung Grundsatzfragen zwei Abteilungen traten: eine neue Abteilung Analyse, Prognose und Planung sowie eine Abteilung für globale und regionale Probleme, in der die alte Grundsatzabteilung aufging. Als weitere Sachgebiete kamen Fragen der europäischen Sicherheit und Abrüstung hinzu.⁸ Die Abteilung Analyse, Prognose und Planung wurde in einem Papier von 1971 als „Arbeitsorgan des Ministers" bezeichnet, das weisungsgemäß allerdings dem Staatssekretär unterstand. Ihre Aufgabe bestand insbesondere in der Erarbeitung einer „Konzeptionelle[n] Orientierung' für den Plan der politisch-diplomatischen Maßnahmen" für jedes Jahr, des längerfristigen „Strategischen Plan[s] Außenpolitik" sowie von Analysen und

---

⁵ Zur Durchsetzung der Kybernetik in der DDR vgl. den Beitrag von Seefried/Malycha im vorliegenden Band.
⁶ Ingrid Muth, Die DDR-Außenpolitik 1949–1972. Inhalte, Strukturen, Mechanismen, Berlin 2000, S.118, 128f., das Zitat S.134.
⁷ Vgl. ebenda, S.134 und 129. Zu Herder vgl. Siegfried Bock/Ingrid Muth/Hermann Schwiesau (Hrsg.), DDR-Außenpolitik. Ein Überblick. Daten, Fakten, Personen (III), Berlin 2010, S.313.
⁸ Muth, DDR-Außenpolitik, S.135ff.

Prognosen zur „Entwicklung des internationalen Kräfteverhältnisses" und zur „Entwicklung der internationalen Klassenauseinandersetzung in regionalen Bereichen".[9] Wie aus einem Dokument von 1979 hervorgeht, war dies keine Ideallösung, da „die Planungsabteilung in hohem Maße wie ein Forschungsinstitut [gearbeitet] und [...] sich fast ausschließlich mit Analyse- und Prognosearbeit" beschäftigt habe. Überdies hatte das Nebeneinander dieser und der Grundsatzabteilung „zu einem gewissen Dualismus in der Bearbeitung gleicher oder ähnlicher Probleme" geführt, so dass beide 1972 zur Hauptabteilung Grundsatz und Planung zusammengeschlossen wurden.[10]

In der Organisationsstruktur des MfAA von 1973 wurde diese sehr hoch angesiedelt – sie unterstand, wie auch die Abteilungen BRD und Westberlin, direkt dem Außenminister (seit 1965 Otto Winzer und von 1975 bis 1990 Oskar Fischer, ebenfalls SED). Sie verfügte in den 1970er Jahren über etwa 20 politisch-diplomatische und sechs technische Mitarbeiter. Erstere waren „in langjähriger praktischer und theoretischer Arbeit erprobte Kader mit Partei- und Lebenserfahrung"; fast die Hälfte hatte vor 1979 eine Auslandsvertretung geleitet, vier Mitarbeiter wurden im Anschluss an ihre Tätigkeit in der Hauptabteilung als Botschafter ins Ausland entsandt. Hauptabteilungsleiter Siegfried Bock war eine Spitzenkraft des MfAA und wurde 1972 gleichzeitig mit der Leitung der DDR-Delegation bei den multilateralen Vorgesprächen in Helsinki und dann bei den KSZE-Verhandlungen betraut.[11] Das Gleiche galt für dessen Nachfolger Ernst Krabatsch, der neben der Leitung der Hauptabteilung 1977 als Delegationsleiter der DDR zum KSZE-Folgetreffen nach Belgrad geschickt wurde.[12]

Die Hauptabteilung gliederte sich in die Sektoren Planung, Europäische Sicherheit, Abrüstungsfragen, Imperialistische Paktbeziehungen, Querschnittsfragen und Ökonomie. Während die Sektoren Europäische Sicherheit und Abrüstungsfragen für die KSZE bzw. vor allem für die MBFR-Verhandlungen zuständig waren, fielen eigentliche Pla-

---

[9] PA AA, MfAA, C 7707, Bl. 139–143 (hier Bl. 139), Abteilung Analyse, Prognose und Planung: Aufgaben der Abteilung für Analyse, Prognose und Planung, 25.5.1971.
[10] PA AA, MfAA, C 7707, Bl. 5–9 (hier Bl. 5), Zur Arbeitsweise der Hauptabteilung Grundsatzfragen und Planung, 7.2.1979.
[11] Vgl. ebenda, das Zitat Bl. 5; Muth, DDR-Außenpolitik, S. 139; zu Bock vgl. Bock/Muth/Schwiesau (Hrsg.), DDR-Außenpolitik III, S. 293f.
[12] Ebenda, S. 325.

nungsaufgaben insbesondere in den Aufgabenbereich des erstgenannten Sektors, auch wenn 1979 angemahnt wurde, dass konzeptionelle Arbeit „Bestandteil der Arbeit *aller* Genossen der Hauptabteilung" sein müsse. Eng damit verknüpft war die „kontinuierliche Einschätzung der Grundtendenzen in der Entwicklung der wichtigsten imperialistischen Paktsysteme und Organisationen", wie NATO und EG, die dem Sektor Imperialistische Paktbeziehungen oblagen.[13]

In den 1970er Jahren wurde unter Planung im MfAA ein bürokratischer Prozess mit streng festgelegtem Ablauf verstanden. Auf der Grundlage der Beschlüsse der Parteitage und ZK-Sitzungen sowie der Festlegungen des Politischen Beratenden Ausschusses der Warschauer Vertragsorganisation (WVO) erarbeitete die Hauptabteilung die „konzeptionelle Orientierung". Diese bestimmte „in den Hauptrichtungen der Außenpolitik die jeweiligen Schwerpunkte und orientiert[e] auf das Erreichen bestimmter Ziele". Nach Beratung im Kollegium des Außenministeriums wurde diese Orientierung durch den Minister bestätigt und diente als Grundlage für die Jahresplanung der Länder- und Fachabteilungen. Auf dieser Grundlage erarbeitete die Hauptabteilung den Gesamtplan des MfAA, der vom Politbüro abschließend bestätigt werden musste.[14]

Mit welchen Planungshorizonten arbeiteten die Planer im MfAA und in der SED-Führung? Am wichtigsten war anscheinend die Planung für das jeweils kommende Jahr – die „konzeptionelle Orientierung". Daneben gab es andere Planungshorizonte, die freilich variierten. Aufgrund der lückenhaften Überlieferung lassen sich keine genauen Angaben machen, sondern nur Einzelbeobachtungen, die zu groben Trends verdichtet werden können. 1964 bestätigte der Staatssekretär Grundsätze für die Perspektivplanung des MfAA, in der zunächst „Entwicklungstendenzen für die nächsten 15 bis 20 Jahre" dargelegt wurden. Daraus abgeleitet wurde eine „außenpolitische Hauptorientierung" für die kommenden fünf Jahre, also bis 1970, die freilich wenig konkret war: So ging es unter Punkt drei um „die Herstellung diplomatischer Beziehungen zu jungen Nationalstaaten", ohne in Details

---

[13] PA AA, MfAA, C 7707, Bl.111–127 (hier Bl.114, 122f.), Hauptabteilung Grundsatzfragen und Planung: Funktion, Stellung und Aufgaben der Hauptabteilung Grundsatzfragen und Planung und ihrer Sektoren, 24.11.1977; ebenda, Bl.6, Zur Arbeitsweise der Hauptabteilung Grundsatzfragen und Planung, 7.2.1979.

[14] PA AA, MfAA, C 7707, Bl.101f., Zur Planung der außenpolitischen aufgaben durch das MfAA, o.D. [1978/79].

zu gehen. Entsprechend dieser Orientierung sollte die Grundsatzabteilung überdies „Perspektivpläne für den Zeitraum bis 1980" zu einer ganzen Reihe von Fragen erarbeiten.[15] Welche Folgen dies hatte, bleibt unklar. Interessant ist, dass in den Zeiten der Planungs- und „Wissenschaftseuphorie"[16] – also zwischen Mitte der 1960er und Anfang der 1970er Jahre – auch ein „Strategischer Plan Außenpolitik" für einen längeren Zeitraum ausgearbeitet wurde, den die entsprechende Abteilung periodisch zu ergänzen hatte.[17]

Von dieser langfristigen Planung wurde jedoch schon mit der Zusammenlegung der Grundsatzabteilung und der Planungsabteilung wieder Abstand genommen. Von 1972/73 an wurden zwar größere Analysen, etwa zur „kapitalistischen Energiekrise und Schlußfolgerungen für die Außenpolitik der DDR" erarbeitet, aber bei der Prognose- und Planungsarbeit stellte sich die Hauptabteilung ausdrücklich „bescheidene Ziele" und beschränkte sich im Wesentlichen auf die Ausarbeitung der „konzeptionellen Orientierung" und des „Planes der politisch-diplomatischen Maßnahmen". Bei letzterem handelte es sich primär um eine Auflistung der angestrebten Besuche, Konferenzen und Vertragsabschlüsse.[18] Gegen Ende der 1970er Jahre war die Hauptabteilung zusätzlich damit betraut, auf der Grundlage von Parteibeschlüssen grundsätzliche Orientierungen für Auslandsabteilungen und Auslandsvertretungen zu erstellen und Hinweise für das einheitliche Auftreten und Argumentieren bei bedeutenden internationalen Ereignissen zu geben. „Langfristige Plandokumente" – in der Regel für fünf Jahre – wurden damals nur noch von den Länderabteilungen erarbeitet, die sogenannten „Länderkonzeptionen". Nach dem Planungsoptimismus in den 1960er Jahren nahm man in der Hauptab-

---

[15] PA AA, MfAA, VS 213, o. Pag., Büro des Staatssekretärs: Weisung zur Perspektivplanung, 22.10.1964.
[16] Frank Ettrich, Soziologie in der DDR – Hilfswissenschaft zwischen ideologischer Delegitimierung und partieller Professionalisierung, in: Berliner Journal für Soziologie (1992), H. 3–4, S. 447–472, hier S. 457.
[17] PA AA, MfAA, C 7707, Bl. 139, Abteilung Analyse, Prognose und Planung: Aufgaben der Abteilung für Analyse, Prognose und Planung, 25.5.1971.
[18] PA AA, MfAA, C 7707, Bl. 103–110, hier Bl. 104, Konzeption für den Erfahrungsaustausch mit dem MfAA der CSSR, o. D. [1975]; ebenda, Bl. 9, Zur Arbeitsweise der Hauptabteilung Grundsatzfragen und Planung, 7.2.1979. Als Beispiel für eine solche konzeptionelle Orientierung PA AA, MfAA, VS 213, o. Pag., Hauptabteilung Grundsatzfragen und Planung: Konzeptionelle Orientierung für die Arbeit des MfAA im Jahre 1979, 4.10.1978.

teilung Grundsatzfragen und Planung Abschied von Detailplanung und Prognosen; ein größerer Realismus hielt Einzug, so dass auf längerfristige Planungen weitgehend verzichtet wurde.

Fragt man nach der Rolle der Ideologie für die Planer im MfAA, so ist grundsätzlich festzuhalten, dass sie von den Beschlüssen der SED auszugehen und bestimmte Vorgaben internalisiert hatten. Das schlug sich auch in den Planungspapieren nieder, etwa den Grundsätzen für die Perspektivplanung von 1964, in der vom „ständig wachsende[n] internationale[n] Gewicht der sozialistischen Staaten" und davon die Rede war, dass diese „in absehbarer Zeit die entwickelten kapitalistischen Staaten in der Industrieproduktion absolut und später auch pro Kopf überflügeln" würden. Gleichzeitig wurde jedoch für die fernere Zukunft gefordert, die „realen Möglichkeiten [...] zum Ausbau der Beziehungen" der DDR einzuschätzen.[19] Hier gab die Anerkennung der DDR durch fünf arabische Staaten und Kambodscha 1969 erheblichen Auftrieb, was sich in Vorgaben des beim ZK der SED zuständigen Sekretärs für Außenpolitik, Hermann Axen, Anfang 1970 niederschlug. Aber auch dabei standen Ideologie und Realpolitik nebeneinander: In einem Papier mit Langzeitperspektive zu den Aufgaben der DDR in den Entwicklungsländern rangierten die „Intensivierung des nationalen Befreiungskampfes" und die „Realisierung der revolutionären Solidarität mit nationalen Befreiungsbewegungen" ganz oben auf der Liste, während in den Hinweisen für die Schwerpunktaufgaben für das erste Halbjahr 1970 die Normalisierung der staatlichen Beziehungen mit weiteren nicht-sozialistischen Ländern als „die wichtigste Aufgabe" bezeichnet wurde.[20]

Ende der 1970er Jahre lässt sich eine gewisse Entideologisierung auch der konzeptionellen Planvorgaben beobachten. Zwar sah die Planungsabteilung die Weiterentwicklung der Beziehungen zu „Staaten sozialistischer Orientierung" unter den Ländern des globalen Südens

---

[19] PA AA, MfAA, VS 213, o. Pag., Büro des Staatssekretärs: Weisung zur Perspektivplanung, 22.10.1964.
[20] PA AA, MfAA, C 578/76, Bl. 117–123, hier Bl. 117f., Hinweise für Schwerpunktaufgaben der außenpolitischen und diplomatischen Aktivitäten der DDR im 1. Halbjahr 1970, gez. Axen, 8.1.1970; Aufgaben der Außenpolitik der DDR gegenüber Staaten in Asien, Afrika und Lateinamerika, 25.1.1970. Zitiert nach Hans-Joachim Döring, „Es geht um unsere Existenz". Die Politik der DDR gegenüber der Dritten Welt am Beispiel von Mosambik und Äthiopien, Berlin 1999, S. 33. Vgl. zur Entwicklungspolitik der DDR den Beitrag von Agnes Bresselau von Bressensdorf in diesem Band.

weiterhin als vorrangig an, aber auch jene Nationen, die einen kapitalistischen Weg einschlugen, spielten eine wachsende Rolle: „Viele dieser Staaten", so die konzeptionelle Orientierung für 1979, „sind auch aus ökonomischen Gründen von besonderer Bedeutung für die DDR."[21] Das korrespondierte mit der wachsenden Ökonomisierung der Dritte-Welt-Politik der DDR in dieser Zeit, über die es laut Zeitzeugen zu Kontroversen zwischen den stärker ideologisch-politischen Grundsätzen verpflichteten MfAA-Angehörigen und der stärker dem Primat der Ökonomie verpflichteten Entwicklungsländer-Kommission unter Leitung Günter Mittags gekommen sein soll.[22]

Im Zuge der Planungseuphorie, die das MfAA Mitte der 1960er Jahre ergriff, wurde die stärkere Einbeziehung der Wissenschaft in die Planungsprozesse gefordert. Bereits 1959 hatte der für Außenpolitik zuständige Abteilungsleiter im ZK der SED das MfAA gemahnt, „die Erarbeitung wissenschaftlicher Grundlagen für die außenpolitische Tätigkeit" stärker zu beachten. Aber erst 1966 entstand eine „Ordnung für die Erteilung und Durchführung von Forschungsaufträgen des MfAA", die mit dem Zurückbleiben des Ministeriums bei der Weiterentwicklung der Grundlagenforschung „gegenüber anderen zentralen staatlichen Organen" begründet wurde: Das MfAA sollte sich also einem generellen Trend anschließen.[23] Die wichtigste wissenschaftliche Einrichtung, mit der es eng zusammenarbeitete und institutionell verbunden war, war seit 1964 das Institut für Internationale Beziehungen (IIB) an der Akademie für Staat und Recht, das auch die angehenden DDR-Diplomaten ausbildete.[24] Laut Beschluss des Sekretariats der SED vom Dezember 1973 oblag dem Staatssekretär im MfAA im Auftrag des

---

[21] PA AA, MfAA, VS 213, o. Pag., Hauptabteilung Grundsatzfragen und Planung: Konzeptionelle Orientierung für die Arbeit des MfAA im Jahre 1979, 4.10.1978.
[22] Benno-Eide Siebs, Die Außenpolitik der DDR 1976–1989. Strategien und Grenzen, Paderborn 1999, S. 213f.
[23] PA AA, MfAA, A 9616, Bl. 14f., Abteilung Außenpolitik und Internationale Verbindungen an MfAA, 26.3.1959; PA AA, MfAA, C 907, Bl. 2–8, Winkler an Leiter Abteilung Grundsatzfragen, 22.9.1966, mit Anlage: Weisung zur planmäßigen Entwicklung der wissenschaftlich-analytischen Forschungsarbeit.
[24] Ulrich Bernhardt, Die deutsche Akademie für Staats- und Rechtswissenschaft „Walter Ulbricht" 1948–1971, Frankfurt a.M. 1997, S. 168–171. Zur Forschungsarbeit des IIB vgl. auch Werner Hänisch, Wurde die Außenpolitik der DDR wissenschaftlich begründet?, in: Daniel Küchenmeister/Detlef Nakath/Gerd-Rüdiger Stephan (Hrsg.), ... abgegrenzte Weltoffenheit ... Zur Außen- und Deutschlandpolitik der DDR, Potsdam 1999, S. 57–67, hier S. 58–62.

Ministers die Gesamtleitung des IIB, während die Abteilungen des Ministeriums direkt mit dem Institut auf für sie relevanten Gebieten kooperierten, so die Hauptabteilung Grundsatzfragen und Planung auf dem Gebiet der Forschung und Publikationen.[25]

Bei alledem bedeutete Wissenschaftlichkeit allerdings keineswegs mehr Objektivität und ein geringeres Maß an Ideologieanfälligkeit. So behauptete eine von der Abteilung Grundfragen des IIB 1974 vorgelegte Studie zu den „Haupttendenzen der Entwicklung des internationalen Kräfteverhältnisses und Konsequenzen für die weitere Vertiefung des internationalen Entspannungsprozesses" etwa, dass sich die Entspannung fortsetzen werde und mit „dramatischen qualitativ neuen Ergebnissen [...] bis zum Ende des Jahrzehnts kaum zu rechnen" sei. „Warum eigentlich nicht?" hatte ein Leser aus der Hauptabteilung des MfAA hier kritisch an den Rand geschrieben.[26] Auch wenn dies ein Einzelbefund ist, wird deutlich, dass die Hauptabteilung keineswegs unkritisch akzeptierte, was vom IIB kam. Das kann auch damit zusammenhängen, dass man dort nicht mehr „wie ein Forschungsinstitut" arbeitete, sondern die Arbeit „auf die *praktischen* Bedürfnisse des MfAA" konzentrieren wollte.[27]

Doch um welche praktischen Bedürfnisse ging es den Planern der DDR-Außenpolitik? Das zentrale Planungsziel bestand vor wie nach 1972/73 in der Anerkennung der DDR. Für die Zeit bis zur Unterzeichnung des Grundlagenvertrags und der Aufnahme beider deutscher Staaten in die Vereinten Nationen verwundert dies nicht. Dabei war es in Planungspapieren üblich, mit Schwerpunktländern zu arbeiten, auf die die Maßnahmen der DDR konzentriert werden sollten. Dass es dabei zu Fehlplanungen kam, war fast unvermeidlich: So rechnete das MfAA für 1961/62 im Zuge der Entkolonialisierung Afrikas mit 16 neuen Vertretungen dort; als nur drei zustande kamen, wurden die Planungen vorsichtiger.[28] Erfolge im Kampf gegen die westdeutsche Hall-

---

[25] PA AA, MfAA, C 7707, Bl. 105, Konzeption für den Erfahrungsaustausch mit dem MfAA, o. D. [1975].
[26] PA AA, MfAA, C 509/78, Bl. 28, Die Haupttendenzen der Entwicklung des internationalen Kräfteverhältnisses und Konsequenzen für die weitere Vertiefung des internationalen Entspannungsprozesse, September 1974.
[27] PA AA, MfAA, C 7707, Bl. 5, Zur Arbeitsweise der Hauptabteilung Grundsatzfragen und Planung, 7.2.1979 (Hervorhebung im Original).
[28] Ulf Engel/Hans-Georg Schleicher, Die beiden deutschen Staaten in Afrika: Zwischen Konkurrenz und Koexistenz 1949–1990, Hamburg 1998, S. 98f.

stein-Doktrin ließen sich in der von Instabilität geprägten Dritten Welt einfach nicht „planen". Das Paradebeispiel in Afrika ist Ghana – eines der Schwerpunktländer der Afrikapolitik, in das Ost-Berlin viel Kraft und Geld investierte, nur um 1966, nach dem Sturz von Kwame Nkrumah, sogar die Handelsvertretung in Accra schließen zu müssen. In Ostafrika hingegen ergriff die DDR eine sich ihr bietende Gelegenheit spontan beim Schopf und nahm 1964 diplomatische Beziehungen mit Sansibar auf. Diese ließen sich nach der bald folgenden Vereinigung der Insel mit Tanganyika zu dem neuen Staat Tansania zwar nicht aufrechterhalten, aber immerhin vermochte die DDR auf Dauer ein Generalkonsulat in Daressalam und ein Konsulat auf Sansibar zu errichten. Paradoxerweise errang die DDR gerade dort die Anerkennung, wo sie dies am wenigsten geplant hatte.[29]

Im Nachhinein kritisierten ehemalige DDR-Diplomaten diese Zielrichtung der Planung: Das Anerkennungsziel sei „zu absolut in den Mittelpunkt gestellt" worden, und ausgerechnet der ehemalige Hauptabteilungsleiter Bock monierte, dass im Verlauf dieser Politik „vieles dem Zufall beziehungsweise dem Lauf der Dinge überlassen" worden sei – es habe, so der bemerkenswerte Befund, „offensichtlich keine strategische Orientierung" gegeben. Etwas anders bewertete Hermann Schwiesau, der nach der Delegation Bocks nach Helsinki 1972 die Leitung der Abteilung übernahm, den damaligen Kurs, „alles zu nehmen, was man bekommen konnte": Schließlich habe sich die DDR als Staat international durchsetzen müssen.[30] Die Kehrseite dieser Politik bestand für ihn jedoch darin, dass man damit finanzielle Verpflichtungen einging, die nach der weltweiten Anerkennung kaum zu halten waren.

Das Anerkennungsdenken griff im MfAA jedoch so sehr um sich, dass auch nach den Erfolgen von 1972/73 „kaum in anderen Kategorien gedacht wurde". Als Schwiesau 1976 Botschafter in Helsinki wurde, erhielt er die Aufgabe, möglichst noch im selben Jahr den finnischen Präsidenten Urho Kekkonen zu einem Staatsbesuch in der DDR zu bewegen. Nachdem dieser Besuch 1977 realisiert worden war, wurden in Finnland die zuvor aufgebauten Kapazitäten der DDR in der Botschaft

---

[29] Wentker, Außenpolitik, S. 292–296.
[30] Siegfried Bock/Ingrid Muth/Hermann Schwiesau (Hrsg.), DDR-Außenpolitik im Rückspiegel. Diplomaten im Gespräch, Münster 2004, die Zitate von Bock S. 58 und 93, das Zitat von Schwiesau S. 96.

und anderen ostdeutschen Einrichtungen wieder abgebaut; der Blick richtete sich nun nach Wien, um Bundeskanzler Bruno Kreisky zu einem Besuch in der DDR zu bewegen. Bock kritisierte im Nachhinein, dass die DDR-Außenpolitik „auf bestimmte Teilergebnisse fixiert" gewesen sei. So hätten den DDR-Diplomaten „Gipfelbegegnungen [...] als das Nonplusultra der Beziehungen" vorgeschwebt[31] – eine Vorstellung, die nicht nur auf das MfAA, sondern auch auf den persönlichen Geltungsdrang Erich Honeckers zurückzuführen war.

3. Planung mit westdeutscher Expertise: Die Ära Meckel

Nach den Volkskammerwahlen vom 18. März 1990 und der danach gebildeten Großen Koalition übernahm der Sozialdemokrat Markus Meckel das MfAA. Unter seiner Ägide wurde ein neuer Planungsstab eingerichtet, der fast ausschließlich aus ihm bekannten westdeutschen akademischen Friedensforschern bestand. Die Kontakte gingen auf die 1980er Jahre zurück, als Vertreter der Friedensbewegungen in beiden deutschen Staaten in Verbindung zueinander getreten waren. An der Spitze dieses Planungsstabs stand Ulrich Albrecht, Professor für Politikwissenschaft am Otto-Suhr-Institut der Freien Universität Berlin, stellvertretender Leiter war Wolfgang Wiemer, zuvor Mitarbeiter der SPD-Bundestagsfraktion; darüber hinaus waren dort Peter Schlotter von der Hessischen Stiftung Friedens- und Konfliktforschung, Brigitta Richter vom Institut für Friedensforschung und Sicherheitspolitik in Hamburg und Wolfgang Schwegler-Romeis, der Geschäftsführer der Gesellschaft für politische Ökologie in Tübingen, tätig.[32] Außerdem berief Meckel weitere wichtige Mitarbeiter aus der westdeutschen Friedensforschung und aus der ostdeutschen Friedensbewegung an die Spitze des MfAA; zusammen mit dem Planungsstab bildeten diese Personen das Leitungsteam des Ministers.[33] Zusammengehalten wurde es,

---

[31] Ebenda, S. 97f., 120.
[32] Zur Friedensforschung in Westdeutschland vgl. Holger Nehring, Friedensforschung in der Bundesrepublik Deutschland. Entwicklung und Debatten von den 1960er bis in die 1980er Jahre, in: Corine Defrance/Ulrich Pfeil (Hrsg.), Verständigung und Versöhnung nach dem „Zivilisationsbruch"? Deutschland in Europa nach 1945, Brüssel 2016, S. 711–733.
[33] Ines Lehmann, Die Außenpolitik der DDR 1989/1990. Eine dokumentierte Rekonstruktion, Baden-Baden 2010, Einleitung, S. 103–114, hier S. 107f.; Werner Weidenfeld/Peter M. Wagner/Elke Bruck, Außenpolitik für die deutsche Einheit. Die Entscheidungsjahre 1989/90, Stuttgart 1998, S. 322–326.

erstens, durch den Gegensatz zum überkommenen MfAA-Apparat,[34] dem man misstraute; zweitens durch einen neuen akademisch-ungezwungenen Beratungsstil; und drittens durch die Verfolgung eines neuen außenpolitischen Konzepts.

Dieses neue Konzept wurde maßgeblich von Meckel vertreten; es ging aber auch auf Besprechungen mit Albrecht zurück, der Meckel in außenpolitischen Fragen seit Oktober 1989 beriet – also seit der Zeit, in der letzterer die außenpolitischen Grundlinien der neugegründeten ostdeutschen Sozialdemokratie formuliert hatte. Grundgedanke des DDR-Außenministers war, die Vereinigung Deutschlands in den gesamteuropäischen Einigungsprozess einzuordnen, um die Einheit mit Zustimmung der Nachbarn zu erreichen. Konzipiert seit Gründung der SDP im Oktober 1989, wurde dieses Konzept in die Koalitionsvereinbarung vom April 1990 übernommen.[35] Meckel verkündete es auf dem ersten Zwei-plus-Vier-Ministertreffen am 5. Mai 1990 in Bonn. Seine Rede war ursprünglich vom alten Apparat des MfAA konzipiert, dann aber von Albrecht völlig neu geschrieben worden. Die DDR, so Meckel, wolle „die Dynamik des Vorganges der Einigung der Deutschen […] für die Dynamisierung des Prozesses der Einigung auf dem Felde der Sicherheitspolitik" nutzen. Die Vereinigung Deutschlands sollte zur Initialzündung der Einigung von West- und Osteuropa werden; gleichzeitig galt es sicherzustellen, dass das vereinigte Deutschland in gesamteuropäische Sicherheitsstrukturen eingebunden blieb. Für beides sollte auf den KSZE-Prozess zurückgegriffen werden: zum einen indem den sicherheitspolitischen Prinzipien der Helsinki-Schlussakte „ein völkerrechtlich vertraglicher Charakter verliehen" würde, zum anderen durch eine Institutionalisierung dieses Prozesses. Insgesamt hoffte Meckel, durch die neuen Sicherheitsstrukturen „ein Leben ohne

---

[34] Das MfAA zählte im März 1990 noch 1800 Mitarbeiter, von denen bis August ca. 800 entlassen wurden; vgl. Ulrich Albrecht, Die Abwicklung der DDR: Die „2+4-Verhandlungen". Ein Insider-Bericht, Opladen 1992, S. 151. Der Gegensatz zwischen den professionellen DDR-Diplomaten und dem Leitungsteam um Meckel war groß, eine engere Zusammenarbeit daher kaum möglich. Gleichwohl sprach sich Meckel wiederholt – und erfolglos – für eine Übernahme von DDR-Diplomaten in den Auswärtigen Dienst der Bundesrepublik aus. Vgl. Lehmann, Außenpolitik, S. 337–354.

[35] Vgl. Hermann Wentker, Die Außenpolitik der DDR im Prozess der deutschen Wiedervereinigung, in: Michael Gehler/Maximilian Graf (Hrsg.), Europa und die deutsche Einheit. Beobachtungen, Entscheidungen und Folgen, Göttingen 2017, S. 43–64.

Furcht vor einer militärischen Bedrohung in den nächsten Jahrzehnten" zu gewährleisten.[36]

Nur für die Phase des Übergangs zu diesem neuen, KSZE-basierten Sicherheitssystem sprach sich Meckel dafür aus, dass Deutschland in eine sich wandelnde NATO integriert sein sollte. Diese seit einem Washington-Besuch von Meckel und seinem Vertrauten Hans Misselwitz im März 1990 feststehende Überlegung wurde allerdings von Albrecht abgelehnt. Nicht in allen Punkten folgte Meckel mithin seinem Planungsstabsleiter.[37] Dies tat jedoch der Bedeutung des Planungsstabs bei der Umsetzung der von ihm mitkonzipierten Politik keinen Abbruch. So begleitete Albrecht Meckel nicht nur auf die Zwei-plus-Vier-Außenministertreffen; der Planungsstab war auch an der Konzipierung und Organisation der „trilateralen Initiative" der DDR, der ČSFR und Polens zur Institutionalisierung der KSZE und an der Idee einer Sicherheitszone zwischen Warschauer Pakt und NATO maßgeblich beteiligt. Das an zweiter Stelle genannte Projekt ging auf den Doktorvater von Peter Schlotter, Dieter Senghaas von der Universität Bremen, zurück und sah für eine Übergangszeit eine militärische Verbindung von Deutschland, der ČSFR und Polens vor, die von beiden Allianzen anerkannt werden und „ein Bündnis zwischen den Bündnissen" sowie „eine Zone der Entspannung" bilden sollte. Vor allem Schlotter und Albrecht waren an der Weiterentwicklung dieses Projekts beteiligt.[38]

Noch nie zuvor war eine Planungsgruppe in der DDR-Geschichte so eng in die operative Außenpolitik eingebunden gewesen wie in der kurzen Ära Meckel, und noch nie hatte sie an so weitreichenden Konzepten mitgewirkt. Ermöglicht wurde dies dadurch, dass mit Markus Meckel ein überzeugtes Mitglied der Friedensbewegung aus der DDR die Leitung des MfAA übernommen hatte, der sich schon Ende der 1980er Jahre Gedanken über einen Frieden jenseits der Blockkonfrontation im Rahmen der KSZE gemacht hatte.[39] Diese Planungen wurden

---

[36] Rede des Außenministers der DDR, in: Lehmann, Außenpolitik, Dok. 97, S. 611–615; Albrecht, Abwicklung, S. 44.
[37] SPD: Bericht an den Vorstand zum Besuch einer Delegation in der Hauptstadt der USA, Washington D.C., am 7. und 8. März 1990, in: Lehmann, Außenpolitik, Dok. 65, S. 515ff.; Albrecht, Abwicklung, S. 54–58.
[38] Vgl. u. a. Gerhard A. Ritter, Hans-Dietrich Genscher, das Auswärtige Amt und die deutsche Vereinigung, München 2013, S. 124–127.
[39] So Meckels nachträgliche Aussage in: „Das Parlament" vom 14.9.1990, S. 4: „Das Grundproblem ist die Eile." Interview mit dem ehemaligen Außenminister Markus Meckel.

nicht nur von Meckel dilettantisch umgesetzt, etwa indem er die halbgare Idee einer Sicherheitszone zwischen WVO und NATO ohne vorherige Abstimmung mit den gedachten Partnern Polen und Tschechoslowakei bereits dem US-amerikanischen Außenminister James Baker unterbreitete. Zudem harmonierten Meckels Zukunftsvorstellungen auch nicht mit denen der Bundesregierung, mit der er ebenfalls kein Einvernehmen herstellte. Da jedoch Bonn mit Unterstützung der USA die Sowjetunion davon überzeugen konnte, die NATO-Zugehörigkeit Gesamtdeutschlands zuzulassen, kam Meckel mit seinen weitreichenden Planungen nicht zum Zuge.

4. Fazit

Bis 1989 war Planung in der DDR-Außenpolitik ein bürokratischer Prozess, der von ideologisch geprägten Zielen und dem daraus abgeleiteten Dogma der Planbarkeit außenpolitischer Erfolge ausging. Dem standen allerdings die engen Grenzen gegenüber, in denen sich die Außenpolitik der DDR in den vierzig Jahren ihrer Existenz stets bewegte. In dem Spagat zwischen Ideologie und Realpolitik gewann daher letztere mehr und mehr die Oberhand. Das zeigte sich an den immer kleinteiliger werdenden Planungshorizonten, an den wachsenden Zweifeln an der Planbarkeit von Außenpolitik seit den 1970er Jahren und an der zunehmenden Ökonomisierung der DDR-Außenpolitik seit der Wende zu den 1980er Jahren. Und auch beim Hauptziel der DDR-Außenpolitik wurde zum einen deutlich, dass Ideologie zwar insofern eine Rolle spielte, als man sich Anerkennung vornehmlich von sozialistisch orientierten Staaten erhoffte; zum anderen zeigte aber die Fixierung auf dieses Ziel, dass Planung keineswegs die Ausarbeitung weitreichender politischer Konzepte bedeutete, sondern sich oft in der Aufzählung kleinteiliger Schritte erschöpfte. Schließlich verdeutlichte ein Blick auf die Erfolge, die die DDR in ihrer Anerkennungspolitik erzielte, dass diese oft weniger von langfristigen Planungen als von geschicktem Reagieren auf sich plötzlich eröffnende Spielräume abhingen.

Im Unterschied dazu war Planung in der kurzen Ära Meckel auf das große Ziel ausgerichtet, die deutsche Vereinigung zur Schaffung einer europäischen Friedensordnung ohne die beiden Bündnissysteme zu nutzen. Unterstützt wurde der aus der DDR-Friedensbewegung hervorgegangene Sozialdemokrat Meckel dabei von einem Planungsstab, dessen Mitglieder fast alle aus der akademischen Friedensforschung der alten Bundesrepublik kamen. Diese lehnten den auf dem atomaren Gleichgewicht des Schreckens beruhenden Zustand des Nicht-Kriegs als zu instabil ab und waren auf eine Abschaffung der Blöcke fixiert, um damit die Spannungsursachen aus der Welt zu schaffen. Doch weder diese neuen Planungsexperten noch Außenminister Meckel hatten die äußerst beschränkten Möglichkeiten der DDR-Außenpolitik im Jahre 1990 vor Augen, die dadurch noch zusätzlich eingeschränkt waren, dass die neu gewählte DDR-Regierung ihre Amtszeit durch das Ziel einer möglichst raschen Wiedervereinigung selbst eng befristet hatte. Letzten Endes krankte die außenpolitische Planung der DDR sowohl vor als auch nach den Volkskammerwahlen von 1990 daran, dass sie die politischen Realitäten nicht hinreichend einbezog.

Matthias Peter
Geplante Außenpolitik?
Der Planungsstab des Auswärtigen Amts

„Planung", definiert als „bewußtes, zielgerichtetes Denken und methodisch-systematisches Vorgehen zum Zwecke einer gedanklichen Vorwegnahme jener Handlungsabfolgen, die eine bestmögliche Zielerreichung erwarten lassen"[1], wird in der Sphäre des Politischen gemeinhin als ein Instrument wirtschafts-, finanz- und sozialpolitischer Gestaltung gesehen.[2] Dahinter steht das Bedürfnis nach gesamtgesellschaftlicher Steuerung und effizienter Ressourcenverwendung mit dem Ziel der Wohlstandsmehrung und gesellschaftlichen Weiterentwicklung.[3] Doch wie sieht es im Bereich der Außenpolitik aus? Lässt sich der antizipierende und zugleich interventionistische Charakter politischer Planung auf den Bereich der internationalen Beziehungen übertragen? Oder haben es die außenpolitischen Akteure nicht eher mit einer unübersichtlichen Staatenwelt zu tun, deren Herausforderungen sie besser mit flexiblen Entscheidungen von kurzer-, bestenfalls mittelfristiger Reichweite begegnen? Kurz: Ist Außenpolitik überhaupt planbar? Wenn ja, was hieß „Planung" in der Außenpolitik genau und in welchem Verhältnis stand diese in den 1960er Jahren zur Planungsorientierung in anderen Politikbereichen? Diesen Fragen soll im Folgenden unter akteurszentrierter Perspektive am Beispiel des Planungsstabs im Auswärtigen Amt bis in die 1980er Jahre nachgegangen werden.

1. Die Entstehung des Planungsstabs – Voraussetzungen und Grenzen

Die Herausbildung einer institutionalisierten außenpolitischen Planung ging auf die Erfahrungen des Zweiten Weltkriegs sowie auf die

---

[1] Wolfgang Bruder, Artikel „Planung", in: Dieter Nohlen (Hrsg.), Wörterbuch Staat und Politik, Bonn 1991, S. 476–483, hier 476.
[2] Der Verfasser dankt Bundesminister a. D. Dr. Klaus Kinkel und Botschafter a. D. Dr. Konrad Seitz für die Bereitschaft, in Telefoninterviews (26. und 27.10. bzw. 6.11.2015) ihre Erfahrungen als ehemalige Planungsstabsleiter darzulegen.
[3] Vgl. die Definition bei Dirk van Laak, Planung. Geschichte und Gegenwart des Vorgriffs auf die Zukunft, in: Geschichte und Gesellschaft 34 (2008), S. 305–326, hier S. 306.

Krisen des internationalen Systems der 1950er Jahre zurück. Der Weltkrieg und der sukzessive Bruch der Anti-Hitler-Koalition verstärkten den Eindruck, dass die Arbeit der bis dahin bestehenden, meist Archiven oder Bibliotheken der Außenministerien angeschlossenen Forschungsabteilungen nicht ausreiche. Die Gefahr einer ad hoc geführten Außen- und Sicherheitspolitik bestand darin, so Henry Kissinger, „auf Krisen zu warten und die langfristige Planung zu versäumen".[4] Stattdessen sollten erfahrene Diplomaten die aktuelle internationale Lage kontinuierlich beobachten und vorausschauende Analysen vornehmen mit dem Ziel, die Absichten anderer außenpolitischer Akteure besser einzuschätzen, Krisen rechtzeitig zu erkennen und der Regierung Handlungsoptionen aufzuzeigen. In diesem Sinne richtete das amerikanische Außenministerium bereits am 5.Mai 1947 einen Planungsstab unter George F. Kennan ein.[5] 1961 schuf auch die NATO eine Planungsgruppe. Die *Atlantic Policy Advisory Group* (APAG) brachte zwei Mal im Jahr die außenpolitischen Planer der Mitgliedstaaten zusammen. Die Teilnehmer erörterten langfristige Entwicklungen und arbeiteten dem NATO-Rat mit Analysen zu. Auf diese Weise entwickelte sich die APAG zu einer wichtigen Koordinierungsstelle politischer Bündnisplanung.[6]

Offenkundig stand die Bildung der NATO-Planungsgruppe im Kontext einer neuen politischen Planungsorientierung in den westlichen Industriestaaten. Auch die Bundesrepublik konnte sich diesem Trend nicht verschließen.[7] Dennoch fehlte ihr jene ideologische „Zukunftsgewissheit", welche den Aufbau entsprechender Planungseinheiten in den sozialistischen Staaten prägte.[8]

Es war Außenminister Gerhard Schröder – und damit ein Unionspolitiker –, der ab 1961 die Gründung eines Planungsstabs vorantrieb. Sie war Teil einer von ihm initiierten Reform des Auswärtigen Amts,

---

[4] Henry A. Kissinger, Memoiren 1968–1973, München 1979, S.48.
[5] Vgl. John Lewis Gaddis, George F. Kennan. An American Life, New York 2011, S.264f., 270, 288, 293.
[6] The North Atlantic Treaty Organisation. Facts and Figures, Brüssel 1989, S.192.
[7] Elke Seefried, Zukünfte. Aufstieg und Krise der Zukunftsforschung 1945–1980, Berlin 2015, S.411–418; Gabriele Metzler, Konzeptionen politischen Handelns von Adenauer bis Brandt. Politische Planung in der pluralistischen Gesellschaft, Paderborn 2005, S.82f., 419f.
[8] Vgl. für die DDR den Beitrag von Hermann Wentker in diesem Band.

die zum Ziel hatte, das Ministerium effizienter zu gestalten und an eine sich verändernde Welt anzupassen. Die wachsende Arbeitslast sollte durch interne Reorganisation aufgefangen werden, da eine Aufstockung des Personals vom Haushaltsausschuss des Bundestags abgelehnt wurde. Gleichzeitig sollte das Haus stärker nach funktionalen und sachlichen Kriterien geordnet werden, um neuen Herausforderungen besser gewachsen zu sein.[9]

Hervorstechendes Merkmal der Reform war die Reduzierung von neun auf sieben Abteilungen. Dabei wurde die Ostabteilung (Abteilung 7) in die neugeschaffenen Politischen Abteilungen I und II eingegliedert. Die wichtigste Neuerung war die Schaffung eines Planungsstabs.[10] Dessen Aufbau erläuterte Staatssekretär Rolf Lahr im Dezember 1962 im Auswärtigen Ausschuss. Danach erhielt der Leiter der neuen Arbeitseinheit zwar den Rang eines Ministerialdirektors und bewegte sich damit auf Augenhöhe mit den übrigen Abteilungsleitern. Trotzdem sollte der Planungsstab keine neue Abteilung, sondern nur eine kleine Arbeitseinheit bilden, um sich – so Lahr – „selbst je nach den wechselnden Aufgaben organisieren [zu] können": „Er werde seine Themen von der Spitze des Amtes gestellt bekommen. Er solle es dem Minister erleichtern, die kommende politische Situation und die Folgen bestimmter politischer Aktionen im voraus zu übersehen."[11] Die Aufgaben des Stabes legte dessen erster Leiter, Herbert Müller-Roschach, folgendermaßen dar:

„Der Planungsstab sollte Erkenntnisse und Tatsachen erarbeiten, die der deutschen Außenpolitik auf längere Sicht zugrunde gelegt werden können. Er soll außenpolitische Aktionen vorbereiten helfen, die sich nicht unmittelbar aus den Tagesereignissen ergeben. Ferner sollte er Themen bearbeiten, die von den politischen Abteilungen wegen zu starker Belastung mit Tagesarbeit vernachlässigt werden müssen oder so sehr in die Arbeit mehrerer Abteilungen des Amtes hineinreichen, daß eine durchdachte Synthese aller Aspekte von

---

[9] Vgl. Erläuterungen des Staatssekretärs Rolf Lahr im Auswärtigen Ausschuss, in: Der Auswärtige Ausschuß des Deutschen Bundestages. Sitzungsprotokolle 1961–1965, 1. Halbband: Dezember 1961 bis Mai 1963, eingeleitet und bearbeitet von Wolfgang Hölscher, Düsseldorf 2004, 22. Sitzung vom 13.12.1962, S. 441; vgl. Günter Diehl, Denken und Handeln. Planung in der Außenpolitik, Freudenstadt 1970, S. 21–24. Diehl war 1966/67 Leiter des Planungsstabs im Auswärtigen Amt.
[10] Aufzeichnung des Vortragenden Legationsrats I. Klasse Simon vom 18.7.1962, in: Akten zur Auswärtigen Politik der Bundesrepublik Deutschland (im folgenden AAPD). Bd. 1962, bearbeitet von Mechthild Lindemann und Michael Mayer, München 2010, Bd. II, Dok. 294, S. 1309–1311.
[11] Lahr, in: Auswärtiger Ausschuß 1961–1965, 22. Sitzung vom 13.12.1962, S. 441.

einer federführenden Abteilung nicht hergestellt werden kann. Seine Tätigkeit sollte zu einer besseren Kenntnis der Zusammenhänge in der politischen Konstellation führen und durch Analysen der Gegenwart vorausschauend gewisse Möglichkeiten der weiteren außenpolitischen Entwicklung aufzeigen."[12] Angesichts der organisatorischen Sonderstellung der Arbeitsgruppe und der Ungewissheit über ihre Leistungsfähigkeit ist es bemerkenswert, dass zwar die Reform der Abteilungen (mit Blick auf die Auflösung der Ostabteilung) im Bundestag auf Kritik stieß,[13] die Einrichtung eines Planungsstabs aber parteiübergreifend begrüßt wurde. Nachdem der Haushaltsausschuss den neuen Organisationsplan gebilligt hatte, sprach sich auch der Auswärtige Ausschuss „einmütig" für Schröders Vorhaben aus.[14] Mit Erlass vom 11. Januar 1963 wurde die neue Organisationsstruktur im Auswärtigen Amt eingeführt: „Es wird ein Planungsstab gebildet, der dem Minister und den Staatssekretären unmittelbar unterstellt ist."[15] Staatssekretär Karl Carstens wies die Abteilungen an, sämtliche Leitungsvorlagen auch dem Planungsstab zu übermitteln, ebenso sämtliche Telegramme und schriftlichen Berichte der Auslandsvertretungen.[16]

Dementsprechend wurde die neue Arbeitseinheit, die unabhängig von den übrigen Abteilungen und vom Tagesgeschäft arbeitete, dem Leitungsstab des Auswärtigen Amts eingegliedert. Zugleich wurden die operativen Einheiten von Planungsaufgaben befreit. Diese Konstruktion sollte sicherstellen, dass der Stab von den Referaten und Vertretungen zwar Informationen erhalten würde, diesen gegenüber aber nicht weisungsbefugt war.[17] Entsprechend sollte nur eine Handvoll Mitarbeiter die Planungsarbeit übernehmen, und diese sollten je nach

---

[12] PA-AA, B 9 (Planungsstab), Bd. 178340, Aufzeichnung des Ministerialdirektors Müller-Roschach vom 29.12.1962.

[13] PA-AA, B 1 (Ministerbüro), Bd. 204, Aufzeichnung des Ministerialdirektors Krapf vom 8.1.1963 über eine Sitzung des außenpolitischen Arbeitskreises der CDU/CSU; Auswärtiger Ausschuß 1961–1965, 23. Sitzung vom 10.1.1963, S. 450.

[14] Vgl. Auswärtiger Ausschuß 1961–1965, 22. Sitzung vom 13.12.1962, S. 442, 446.

[15] PA-AA, B 1 (Ministerbüro), Bd. 204, Erlass des Bundesministers Schröder vom 11.1.1963.

[16] PA-AA, B 9 (Planungsstab), Bd. 178340, Hauserlass des Staatssekretärs Carstens vom 25.1.1963.

[17] Auf die Gefahr einer „Art von übergeordnetem Auswärtigem Amt im Auswärtigen Amt" hatte auch der Vorsitzende des Auswärtigen Ausschusses, Hermann Kopf, Schröder aufmerksam gemacht. Vgl. Auswärtiger Ausschuß 1961–1965, 23. Sitzung vom 14.12.1962, S. 449 f.; vgl. auch Günter Diehl, Zwischen Politik und Presse. Bonner Erinnerungen 1949–1969, Frankfurt a.M. 1994, S. 350.

Auftrag und Anforderungsprofil wechseln. Externe Mitarbeiter waren nicht vorgesehen; das Team sollte aber engen Kontakt mit der Politikberatung halten und die Expertise von Wissenschaft und Publizistik abschöpfen. Damit trug das Auswärtige Amt von Beginn an einem zentralen Trend politischer Planung Rechnung, nämlich der Annahme, dass auch die Außenpolitikplanung eine wissenschaftliche Grundlage erhalten müsse.[18] Irrwege waren dabei einkalkuliert: Dass Planer auch auf einen Holzweg geraten konnten, galt als hinnehmbar und wurde als Preis für ein Höchstmaß an Beweglichkeit angesehen.[19]

Da der Leiter des Planungsstabs den Abteilungsleitern gleichgestellt war, nahm er an den täglichen Morgenbesprechungen der Direktoren ebenso teil wie an Botschafterkonferenzen. Seine Denkschriften waren Vorlagen für die Leitungsebene, d.h. für Minister und Staatssekretäre. Zwar konnte ihr Verteiler erweitert und die Arbeitsebene einbezogen werden. Doch typisch für die Arbeit des Planungsstabs war ihr verkürzter Geschäftsgang und der unmittelbare Zugang zur Amtsführung. Anfangs bestand die Gruppe aus insgesamt elf Mitarbeitern, davon fünf aus dem höheren Dienst. Grundlage für die Analysen waren der Schriftverkehr zwischen Auslandsvertretungen und Zentrale, ferner die Leitungsvorlagen sowie relevante Berichte von Bundesnachrichtendienst und Bundesamt für Verfassungsschutz. Daneben erfolgte eine umfassende Auswertung von Dokumentationen und von für wichtig erachteten wissenschaftlichen Neuerscheinungen.[20]

Der Planungsstab hatte sich einem Grundproblem außenpolitischer Planung zu stellen, nämlich der Schwierigkeit, langfristige Aussagen zu treffen. Dem Trend zur Anwendung quantifizierender Methoden in den Sozialwissenschaften folgend, gab es in den 1960er Jahren Versuche, auch für das Gebiet der internationalen Politik computergestützte Parameter zu entwickeln, um die Möglichkeiten vorausschauender Planung zu verbessern.[21] Deren prognostische Reichweite blieb aber begrenzt. Es zeigte sich, dass Außenpolitik einer permanenten Ver-

---

[18] Zur Debatte über das Verhältnis von Politik und Wissenschaft grundlegend: Metzler, Konzeptionen, S.151–259, 383–392.
[19] Vgl. die Darlegungen des Bundesministers Schröder im Auswärtigen Ausschuss am 10.1.1963, in: Auswärtiger Ausschuß 1961–1965, 23. Sitzung, CD-Rom, S.510f.
[20] Diehl, Denken, S.22.
[21] Vgl. Grewe, Planung, S.739; Jürgen Schwarz, Einige methodische Aspekte außenpolitischer Planung, in: Zeitschrift für Politik 14 (1967), S.31–49, hier S.38f.

änderung ihrer Rahmenbedingungen unterlag. Technische Neuerungen, insbesondere der Kommunikationsmittel, führten zu einer immer schnelleren Abfolge von Entscheidungsfaktoren, die einer Zeit erfordernden Planungsarbeit entgegenwirkten. Darüber hinaus wirkten immer mehr staatliche und nichtstaatliche Akteure auf den außenpolitischen Entscheidungsprozess ein und erschwerten damit belastbare Prognosen. Schließlich setzte gelungene außenpolitische Planung eine rationale Vorgehensweise der Akteure voraus, die oft nicht gegeben war.[22]

Vor diesem Hintergrund begegnete Staatssekretär Karl Carstens der außenpolitischen Planung mit Skepsis. Zwar konnten seiner Meinung nach den Analysen bis zu einem gewissen Grad Daten zugrunde gelegt werden, etwa die Wirtschaftsleistung und die Verteidigungsfähigkeit eines Landes, seine soziale Lage, seine Bevölkerungsstruktur. Jedoch schätzte er andere, nicht prognostizierbare Informationen für eine erfolgreiche Planungsarbeit als wichtiger ein, etwa die Entwicklung des sowjetisch-chinesischen Gegensatzes, Frankreichs Verhältnis zur NATO oder die Auswirkungen des Vietnam-Kriegs auf die amerikanische Außenpolitik. Daraus zog Carstens 1971 den Schluss, dass im außenpolitischen Entscheidungsprozess der „schöpferischen" Analyse von Berufsdiplomaten der Vorzug zu geben sei.[23]

2. Planung in der Praxis

Die Handlungsspielräume des Planungsstabs hingen von einer Reihe struktureller Faktoren ab. Darüber hinaus muss auch der persönliche Faktor in Rechnung gestellt werden, insbesondere die Stellung des Planungsstabsleiters und dessen Verhältnis zum Minister. Eine starke Persönlichkeit und ein enges Vertrauensverhältnis zur Amtsspitze waren unverzichtbare Bedingungen dafür, um sich sowohl gegenüber den operativen Arbeitseinheiten des Hauses durchzusetzen als auch genügend Aufmerksamkeit von Ministern und Staatssekretären zu erhalten.

Einen starken Eindruck als Planungsstabschef hinterließ Egon Bahr. Bahr kam mit Willy Brandt im Dezember 1966 ins Auswärtige Amt, zunächst als Referent im Ministerbüro und dann als Botschaf-

[22] Vgl. Diehl, Denken, S. 13–16.
[23] Vgl. Karl Carstens, Politische Führung. Erfahrungen im Dienst der Bundesregierung, Stuttgart 1971, S. 197f.

ter zur besonderen Verwendung, ehe er im November 1967 Planungsstabsleiter Günter Diehl beerbte, der ins Presse- und Informationsamt der Bundesregierung wechselte. Genauso wie Brandt begegnete er dem Ministerium anfangs mit Misstrauen. Sein Status als Quereinsteiger erwies sich als Vorteil. Bahr stellte sein Team neu zusammen und wählte Amtsangehörige, die der Sozialdemokratie nahe standen oder offen waren für neue Denkansätze. Die Unabhängigkeit von den operativen Einheiten des Hauses und sein enges Vertrauensverhältnis zu Brandt verliehen ihm eine sehr starke Stellung. Er bezeichnete diese Zeit deshalb als „schönste Zeit meines Berufslebens". Noch Jahrzehnte später schwärmte er von dem Luxus, „die Themen selbst zu wählen", beim Denken „frei schwelgen zu können" und dafür auch noch gut bezahlt zu werden.[24] Bahr nutzte die Zeit bis zu seinem Wechsel ins Bundeskanzleramt im Oktober 1969, um neben den übrigen Tätigkeiten das Konzept einer Neuen Ostpolitik detailliert auszuarbeiten. Vieles spricht dafür, dass die bisherige „Kopfgeburt" eines „Wandels durch Annäherung" erst durch die Diskussionen mit den erfahrenen Praktikern des Amts in einen außenpolitisch verwertbaren Zustand gebracht werden konnte. Bahr begnügte sich also nicht mit dem bis dahin gewachsenen Aufgabenbereich. Vielmehr nutzte er diesen, um seine ost- und sicherheitspolitischen Konzepte operativ auszuarbeiten und gleichsam „im Sandkasten" durchzuspielen.[25] Bahrs Überlegungen für eine Neue Ostpolitik sind deshalb auch mit Kennans Arbeiten zum Marshallplan verglichen worden, beides „ideale Planungsobjekte": „[B]eide waren primär Entwürfe zur Aktion, nicht Reaktion. In beiden Fällen war das außenpolitische Umfeld gut analysierbar und die Reaktion der Adressaten der geplanten Maßnahmen weitgehend kalkulierbar. Beide Pläne führten zu historischen Entscheidungen."[26] Bahrs Arbeiten sind auch ein Beispiel dafür, dass außenpolitische Planung normative Zukunftsentwürfe einschließen kann, deren Durchführung aber von weiteren innen- und außenpolitischen Einflussfaktoren abhängig ist.

---

[24] Egon Bahr, Zu meiner Zeit, München 1996, S. 224f.
[25] Ebenda S. 226f.
[26] PA-AA, Nachlass Niels Hansen, Bd. 22, „Möglichkeiten und Grenzen außenpolitischer Prognosen und Planung". Vortrag an der Bundesakademie für öffentliche Verwaltung, 18.1.1979, S. 10. Ich danke Tim Geiger für den Hinweis auf den Nachlass Hansen.

Weniger glücklich agierte Bahrs Nachfolger Dirk Oncken. Er kam von der Botschaft in Washington und übernahm den Planungsstab im Februar 1970. Am Ende seiner Amtszeit im Sommer 1972 zog er eine ernüchternde Bilanz. Unter seiner Leitung legte der Planungsstab Außenminister Walter Scheel nicht weniger als 139 Aufzeichnungen, 40 Rede- und sieben Aufsatzentwürfe zu einer breiten Palette außenpolitischer Themen vor. Hinzu kamen fünf Kolloquien unter Beteiligung von Wissenschaftlern, Publizisten und Wirtschaftsvertretern sowie Treffen mit den Planungsstäben der USA, Großbritanniens und Japans.[27] Diese Bilanz scheint beeindruckend. Oncken selbst sah dies jedoch anders. Da waren zum einen Spannungen zwischen Planungsstab und Politischer Abteilung. So kam er im Dezember 1970 in einer vertraulichen Studie über die Grundsätze der Waffenexportpolitik der Bundesrepublik zu dem Schluss, dass die geltende Maxime, wonach Waffen nicht außerhalb der NATO und nicht in Spannungsgebiete geliefert werden durften, zu unflexibel sei. Vielmehr sollte stärker berücksichtigt werden, ob Waffenexporte zur Stabilisierung von Konfliktregionen beitragen und dadurch die Sicherheit der Bundesrepublik und seiner Verbündeten im Ost-West-Konflikt erhöhen könnten. Im konkreten Fall befürwortete der Planungsstab deshalb Lieferungen an das Spanien Francos und an den Iran des Schahs.[28] Damit hatte sich der Planungsstab aber nicht nur zu einer aktuellen außenpolitischen Frage geäußert, sondern auch eine operative Empfehlung ausgesprochen, was zu Verärgerung in der Politischen Abteilung führte. Onckens Arbeit hatte darüber hinaus zentrale Elemente der sozialliberalen Außen- und Entspannungspolitik nicht berücksichtigt. Wenig überraschend legte deshalb vier Wochen später der Leiter der Rüstungskontrollabteilung, Hellmuth Roth, eine Stellungnahme vor, die dem Votum des Planungsstabs in fast allen Punkten widersprach. Roth lehnte eine Freigabe des Waffenexports ab, da gerade dies die Gefahr einer Eskalation in Krisenregionen erhöhen würde. Er bezweifelte auch die Annahme, dass die Bundesrepublik „Sicherheitspolitik unabhängig und außerhalb des Atlantischen Bündnisses durch Waffenexporte betreiben" könne. Als Friedensmacht, so Roth, könne sie sich nicht zur „Teilnahme am

---

[27] Vgl. PA-AA, B 9 (Planungsstab), Bd. 178340, Aufzeichnung des Ministerialdirektors Oncken vom 17.8.1972.
[28] Aufzeichnung des Ministerialdirektors Oncken vom 21.1.1971, in: AAPD 1971, bearbeitet von Martin Koopmann, Matthias Peter und Daniela Taschler, München 2002, Bd. I, Dok. 23, S. 93–106.

Waffenhandel" aufgerufen fühlen, sondern müsse gerade Entwicklungsländer durch wirtschaftliche Hilfe zu stabilisieren versuchen.[29]

Der mit seiner Gründung angestoßene Klärungsprozess über Aufgaben und Status des Planungsstabs schien um 1970 noch immer nicht abgeschlossen. „Die Problematik des Planungsstabs" so vermerkte Oncken, „ergibt sich daraus, daß bei seiner Errichtung wohl nicht genügend berücksichtigt wurde, daß auf lange Sicht nur solche Arbeitseinheiten sinnvoll sind, deren spezifische Arbeitsergebnisse regelmäßig benötigt werden. Dies trifft für den Planungsstab nicht zu."[30] Außenminister und Staatssekretäre, so sein Eindruck, hätten oft nicht die Zeit zur Lektüre umfangreicher und nicht unmittelbar verwertbarer Analysen. Dies führte dazu, dass die Arbeitsgruppe Stellen verlor und die übrigen Mitarbeiter zur Erstellung von „Weißbüchern"[31] sowie zur Abfassung von Ministerreden herangezogen wurden. Oncken kam schließlich zu der Einsicht, dass das „Erarbeiten voraussetzungsloser Vorschläge [...] für den Auswärtigen Dienst keine praktische Bedeutung" habe.[32] Darüber hinaus hegte er unter Hinweis auf die begrenzte Handlungsfreiheit der Bundesrepublik grundsätzliche Bedenken hinsichtlich der Möglichkeiten außenpolitischer Planung. Ihre geopolitisch exponierte Lage, ihre begrenzte Souveränität und das machtpolitische Übergewicht der UdSSR in Europa ließen seiner Meinung nach wenig Spielraum für wirkliche außenpolitische Planung. Oncken empfahl deshalb, die Ansprüche an den Planungsstab herabzusetzen und seine Aufgaben künftig auf die Arbeit zu beschränken, die vornehmlich im Auswärtigen Amt gebraucht wurde, nämlich Forschung und Dokumentation, die Koordinierung abteilungsübergreifender Aufzeichnungen, die Vorbereitung von Amtspublikationen sowie die Zusammenarbeit mit Forschungsinstituten und mit anderen Planungsstäben.[33]

Zu einer solchen Umgestaltung kam es allerdings nicht. Dies lag zum einen daran, dass die Zustandsbeschreibung Onckens weniger

---

[29] Aufzeichnung des Botschafters Roth vom 19.2.1971, in: AAPD 1971, Bd. I, Dok. 69, S. 341–343.
[30] PA-AA, B 9 (Planungsstab), Bd. 178340, Aufzeichnung des Ministerialdirektors Oncken vom 27.9.1971.
[31] Vgl. etwa Die Auswärtige Politik der Bundesrepublik Deutschland, hrsg. vom Auswärtigen Amt unter Mitwirkung eines wissenschaftlichen Beirats, Köln 1972.
[32] PA-AA, B 9 (Planungsstab), Bd. 178340, Aufzeichnung des Ministerialdirektors Oncken vom 17.8.1972.
[33] Ebenda.

ein Problem beschrieb als den Normalfall darstellte.[34] Zum anderen begannen im November 1972 in Helsinki die Vorarbeiten für die Konferenz über Sicherheit und Zusammenarbeit in Europa (KSZE). Am 2. November 1972 übertrug Staatssekretär Paul Frank die Leitung der KSZE-Delegation Onckens Nachfolger Guido Brunner. Zugleich entschied er, für die Dauer der Konferenz die Arbeiten des Planungsstabs ruhen zu lassen.[35] Brunner befand sich bis Herbst 1974 in Helsinki bzw. Genf und wurde nach Amtsantritt Hans-Dietrich Genschers im November 1974 von Klaus Blech abgelöst, der ebenfalls in Personalunion Planungsstabschef und Leiter der Bonner KSZE-Delegation war.[36] So ruhte die Arbeit für die meiste Zeit bis zur Unterzeichnung der Helsinki-Schlussakte am 1. August 1975. Diese Episode zeigt, dass die Kompetenzen des Planungsstabs und dessen Personal eine Art Verfügungsmasse darstellten, deren sich die Amtsspitze für besondere Aufgaben bediente.

Ab 1975 nahm der Planungsstab seine Arbeit wieder auf. Wichtiger wurden nun Besprechungen mit anderen Planungsstäben, darunter jene aus Frankreich, den Niederlanden und Schweden. Sie entwickelten sich mit der Zeit zu einem „außenpolitischen Frühwarnsystem"[37] mit dem Ziel, Entscheidungsgrundlagen vorzustellen, Informationen und Einschätzungen des jeweiligen Gesprächspartners für die eigene Planungsarbeit zu erhalten und damit die Berechenbarkeit der Außenpolitik zu erhöhen. Darüber hinaus arbeitete der Planungsstab auch wieder stärker konzeptionell. Das wichtigste Thema, mit dem man sich über längere Zeit auseinandersetzte, war der Auftrag Genschers, Möglichkeiten zur Weiterentwicklung der deutschen Europapolitik zu prüfen. Dazu, und dies ist beispielhaft für die Vorgehensweise der Planer, wurde Anfang Dezember 1976 ein breit angelegtes Kolloquium abgehalten, dem im Februar und im Mai 1977 zwei weitere folgten. Anwesend

---

[34] Geoff R. Berridge, Diplomacy. Theory and Practice, Basingstoke/New York ³2005, S. 13.
[35] Vgl. Aufzeichnung des Vortragenden Legationsrats Vergau vom 2.11.1972, in: AAPD 1972, bearbeitet von Mechthild Lindemann, Daniela Taschler und Fabian Hilfrich, München 2003, Bd. III, Dok. 355, S. 1632–1634.
[36] Matthias Peter, Die Bundesrepublik im KSZE-Prozess 1975–1983. Die Umkehrung der Diplomatie, Berlin 2015, S. 50f., 103.
[37] PA-AA, Nachlass Niels Hansen, Bd. 22, „Möglichkeiten und Grenzen außenpolitischer Prognosen und Planung". Vortrag an der Bundesakademie für öffentliche Verwaltung, 18.1.1979, S. 20.

waren Vertreter nahezu jeder Abteilung des Auswärtigen Amts, dazu Vertreter der Botschaften in Paris, London und Rom sowie der Brüsseler EG-Vertretung. Typisch war, dass auch Mitarbeiter der Stiftung Wissenschaft und Politik anwesend waren, die eine eigene Studie in die Diskussionen einbrachten.[38]

1977 übernahm Klaus Kinkel die Leitung des Planungsstabs. Er war 1974 mit Genscher aus dem Bundesministerium des Innern (BMI) ins Auswärtige Amt gewechselt. Als persönlicher Referent Genschers im BMI und dann als Leiter des Leitungsstabs im Außenministerium hatte er ein enges Vertrauensverhältnis zum Minister aufbauen können. Als Genscher ihm die Leitung des Planungsstabs übertrug, besaß er eine entsprechend starke Stellung. Unter anderem berief Kinkel Wilhelm Haas, Konrad Seitz, Wilhelm Schönfelder und Wolfgang Ischinger, für die diese Mitarbeit eine wichtige Karrierestation bedeutete.[39]

Im Juni 1978 legte Kinkel ein Papier zum Problem der so genannten „Grauzone" im westlichen nuklearen Verteidigungssystem vor. Mitten in der Diskussion um die sowjetischen SS-20-Raketen in Ostmitteleuropa und eine mögliche westliche „Nachrüstung" untersuchte der Planungsstab, wie eine Parität bei den nuklearen Mittelstreckensystemen in West und Ost hergestellt werden könne. Wie Kinkel selbst vermerkte, war die Aufzeichnung als „spekulative[r] Beitrag zur Arbeit der operativen Abteilungen" gedacht. Zugleich regte er an, die Analyse an das Bundeskanzleramt und das Verteidigungsministerium weiterzuleiten.[40] Das Papier führte indes zu einiger Verärgerung in der Politischen Abteilung. Nicht nur hatte sich der Planungsstab in laufende Beratungen zwischen Auswärtigem Amt und Verteidigungsministerium eingemischt[41] und sich auf ein Gebiet gewagt, das bis dahin die Ex-

---

[38] Vgl. Aufzeichnung des Ministerialdirektors Blech vom 22.12.1976, in: AAPD 1976, bearbeitet von Matthias Peter, Michael Ploetz und Tim Geiger, München 2007, Bd. II, Dok. 370, S. 1677–1681; sowie Aufzeichnungen des Planungsstabs vom 8.3. und 1.6.1977, in: AAPD 1977, bearbeitet von Amit Das Gupta, Tim Geiger, Matthias Peter, Fabian Hilfrich und Mechthild Lindemann, München 2008, Bd. I, Dok. 56, S. 283–291, und Dok. 142, S. 736–741.
[39] Telefoninterview mit Bundesminister a. D. Dr. Klaus Kinkel am 26.10.2015.
[40] Vgl. PA-AA, VS-Bd. 11589 (02); B 150, Aktenkopien 1978, Aufzeichnung des Ministerialdirektors Kinkel vom 20.6.1978; vgl. ebenso die Aufzeichnung des Kinkel vom 12.10.1978, in: AAPD 1978, bearbeitet von Daniela Taschler, Amit Das Gupta und Michael Mayer, München 2009, Bd. II, Dok. 308, S. 1516–1521.
[41] PA-AA, VS-Bd. 11589 (02); B 150, Aktenkopien 1978, Aufzeichnung des Ministerialdirektors Kinkel vom 7.7.1978.

perten der zuständigen Fachabteilungen „exklusiv besetzt"[42] hatten. Kinkel hatte darüber hinaus mit der Anregung, ein Diskussionspapier des Planungsstabs an andere Ressorts weiterzugeben, gegen die Regeln verstoßen. Selbst Staatssekretär Günther van Well hielt es nicht für ratsam, „spekulative Beiträge" des Planungsstabs „an andere Häuser zu geben". „Die Bedeutung unseres Pl[anungsstabs]", so van Well, „liegt in der Hilfe bei der Entscheidungsfindung des AA."[43] Allerdings war diese Linie vom Planungsstab bewusst überschritten worden, um, wie es hieß, „die Abteilung 2 zu einer Stellungnahme zum Inhalt unseres Papiers zu veranlassen". Das Vorgehen sei richtig gewesen, weil es „das Nachdenken im Haus über die sachlichen Probleme gefördert hat".[44]

Konrad Seitz, der 1974 ebenfalls mit Genscher ins Auswärtige Amt gekommen war, übernahm die Leitung des Planungsstabes im Februar 1982. Nach einem Zwischenspiel als Botschafter in Neu Delhi ab 1987 holte ihn Genscher 1990 zurück in den Planungsstab. Seitz ist ein Beispiel dafür, dass der Planungsstab auch mit dem Verfassen von Ministerreden Einfluss nehmen konnte. Genscher war ein glänzender Kommunikator und nutzte die öffentliche Rede als Mittel, um seine außenpolitische Konzeption zu vermitteln.[45] Seitz wiederum sah es im Planungsstab als eine seiner Hauptaufgaben an, dem Minister Redekonzepte vorzulegen, mit denen dieser Weichen stellen wollte. Ein Beispiel ist die von Seitz entworfene Rede Genschers am 1. Februar 1987 auf dem Weltwirtschaftsforum in Davos über die Reformpolitik des KPdSU-Generalsekretärs Michail Gorbatschow. Genscher hatte im Sommer 1986 in Moskau erstmals mit dem Kreml-Chef ein ausführliches Gespräch geführt, das zu einem Durchbruch in den abgekühlten deutsch-sowjetischen Beziehungen geführt hatte.[46] In Davos machte

---

[42] Ebenda, Aufzeichnung des Vortragenden Legationsrats I. Klasse von Arnim vom 25.7.1978.
[43] Ebenda, handschriftlicher Vermerk auf der Aufzeichnung des Ministerialdirektors Kinkel vom 20.6.1978.
[44] Ebenda, Aufzeichnung des Vortragenden Legationsrats I. Klasse von Arnim vom 25.7.1978.
[45] Agnes Bresselau von Bressensdorf, Frieden durch Kommunikation. Das System Genscher und die Entspannungspolitik im Zweiten Kalten Krieg 1979–1982/83, Berlin 2015, S. 57–82, 182–195, 279–290, 319.
[46] Drahtbericht Nr. 3 des Ministerialdirektors Edler von Braunmühl, z.Z. Moskau, vom 22.7.1986, in: AAPD 1986, bearbeitet von Matthias Peter und Daniela Taschler, Berlin/Boston 2017, Bd. II, Dok. 209, S. 1090–1105.

Genscher erstmals öffentlich auf die Bedeutung der Perestroika für den Westen aufmerksam und sprach sich dafür aus, Gorbatschow beim Wort zu nehmen, um eine neue Friedensordnung für Europa zu schaffen.[47] Die Rede erregte große Aufmerksamkeit und brachte Genscher die Kritik zahlreicher Verbündeter ein, die Gorbatschow noch überwiegend misstrauten. Auch Seitz erhielt auf der APAG-Sitzung der NATO-Planungsstäbler Schelte dafür, dass Genscher sich so weit vorgewagt hatte.[48] Gleichwohl ist dieses Beispiel typisch dafür, wie Genscher unter wesentlicher Beteiligung des Planungsstabs mit Grundsatzreden Verbündete und Öffentlichkeit gleichermaßen mit seiner Entspannungskonzeption konfrontierte.

Doch nicht nur mit Redeentwürfen, auch mit zahlreichen Leitungsvorlagen und mit Kolloquien machte Seitz auf Zukunftstrends aufmerksam. Dies galt etwa für die europäische Forschungs- und Technologiepolitik sowie für die Bedeutung der Informationstechnologie. So wies er im April 1983 darauf hin, dass die europäische Industrie bei der Entwicklung der „zukunftsentscheidenden" Hochtechnologie hinter die USA und Japan zurückgefallen sei. Als Ursachen nannte er das „Fehlen gemeinsamer Forschungs- und Entwicklungsanstrengungen der europäischen Unternehmen" und eines einheitlichen Technologiemarktes sowie einen Mangel an qualifiziertem Personal. Er warnte vor einem „industrielle[n] Abstieg" Europas und mahnte eine vom Auswärtigen Amt ausgehende Initiative zu einer europäischen Hochtechnologiepolitik an.[49] 1984 veranstaltete das Auswärtige Amt zwei Kolloquien über „Europäische technologische Zusammenarbeit" und „Hochtechnologiefragen im europäisch-amerikanischen Verhältnis", die über die klassischen außenpolitischen Themen hinausgingen und den Blick auf die außenpolitische Bedeutung der technologischen Entwicklung richteten. Nicht nur hochrangige Vertreter aus Bundestag, Wirtschaft und Medien nahmen daran teil, sondern auch

---

[47] Für den Wortlaut vgl. Bulletin des Presse- und Informationsdienstes der Bundesregierung 1987, Bonn 1987, S. 93–97.
[48] Telefoninterview mit Botschafter a. D. Dr. Konrad Seitz am 6.11.2015.
[49] Aufzeichnung des Vortragenden Legationsrats I. Klasse Seitz vom 22.4.1983, in: AAPD 1983, bearbeitet von Tim Geiger, Matthias Peter und Mechthild Lindemann, München 2014, Bd. I, Dok. 114, S. 601–604; vgl. ebenso seine Aufzeichnungen vom 27.2.1985, 5.6.1985 und 4.9.1985, in: AAPD 1985, bearbeitet von Michael Ploetz, Mechthild Lindemann und Christoph Johannes Franzen, Berlin/Boston 2016, Bd. I, Dok. 51, S. 277–283, und Dok. 146, S. 762–765, sowie AAPD 1985, II, Dok. 242, S. 1244–1248.

zahlreiche Vertreter der Wissenschaft (u.a. des Fraunhofer Instituts für Systemtechnik und Innovationsforschung, der Gesellschaft für Mathematik und Datenverarbeitung, des Instituts für Weltwirtschaft, des Ifo-Instituts für Wirtschaftsforschung und der Deutschen Gesellschaft für Auswärtige Politik).[50] Mit Blick auf die beschleunigte Entwicklung der Informationstechnologien knüpfte das Ministerium damit an die seit den 1960er Jahren erhobenen Forderungen nach einem stärkeren staatlichen Engagement bei der industriellen Forschungsförderung an, um die „technologische Lücke" zu den USA zu schließen.[51]

Des Weiteren griff Seitz auch das Problem des islamischen Fundamentalismus auf, das Gegenstand eines Kolloquiums am 22.Januar 1987 war.[52] Die Veranstaltung schloss an zwei vorhergehende Kolloquien an, die der damalige Planungsstabsleiter Niels Hansen 1979/80 initiiert hatte und die, unter Mitwirkung des Orient-Instituts, der Stiftung Wissenschaft und Politik sowie des Bundesinstituts für ostwissenschaftliche und internationale Studien, der politischen Bedeutung des Islams bzw. den Möglichkeiten der Zusammenarbeit mit den islamischen Gesellschaften gewidmet waren.[53] Diese Arbeiten verfolgten den Zweck, auf einer möglichst umfassenden Informationsbasis und unter Hinzuziehung von nationalen und internationalen Wissenschaftsorganisationen Trends aufzuzeigen, deren Einflussfaktoren zu untersuchen, gegen die Grundinteressen der Bundesrepublik abzuwägen und so Möglichkeiten und Grenzen bundesdeutscher Außenpolitik aufzuzeigen.

---

[50] Material zu den Kolloquien finden sich in PA-AA, B 9 (Planungsstab), Bd.178442 und Bd.178443.
[51] Johannes Bähr, Die „amerikanische Herausforderung". Anfänge der Technologiepolitik in der Bundesrepublik Deutschland, in: AfS 35 (1995), S.115–130; Andreas Wirsching, Abschied vom Provisorium. Geschichte der Bundesrepublik Deutschland 1982–1990, München 2006, S.519–521.
[52] Aufzeichnung des Vortragenden Legationsrats Haas vom 4.Februar 1987, in: AAPD 1987, bearbeitet von Tim Szatkowski, Tim Geiger und Jens Hofmann, Berlin/Boston 2018, Dok. 22, S.94–99.
[53] Zu den Kolloquien „Die politische Bedeutung des Islam" (15.3.1979) und „Zusammenarbeit mit islamischen Staaten und Gesellschaften: gemeinsame Grundlagen und spezifische Probleme" (1.12.1980) unter Beteiligung von Wissenschaftlern, Bundestagsabgeordneten und Journalisten vgl. PA-AA, B 9 (Planungsstab), Bd.178418.

3. Schluss

Von Beginn an waren sich die Planer des Auswärtigen Amts der Schwierigkeiten bewusst, die Vielfalt und Kontingenz der internationalen Beziehungen zu quantifizieren und in plausible Voraussagen zu verwandeln. Im Unterschied zur außenpolitischen Planung der DDR, für welche die ideologische Zielbestimmung kennzeichnend war, blieben die Diplomaten des Auswärtigen Amts einem zeitlich und sachlich begrenzten Planungshorizont verpflichtet. Obwohl die Diplomaten nicht in den allgemeinen Chor der Planungsenthusiasten einstimmen mochten, waren sie doch Teil des Rationalitätsdiskurses, der für die Planungsdebatte der 1960er Jahre kennzeichnend war.[54] Dies wird besonders deutlich in dem Bemühen, mit der Wissenschaft in einen ständigen Gedankenaustausch zu treten.

Mit der Schaffung eines Planungsstabs im Rahmen einer Reform des Auswärtigen Dienstes Anfang 1963 blieb das Auswärtige Amt anschlussfähig an die Weiterentwicklung der organisatorischen Grundlagen außenpolitischer Entscheidungsprozesse. Gleichwohl trat der Planungsstab zunächst in eine Findungsphase hinsichtlich seiner Möglichkeiten und seines Status. Wegen seiner Sonderstellung als Teil des Leitungsstabs stand er von Beginn an in einem Spannungsverhältnis zu den operativen Abteilungen, mit denen er zwar kooperierte, die ihm aber auch mit Skepsis begegneten. Konkrete außenpolitische Aktionspläne wurden auch weiterhin von letzteren erstellt. Dennoch übte der Planungsstab Einfluss auf die Entscheidungen der Amtsleitung aus. Dies war jedoch abhängig von der Persönlichkeit seines Leiters, seinem Verhältnis zum Minister und dessen Bereitschaft, auf die Gedanken der Planer einzugehen.

Einen Höhepunkt erlebte der Planungsstab unter Egon Bahr, büßte aber unter dessen Nachfolger Oncken und bedingt durch die Beanspruchung während der Verhandlungen über die KSZE-Schlussakte zeitweilig an Einfluss ein. Mitte der 1970er Jahre aber hatte sich der Planungsstab – entgegen dem allgemeinen Trend zur Abwertung politischer Planungsansprüche[55] – in der Ordnung des Auswärtigen Amts erst richtig etabliert und wurde in der Folgezeit personell ausgebaut. Dass der Planungsstab weiter wuchs, gründete wohl auch darin, dass er von Beginn an einem pragmatischen Zugang folgte, der auf einen

---

[54] Metzler, Konzeptionen, S. 208–231.
[55] Van Laak, Planung, S. 318–321.

kurz- und mittelfristigen Zeithorizont gerichtet war. Der Planungsstab lieferte konzeptionelle Beiträge, Reden und Analysen, in denen auf Trends und Entwicklungen aufmerksam gemacht wurde. Wie das Beispiel von Egon Bahrs ostpolitischen Konzeptionen zeigt, schloss dies den Entwurf weitreichender Zukunftsszenarien indes nicht aus. Zudem pflegte der Planungsstab Kontakte zu den Planungseinrichtungen anderer Außenministerien, die zur Ausbildung von „Planungsnetzwerken" führten. Schließlich war der Planungsstab ein wichtiger Akteur im Prozess der nationalen und transnationalen Wissenserzeugung im Bereich der internationalen Beziehungen, wie die zahlreichen Kolloquien mit Denkfabriken und Forschungseinrichtungen im In- und Ausland belegen.

Harald Engler
Zwischen Zukunftsverheißung, Planungseuphorie und kulturellem Wandel
Urbane Planung in West- und Ost-Berlin

Die Gestaltung urbaner Architektur bildet einen wichtigen Bestandteil politischer Planung: Hier werden Leitbilder gesellschaftlicher Repräsentation und Identitätsbildung etabliert, zugleich wird tief in das Alltagsleben der Bewohner eingegriffen, die mit den architektonisch-materiellen Raumstrukturen zu leben haben. In diesem Beitrag soll diese Dimension der politischen Planung für das geteilte Deutschland in seinen Kontextbedingungen beschrieben und anhand des Fallbeispiels Berlin empirisch unterfüttert werden: Welche Planungsansprüche besaßen die verschiedenen Akteure in Ost und West, welches waren ihre übergeordneten Ziele, die teilweise in beiden Systemen den Charakter von Utopien annahmen? Welche Form der Planungseuphorie entwickelte sich mit welchen Konjunkturen in West und Ost im Rahmen der Systemkonkurrenz? Neben den Leitbildern, Konzepten und Zielen der Stadtplanung in den systemspezifischen Gemeinsamkeiten und Unterschieden widmet sich der Beitrag auch der Partizipation in Planungsprozessen, der Aneignung der architektonisch-stadtplanerischen Materialität durch die Bevölkerung sowie dem jeweiligen Umgang mit Planungskritik.[1]

1. Stadtplanung und Architektur in der Systemkonkurrenz – Ziele, Konzepte und Selbstverständnis

Planung in der Bundesrepublik Deutschland war in den stärker ordoliberal gestalteten Anfängen der sozialen Marktwirtschaft durch ausgesprochene Planungszurückhaltung oder „Ideologie der Nichtplanung"[2] geprägt, die als dezidiertes Gegenmodell zur nationalsozia-

---
[1] Dieser Beitrag entstand in der Historischen Forschungsstelle des IRS, die sich mit der Stadt- und Urbanisierungsgeschichte des 20. Jahrhunderts mit gewissem Schwerpunkt auf der Bau- und Planungsgeschichte der DDR befasst; vgl. URL: http://www.neu.irs-net.de/forschung/forschungsabteilung-5/index.php [12.10.2016].
[2] So Klaus von Beyme, Das Politische System der Bundesrepublik Deutschland. Eine Einführung, Wiesbaden [12]2017, S. 348.

listischen Mobilisierung von Staat und Gesellschaft, aber auch zum zentralplanwirtschaftlich-sowjetischen Planungsmodell der DDR gedacht war. In Planung wurde in der Bundesrepublik bis Mitte der 1960er Jahre eine „Gefahr für die Freiheit" gesehen, sie galt als „Ausweis politischer Unterdrückung". Im Westen sollte eine „menschenwürdige und funktionsfähige Ordnung" entstehen, die nicht auf Eingriffe des Staates setzte.[3]

Ab Mitte der 1960er Jahre avancierte dagegen Planung in der Bundesrepublik zu einem politischen Prinzip, das mit den neuen Leitparadigmen der gesellschaftlichen Modernisierung,[4] der Zivilisierung des Kapitalismus und (insbesondere unter der sozialliberalen Koalition ab 1969) der Demokratisierung in Form einer „lernenden Demokratie"[5] operierte, die verstärkt Bedürfnisse der Bevölkerung einbezog und sich auch in der regionalen Raumordnung niederschlug. In dieser Phase, lange als „Planungseuphorie"[6] und zuletzt aber kritisch reflektiert eher als „Wirtschaftsoptimierungsbewegung"[7] bezeichnet, galt Planung als „systematische[r] Entwurf einer rationalen Ordnung auf der Grundlage alles verfügbaren einschlägigen Wissens".[8]

Im Planungssystem der Bundesrepublik war im Vergleich zur DDR kein allumfassender und die Gesellschaft zentral steuernder Geltungsanspruch wirksam. Durch die weitgehend umgesetzte Gewaltenteilung, die föderale Struktur des Regierungs- und Verwaltungssystems und die größeren Handlungsspielräume der regionalen und kom-

---

[3] Gabriele Metzler, Konzeptionen politischen Handelns von Adenauer bis Brandt. Politische Planung in der pluralistischen Gesellschaft, Paderborn 2005, S.12.

[4] Thomas Mergel, Modernisierung, in: Europäische Geschichte Online (EGO), 27.4.2011, URL: http://ieg-ego.eu/de/threads/modelle-und-stereotypen/modernisierung/thomas-mergel-modernisierung [21.10.2016].

[5] Max Kaase/Günther Schmid (Hrsg.), Eine lernende Demokratie. 50 Jahre Bundesrepublik Deutschland, Berlin 1999.

[6] Dirk van Laak, Planung, Planbarkeit und Planungseuphorie, Version: 1.0, in: Docupedia-Zeitgeschichte, 6.2.2010, URL: http://docupedia.de/zg/Planung [12.11.2016].

[7] Max Welch Guerra, Räumliche Planung und Gesellschaftspolitik um 1970 – ein folgenreicher Einschnitt in der Geschichte der Bundesrepublik, in: Wendelin Strubelt/Detlef Briesen (Hrsg.), Raumplanung nach 1945. Kontinuitäten und Neuanfänge in der Bundesrepublik Deutschland, Frankfurt a.M. 2015, S.287–316, hier S.287.

[8] Joseph H. Kaiser, Vorwort, in: ders./Martin Bullinger (Hrsg.), Planung I: Recht und Politik der Planung in Wirtschaft und Gesellschaft, Baden-Baden 1965, S.7–9, hier S.7.

munalen Ebenen erfolgte Planung in Westdeutschland deutlich differenzierter und weniger monostrukturell. Kennzeichnend war ein „komplexes Mehrebenensystem" als institutionelles Gefüge von Planungsstrukturen, das in Aushandlungsspielräumen der beteiligten Akteure zwischen Bund und Ländern sowie dort zwischen Regierungsbezirken, Landkreisen und Kommunen im Verlauf der Geschichte der Bundesrepublik mehrfach neu austariert wurde.[9] Zusätzlich wies das westliche Planungssystem eine deutlich stärkere Einbeziehung von institutionalisierten zivilgesellschaftlichen Elementen im Planungsprozess und Möglichkeiten der aktiven Partizipation der betroffenen Bevölkerung auf und verfügte dadurch über ein größeres Maß an Flexibilität, das für die Legitimation und die Stabilität des staatlichen und gesellschaftlichen Systems von entscheidender Bedeutung war. Allerdings beeinflussten private Eigeninteressen die Planungsprozesse Westdeutschlands in starkem Maße.

Neben positiven Impulsen für Modernisierung und Demokratisierung der Gesellschaft zeitigte dieses konsensorientierte Paradigma zugleich äußerst zwiespältige Ergebnisse, etwa ausgeprägte Tendenzen der Uniformierung und Teilzerstörung ganzer Landschaftsensembles im ländlichen Raum oder eine zerstörende Kahlschlagsanierung in Altstadtensembles von Großstädten.[10] Nach dem „Boom" geriet in den 1970er Jahren der allumfassende Planungsanspruch der politischen Akteure und ihrer Planer zusammen mit der Großerzählung vom erfolgreichen Projekt der Moderne in die Kritik.[11] In der Stadtplanung etablierten sich pragmatischere Zugriffe wie der Inkrementalismus als vorsichtigem Reformieren nach dem Prinzip von Versuch und Irrtum oder andere kleinschrittige Strategien wie die West-Berliner „behutsame Stadterneuerung".[12]

Für die Planer und Architekten in der Bundesrepublik kann festgehalten werden, dass in der unmittelbaren Nachkriegszeit ein eklatanter Verlust an sozialen und planerischen Visionen im Städtebau und

---

[9] Wolfgang Rudzio, Das politische System der Bundesrepublik Deutschland, Wiesbaden ⁹2015, v.a. S. 213 und 283f.
[10] Ute Hasenöhrl, Zivilgesellschaft und Protest. Eine Geschichte der Naturschutz- und Umweltbewegung in Bayern 1945–1980, Göttingen 2011, S. 257–278.
[11] Anselm Doering-Manteuffel/Lutz Raphael, Nach dem Boom. Perspektiven auf die Zeitgeschichte seit 1970, Göttingen ³2012, S. 63–70.
[12] Karl Ganser/Walter Siebel/Thomas Sieverts, Die Planungsstrategie der IBA Emscher Park. Eine Annäherung, in: RaumPlanung 61 (1993), S. 112–118; Matthias Bernt, Rübergeklappt. Die „behutsame Stadterneuerung" im Berlin der 90er Jahre, Berlin 2003, S. 47–63.

in der Architektur kennzeichnend war. Selbst ein großer Visionär des sozialen Städtebaus der 1920er Jahre wie Ernst May erklärte den Rückzug ins Private und das Leitbild eines „Freiraums klösterlicher Stille" zum Ideal der Zeit.[13] In den 1960er Jahren sahen Architekten sich hingegen primär als aktive Mitgestalter der ihre Zukunft planenden demokratischen Gesellschaft. Nach Walter Gropius waren vor allem Architekten dazu berufen, die „moderne" Gesellschaft als Ganzes zu gestalten. Bauen war demnach eine eminent soziale Aufgabe mit dem Ziel, die Lebensverhältnisse für alle zu verbessern.[14]

In der DDR wurde bereits mit der Staatsgründung 1949 ein wesentlich umfassenderer Geltungsanspruch der Umformung der Gesellschaft mit einer gleichheitsversprechenden Utopie einer besseren Zukunft formuliert.[15] Ostdeutsche Parteiphilosophen entwarfen im marxistisch-leninistischen Verständnis das neue System optimistisch als „Aufwärtsbewegung der Menschheit", bei der der Sozialismus nichts weniger als einen „neuen Zivilisationstyp" darstellte, der durch „Planmäßigkeit, Allseitigkeit, hohes wachsendes Tempo des Fortschritts" gekennzeichnet sei.[16] Die Staatspartei SED leitete aus ihrem Suprematieverständnis einen alle Bereiche der Gesellschaft umfassenden Planungsanspruch ab.[17] Planung wurde definiert als „wissenschaftliche Begründung, Festlegung und Kontrolle der Durchführung der Pläne zur ökonomischen und gesellschaftlichen Entwicklung".[18] Die fortent-

---

[13] Ernst May, Wohnungsbau, in: Reinhard Jaspert/Martin Elsaesser (Hrsg.), Handbuch der modernen Architektur, Berlin 1957, S.115–222, hier S.132f.; Tilman Harlander, Wohnen und Stadtentwicklung in der Bundesrepublik, in: Ingeborg Flagge (Hrsg.), Geschichte des Wohnens, Bd.5: Von 1945 bis heute. Aufbau, Neubau, Umbau, Stuttgart 1999, S.233–417, hier S.240–253.

[14] Walter Gropius, Die Rolle des Architekten in der modernen Gesellschaft, in: Bauen und Wohnen (1961) H.9, S.319–321; dazu Jörn Düwel, „Weder historische Allüren noch falsche Pracht". Architekten in der Bundesrepublik Deutschland, in: Karin Wilhelm/Kerstin Gust (Hrsg.), Neue Städte für einen neuen Staat. Die städtebauliche Erfindung des modernen Israel und der Wiederaufbau in der BRD. Eine Annäherung, Bielefeld 2013, S.181–192, hier S.187.

[15] Stefan Wolle, Der Traum von der Revolte. Die DDR 1968, Berlin 2008, S.46–55.

[16] Zitate bei Miran Mtschedlow, Sozialismus. Ein neuer Zivilisationstyp, Berlin 1983, S.111f.

[17] Stefan Wolle, Aufbruch nach Utopia. Alltag und Herrschaft in der DDR 1961–1971, Berlin 2011, v.a. S.143–177.

[18] Artikel: Planung, in: Gerhard Schüßler (Hrsg.), Wörterbuch zum sozialistischen Staat. Hrsg. v. der Akademie für Staats- und Rechtswissenschaft der DDR, Berlin 1974, S.220f.

wickelte Gesellschaft sollte von durch planmäßige Erziehung geschaffenen neuen Menschen mit „sozialistischer Persönlichkeit" errichtet werden.[19]

Das galt auch für Architektur und Stadtplanung. Ihre Bedeutung für die Genese der neuen sozialistischen Gesellschaftsordnung definierte der Vizepräsident der Deutschen Bauakademie, Edmund Collein 1952 wie folgt:

„Jedes Bauwerk, das wir errichten, bedeutet einen Schritt vorwärts in der Verbesserung unseres Lebens, es drückt aber gleichzeitig in seiner künstlerischen Gestalt und Aussage die humanistischen Ideen unseres Lebens in einer neuen Gesellschaftsordnung aus".[20]

Wohnen sollte diese „sozialistische Persönlichkeit" in neu entwickelten sozialistischen Wohnkomplexen, die als architektonisch-utopische Materialisation des Zusammenlebens der Menschen im Sozialismus konzipiert wurden.[21] Auch in der Wohnsoziologie und der bildenden Kunst sind utopische Momente der Zukunftsplanung für die DDR der 1950er und 1960er Jahre sichtbar.[22]

Das institutionelle System der Planung war auch im Bereich von Städtebau und Architektur in der DDR im Vergleich zur Bundesrepublik deutlich umfassender angelegt.[23] Die nahezu komplett in staatliche Hand übertragene Verfügungsgewalt über den städtischen Grund und Boden ermöglichte zusammen mit großflächigen Kriegszerstörungen

---

[19] Udo Margedant, Sozialistische Persönlichkeit, in: Rainer Eppelmann (Hrsg.), Lexikon des DDR-Sozialismus. Das Staats- und Gesellschaftssystem der Deutschen Demokratischen Republik, Bd. 2, Paderborn ²1997, S. 760–763, hier S. 761.
[20] Edmund Collein, Fragen des deutschen Städtebaus, in: Fragen der deutschen Architektur und des Städtebaus. Referate gehalten anläßlich des ersten Deutschen Architekturkongresses in Berlin, Dezember 1951, hrsg. v. der Deutschen Bauakademie zu Berlin, Berlin 1952, S. 51–87, das Zitat S. 55.
[21] Albrecht Wiesener, Steinerne Verheißungen einer sozialistischen Zukunft? Der Bau Halle-Neustadts aus gesellschaftsgeschichtlicher Perspektive, in: Christoph Bernhardt/Thomas Wolfes (Hrsg.), Schönheit und Typenprojektierung. Der DDR-Städtebau im internationalen Kontext, Erkner b. Berlin 2005, S. 229–255, hier S. 229ff. und 248–255.
[22] Sigrid Hofer, Kosmonaut Ikarus. Weltall, Erde, Mensch – Die planbare Zukunft als bildnerische Projektion, in: Karl-Siegbert Rehberg/Wolfgang Holler/Paul Kaiser (Hrsg.), Abschied von Ikarus. Bildwelten in der DDR – neu gesehen. Begleitend zur Ausstellung im Neuen Museum Weimar. 19. Oktober 2012 bis 3. Februar 2013, Köln 2012, S. 205–216.
[23] André Steiner, Von Plan zu Plan. Eine Wirtschaftsgeschichte der DDR, München 2004, S. 95f.

umfassende Groß- und Neuplanungen in Städtebau und Architektur, die kaum auf private Eigentumsinteressen Rücksicht nehmen mussten.[24] So wie Planung insgesamt in der DDR in erster Linie als Wirtschaftsplanung konzeptualisiert wurde, waren auch die Sektoren des Städtebaus, der Architektur und damit der Stadtplanung ressortmäßig dem Bereich Wirtschaft und nicht etwa der Kultur zugeordnet, was schwerwiegende Auswirkungen auf Bedeutung und Durchsetzungsfähigkeit eines qualitätsvollen Städtebaus zeitigte.[25] Erschwerend sorgte die seit Mitte der 1950er Jahre nach sowjetischem Vorbild durchgesetzte einseitige Orientierung auf das industrielle Bauen und die großflächige Typisierung von Baukörpern bei gleichzeitiger Vernachlässigung der Altbauerhaltung und -sanierung für ein zwiespältiges Ergebnis der Baukultur.[26] Das industrielle Bauen wurde im Bereich von Architektur und Städtebau zur (ökonomisch begründeten) Heilslehre der Planung erklärt, ein qualitätsvoller Städtebau durch eine großflächige Projektierungstechnologie ersetzt. Dadurch verfügten insbesondere die bezirklichen Wohnungsbaukombinate über große Deutungsmacht und Handlungsspielräume, weil sie über bevorzugte Ressourcenzugänge verfügten, um die geforderten großen Stückzahlen an Plattenbauwohnungen zu realisieren, während die Stadtarchitekten nur mit Mühe einen qualitativ hochwertigen Städtebau zu realisieren suchten.

Die wichtigsten Institutionen im Planungssystem der DDR im Bereich von Städtebau und Architektur bildeten die SED, die Staatliche Plankommission (SPK), das Ministerium für Bauwesen sowie die Bauakademie und der Bund der Architekten (BdA) der DDR.[27] Die SED war vornehmlich mit dem für Wirtschaftsfragen zuständigen Politbüromitglied Günter Mittag sowie der ZK-Abteilung für Bauwesen der wich-

---

[24] Georg Brunner, Das staatliche Eigentum in der Wirtschaftsverfassung der Honecker-Ära, in: Gottfried Zieger (Hrsg.), Recht, Wirtschaft, Politik im geteilten Deutschland. Festschrift für Siegfried Mampel, Köln 1983, S. 489–515.
[25] Harald Engler, Das institutionelle System des DDR-Bauwesens und die Reformdebatte um den Städtebau in den 1980er Jahren. Ein Problemaufriss, in: Christoph Bernhardt/Thomas Flierl/Max Welch Guerra (Hrsg.), Städtebau-Debatten in der DDR. Verborgene Reformdiskurse, Berlin 2012, S. 71–104, hier v. a. S. 95–98; Bruno Flierl, Gebaute DDR: Über Stadtplaner, Architekten und die Macht. Kritische Reflexionen 1990–1997, Berlin 1998, S. 9–12.
[26] Harald Engler, Wilfried Stallknecht und das industrielle Bauen. Ein Architektenleben in der DDR, Berlin 2014, S. 123–131.
[27] Zusammenfassend zum Institutionensystem vgl. Engler, Institutionelles System, S. 76–84.

Sitzung des BdA der DDR in der Volkskammer 1987, mit Bauminister Wolfgang Junker (links über dem Redner) und Politbüro-Mitglied Günter Mittag (rechts); Quelle: IRS/Wissenschaftliche Sammlungen

tigste Akteur auf diesem Feld. Die dominante Plankommission übte ihre Macht über die alleinige Ressourcenhoheit aus,[28] während das ressortmäßig für Bauen und Architektur verantwortliche Ministerium für Bauwesen auf diesem Feld dominant von der SED gesteuert wurde. Die Bauakademie der DDR wirkte mit über 4.000 Mitarbeitern in der Grundlagenforschung, während der Bund der Architekten (BdA) der DDR sowohl als Interessenvertretung als auch als wichtige Netzwerk- und Weiterbildungsinstitution fungierte.[29]

Die planerischen Verheißungen erfuhren um 1970 auch in der DDR ein abruptes Ende. Zwar wurde deklaratorisch an den Zielvor-

---

[28] Gerhard Schürer, Statement: Erfahrungen als Leiter der Staatlichen Plankommission. Wirtschaftliche und politische Verflechtungen von Akteuren, in: Heiner Timmermann (Hrsg.), Die DDR. Analysen eines aufgegebenen Staates, Berlin 2001, S. 31–45; Hannsjörg F. Buck, Kommentar zu den Artikeln von Gerhard Schürer „Statement: Erfahrungen als Leiter der Staatlichen Plankommission. Wirtschaftliche und politische Verflechtungen von Akteuren" und Claus Krömke „Das Scheitern des Neuen Ökonomischen Systems der Planung und Leitung in der DDR. Subjektives Versagen oder Reformunfähigkeit des Systems?", in: ebenda, S. 73–100.

[29] Michael Bräuer, Ein Instrument zur Lenkung des Planens 1952–1989. Der BdA

stellungen der sozialistischen Gesellschaft festgehalten, tatsächlich wurde der real vollzogene Utopieabbruch aber durch keine neuen Sinnstiftungsversuche ersetzt.[30] Stadtplanungsgeschichtlich ist diese Entwicklung an der Abkehr von der „Sichtzeichenarchitektur" nachvollziehbar, mit der der utopisch-gesellschaftliche Aufbruch der DDR im Stadtbild für alle Welt materialisiert wurde (wie z.B. dem Leipziger Unihochhaus).[31]

Für die DDR ist das Selbstverständnis der Architekten nicht auf eine einzige Formel zu bringen, vielmehr ist eine Vielzahl differenzierter Haltungen vom Mitläufer über den Karrieristen bis zum Kritiker zu konstatieren.[32] DDR-Planer lieferten zumeist in Architektenkollektiven Planungen von hoher fachlicher Qualität, sahen ihren Beruf allerdings in einer verhängnisvollen Transformation vom Architekten zum „Komplexprojektanten und Kollektivmitglied" verwandelt,[33] die mit einem gravierenden gesellschaftlichen Ansehensverlust verbunden war. Die größten Hindernisse für gute fachliche Arbeit lagen für sie im System der Planung, dem zunehmenden Ressourcenmangel sowie dem großen Manko des defizitären Städtebaus und der fehlenden Urbanität,[34] die allesamt zur Delegitimation des politischen Systems beitrugen.[35]

der DDR, in: Andreas Denk/Alice Sàrosi-Tumusiime/David Kasparek (Hrsg.), Bund Deutscher Architekten BDA. Chronik einer Wahlgemeinschaft. 1903–2013, Bd. 5: 1946–1959. Deutschland im Wiederaufbau, Berlin 2013, S. 25–31; Engler, Institutionelles System, S. 79–81.

[30] Wolle, Traum, S. 232–239; Wolle, Aufbruch, S. 409–420.

[31] Thomas Topfstedt, Wohnen und Städtebau in der DDR, in: Flagge, Geschichte des Wohnens, Bd. 5, S. 419–562, hier S. 501–509; typische Einzelbeispiele bei Harald Engler, Das „sozialistische" Prenzlau in der SBZ und der DDR (1945 bis 1990), in: Klaus Neitmann/Winfried Schich (Hrsg.), Geschichte der Stadt Prenzlau, Horb am Neckar 2009, S. 274–339, hier S. 303–307.

[32] Tobias Zervosen, Architekten in der DDR. Realität und Selbstverständnis einer Profession, Bielefeld 2016, v.a. S. 397–436; Bruno Flierl, Stadtplaner und Architekten im Staatssozialismus der DDR, in: ders., Gebaute DDR, S. 52–75.

[33] Thomas Topfstedt, Vom Baukünstler zum Komplexprojektanten. Architekten in der DDR, in: Holger Barth/Thomas Topfstedt (Bearb.), Vom Baukünstler zum Komplexprojektanten. Architekten in der DDR. Dokumentation eines IRS-Sammlungsbestandes biographischer Daten, Erkner b. Berlin 2000, S. 9–23, hier S. 13f.

[34] Bruno Flierl, Blindes Fortschrittsdenken und böses Erwachen, in: ders., Gebaute DDR, S. 9–11.

[35] Immer mehr Architekten und Planer konnten sich mit dieser beruflichen Malaise nicht mehr abfinden und griffen in den 1980er Jahren zu drastischeren Ausdrucksmitteln ihres Protestes; vgl. Wolfgang Kil, „Staatsfeindliche Entwürfe", in:

2. Stadtplanung in Ost- und West-Berlin – Großsiedlungen, Altstadterhalt, Städtebau und öffentlicher Raum

Seit den frühen 1960er Jahren wurden in beiden Teilen Deutschlands Großsiedlungen als Zukunftsverheißungen des Wohnens in peripherer Lage am Stadtrand vorangetrieben, allerdings in der DDR in verhältnismäßig größerem Ausmaß und mit wesentlich größeren Plattenbausiedlungen.[36] Deutlich unterschieden sich die Genese und Funktion von Großsiedlungen im Wohnungsbau im geteilten Berlin. Neben der Schaffung von massenhaften neuen und modernen Wohnungen dienten die Großsiedlungen im Westen eher als Ersatzwohnungen für Mieter, die gezielt aus den Sanierungsgebieten der Innenstädte umgesiedelt wurden, wie dies etwa für das Märkische Viertel als Ersatz für die Bewohner des Sanierungsgebietes Wedding der Fall war.[37] Dagegen dienten die Großsiedlungen in der DDR zuallererst als Ersatz für nicht modernisierte Wohnungen im Altstadtbereich, wie dies für Marzahn oder Hohenschönhausen für die unsaniert gebliebenen und zerfallenden Wohnungen von Prenzlauer Berg oder Friedrichshain galt.[38]

Ebenfalls unterschiedlich gestaltete sich der planerische Umgang mit den alten Stadtquartieren (zumeist aus der Gründerzeit des späten 19. Jahrhunderts) in Ost- und West-Berlin. In West-Berlin formierte sich als Folge des 1963 initiierten und sozialdemokratisch inspirierten Stadterneuerungsprogramms, das vor allem in den Innenstadtbezirken von Kreuzberg und Wedding eine radikale Kahlschlagsanierung in Gang setzte, eine Widerstandsbewegung in Teilen der Bevölkerung und anschließend in den planerischen Fachkreisen. West-Berlin erlebte Ende der 1970er bzw. Anfang der 1980er Jahren einen Höhepunkt der Hausbesetzerbewegung.[39] Auf die Kritik der Bewohner reagierte

Arch+. Zeitschrift für Architektur und Städtebau 103 (1990), S. 62–64.
[36] Berlin-Marzahn war und ist bis heute mit mehr als 58.000 Wohneinheiten die größte Großsiedlung Deutschlands (die größte Westdeutschlands, München-Neuperlach, umfasste 24.000 Wohnungen); vgl. Eli Rubin, Concrete utopia. Everyday life and socialism in Berlin-Marzahn, in: Uta A. Balbier (Hrsg.), East German material culture and the power of memory. Bulletin of the German Historical Institute, Suppl. 7, Washington (DC) 2011, S. 29–45.
[37] Andreas K. Schmidt, Vom steinernen Berlin zum Freilichtmuseum der Stadterneuerung. Die Geschichte des größten innerstädtischen Sanierungsgebietes der Bundesrepublik: Wedding-Brunnenstraße, 1963–1989/95, Hamburg 2008.
[38] Christine Hannemann, Die Platte. Industrialisierter Wohnungsbau in der DDR, Berlin ³2005, S. 96–106, hier S. 101.
[39] Armin Kuhn, Vom Häuserkampf zur neoliberalen Stadt. Besetzungsbewegun-

die Stadtverwaltung mit der Internationalen Bauausstellung (IBA-Altbau) ab 1977 und dem dort erstmals erfolgreich etablierten Planungskonzept der „behutsamen Stadterneuerung", welches die Bewohner in Sanierungskonzepte einbezog und damit ein Ende der Kahlschlagsanierung einleitete.[40] In Ost-Berlin vollzog sich wie in der gesamten DDR seit Ende der 1970er Jahre zwar ebenfalls ein städtebaulicher Paradigmenwechsel, der die urbanen Qualitäten der Innenstadtquartiere planerisch wiederentdeckte und mit dem Arnimplatz und der Husemannstraße beispielhafte Sanierungsexempel im Rahmen der „komplexen Modernisierung" realisierte; jedoch nahmen diese eher eine Feigenblattfunktion ein.[41] Denn um diese beiden vorbildhaft sanierten Stadtplätze herum zerfiel die Altbausubstanz aus der Gründerzeit weiterhin rapide, was sich am Prenzlauer Berg ebenso zeigen lässt wie in Leipzig. In der Rykestraße im Bezirk Prenzlauer Berg sollten Altbauten noch bis Ende der 1980er Jahre durch Plattenbauten ersetzt werden.[42] Ähnlich wie in West-Berlin entwickelte sich jedoch auch in Ost-Berlin, insbesondere von betroffenen Bewohnern ausgehend, zivilgesellschaftlicher Widerstand gegen diesen Stadtzerfall, der allerdings nur partiell erfolgreich war. Erst nach 1989/90 führte diese zivilgesellschaftliche Kritik zu Sanierungskonzepten unter Einbeziehung der Wohnbevölkerung.[43]

Mit welchen unterschiedlichen planerischen Grundkonstellationen der Städtebau in der DDR und in der Bundesrepublik gestaltet wurde, lässt sich anhand des Vergleichs der Planung des Alexanderplatzes in Ost-Berlin und des Breitscheidplatzes in West-Berlin als zentrale Plätze der beiden Teilstädte und Bühnen des jeweiligen Politik- und Gesell-

---

gen und Stadterneuerung in Berlin und Barcelona, Münster 2014, S. 69–84.

[40] Emily Pugh, Beyond the Berlin myth. The Local, the Global and the IBA 87, in: Philip Broadbent (Hrsg.), Berlin divided city, 1945–1989, New York 2010, S. 156–167.

[41] Dieter Hanauske: Die „Lösung der Wohnungsfrage", in: Berlinische Monatsschrift 6/2001, hrsg. v. Luisenstädtischer Bildungsverein, S. 25–41, hier S. 35, URL: www.luise-berlin.de/bms/bmstxt01/0106prod.htm [21.11.2016].

[42] Tanja Blankenburg, Stadterneuerung im Konflikt. Das Modellvorhaben Rykestraße in Berlin, in: Holger Barth (Hrsg.), Grammatik sozialistischer Architekturen. Lesarten historischer Städtebauforschung zur DDR, Berlin 2001, S. 253–263.

[43] Bernt, Rübergeklappt, S. 94–127. Vgl. zum Widerstand gegen den Altstadtzerfall in Ost-Berlin und vor allem im Bezirk Prenzlauer Berg: Studie „Sozialplanung in der Stadterneuerung 1991", Bestand IBIS 25, Archiv der DDR-Opposition der Robert-Havemann-Gesellschaft Berlin (ARHG).

schaftssystems zeigen.[44] Dabei sind große Unterschiede der Planung und Gestaltung zu konstatieren: Zum ersten sind die Akteurskonstellation und der stadtplanerische Zugriff ein anderer, weil am Alexanderplatz die SED den dominierenden Planungsakteur stellte, während am Breitscheidplatz städtische und bezirkliche Planungsbehörden zusammen mit Geschäftslobbyisten bestimmend waren. Deutlich unterschiedlich wurde die planerische Morphologie der jeweiligen Stadtplatzsituation modelliert, die beim Alexanderplatz durch bauliche Einheitlichkeit und Monumentalität, beim Breitscheidplatz eher durch Vielfalt charakterisiert war. Unterschiedlich wurden auch die Bautypen und Funktionen der beiden Plätze definiert, die beim Alexanderplatz durch einen großen Anteil an zentrumsnahem Wohnungsbau, beim Breitscheidplatz mehr durch ein vielfältiges Geschäftszentrum gekennzeichnet war. Schließlich unterschieden sich beide Plätze in den für die Offenheit und demokratische Verfasstheit entscheidenden Fragen der öffentlichen Zugänglichkeit und Überwachung, war doch der Alexanderplatz einer starken und permanenten Observation ausgesetzt, während der Breitscheidplatz grundsätzlich durch einen offenen Zugang gekennzeichnet war.

Gleichzeitig weisen beide Platzrealisierungen eine Fülle von erstaunlichen Parallelen auf, die angesichts der politischen Systemunterschiede überraschen, aber eine gewisse Konvergenz allgemeiner Planungs-Parameter in der zweiten Hälfte des 20. Jahrhunderts über die Systemgrenzen hinweg erkennen lassen. Eine deutliche Übereinstimmung kann dahingehend konstatiert werden, dass sich in West wie Ost „Gammler" und andere soziale Randgruppen wie Skateboardfahrer, Punks oder Junkies die Plätze eigensinnig aneigneten und daraufhin – freilich in unterschiedlicher Vehemenz – durch staatliche Sicherheitsorgane (Staatssicherheit/Volkspolizei versus Polizei) observiert, unter Druck gesetzt, häufig verhaftet bzw. vom Platz entfernt wurden.[45]

---

[44] Vgl. ausführlich Harald Engler, Zwischen „Alexverbot" und „Wasserklops". Gestaltung und subkulturelle Aneignung von Alexanderplatz und Breitscheidplatz in der urbanen Systemkonkurrenz Ost- und West-Berlins, in: Christoph Bernhardt (Hrsg.), Städtische öffentliche Räume. Planungen, Aneignungen, Aufstände 1945–2015, Stuttgart 2016, S. 173–213.
[45] Ebenda, S. 197–208.

Urbane Planung 191

Sozialistische Neuplanung des Alexanderplatzes mit dem Fernsehturm (Modell um 1980); Quelle: IRS/Wissenschaftliche Sammlungen

3. Planungskritik und Partizipation

Für die Bundesrepublik kann im Bereich von Stadtplanung und Architektur eine wachsende Lernbereitschaft und systemische Anpassungsfähigkeit an die Bedürfnisse und das wachsende Partizipationsbedürfnis der Bevölkerung konstatiert werden.[46] Die staatlichen und kommunalen Planungsbehörden veränderten ihre Praxis auch wegen des wachsenden Partizipationswunsches und -drucks von unten, der sich seit den späten 1960er Jahren verstärkte. Dazu gehörten Erfolge einzelner Bürgerinitiativen wie der Bürgerinitiative Westtangente, die „Strategien für Kreuzberg" oder der Lernprozess der Internationalen Bauausstellung (IBA) Altbau in West-Berlin 1987 als Ergebnis der

[46] Maria Bostenaru Dan, Von den Partizipationsmodellen der 70er Jahre zu Kommunikationsformen Ende des XXten Jahrhunderts in Architektur und Städtebau, Göttingen 2007, S. 19–37.

Hausbesetzerbewegung.[47] Allerdings wurden diese Entwicklungen von Beteiligten und zunehmend auch von der Planungswissenschaft kritisch betrachtet, so dass die Prozesse der Bürgerbeteiligung von zahlreichen Widersprüchen, Konjunkturen und Formen von Pro-Forma-Beteiligung ohne wirkliche Veränderungsmöglichkeit gekennzeichnet waren.[48]

Kritik wurde auch in der DDR an Planungsprozessen und -vorhaben geäußert – und zwar von Fachleuten ebenso wie von der Bevölkerung. Allerdings waren Spielräume für fachpolitische Reformansätze oder gar die Artikulation von Interessen betroffener Bürger in der DDR angesichts des Suprematieanspruchs der SED deutlich geringer ausgeprägt als in Westdeutschland. Umso wichtiger ist es, die gegebenen Ansätze für Kritik und Reformen im Planungswesen von Städtebau und Architektur in der DDR zu identifizieren.

Im Bauwesen gab es im Verlauf der DDR-Geschichte zahlreiche fachliche Reformansätze und -versuche, die aber zumeist scheiterten. Dies gilt etwa für die alternativen Methoden des industriellen Bauens des Architekten Wilfried Stallknecht, der neben den Grundkonzepten der beiden wichtigen Plattenbauserien P2 und WBS 70 zahlreiche andere Varianten entwickelte, die zu größerer Vielfalt in den zur Monotonie neigenden Plattenbaugebieten der DDR geführt hätten, es allerdings nicht zur Serienreife brachten.[49] Die Stadtarchitekten der DDR, die sich als gut vernetzte Fachgruppe zweimal jährlich zu Aussprachen trafen und dabei in erstaunlicher Offenheit auch kritische Positionen bezogen, schlugen vor, die Mieten in der DDR zu erhöhen, um die gefährdeten Altstadtgebiete erhalten zu können. Der Vorschlag wurde vom Politbüro barsch vom Tisch gewischt.[50] Seit den 1980er Jahren existierte im DDR-Bauwesen ein fachoppositioneller Kreis um den neuen Chef des Instituts für Städtebau und Architektur, der mit einem fachlichen Netzwerk zwischen Berlin, Weimar und dem neu aufgebauten Bauhaus in Dessau vorsichtige Reformansätze wie eine zunehmende Einbin-

---

[47] Harald Bodenschatz/Cordelia Polinna, Learning from IBA – die IBA 1987 in Berlin, Berlin 2011.
[48] Thomas Wagner, Die Mitmachfalle. Bürgerbeteiligung als Herrschaftsinstrument, Köln 2013.
[49] Engler, Stallknecht, v.a. S. 40–45.
[50] Interview des Autors mit dem Stadtarchitekten von Frankfurt (Oder), Manfred Vogler, am 30.6.2010; Interviews des Autors beim Treffen der ehemaligen Stadtarchitekten der DDR in Weimar am 2.4.2016.

dung der DDR in internationale Netzwerke sowie eine Pluralisierung und Öffnung der DDR-Architektur anstrebte. Diese Fachopposition wurde von Bauminister Junker mit der Absage der 57. Plenartagung der Bauakademie im Oktober 1989, auf der Reformschritte im DDR-Bauwesen hätten realisiert werden sollen, ausgebremst und brüskiert.[51]

Für die Planungsgeschichte ist es unerlässlich, nicht nur die Planungen und ihre städtebaulichen oder architektonischen Produkte in den Blick zu nehmen, sondern vor allem auch die davon betroffene Bevölkerung in ihren Partizipationsmöglichkeiten sowie in ihren eigensinnigen Aneignungsprozessen einzubeziehen. Mit letzterem ist nicht nur die planerische Gestaltung von Ensembles oder Objekten durch die Planer gemeint, die ubiquitär und zumeist unspektakulär ist. Für den Historiker wesentlich interessanter ist der eigensinnige und zuweilen gegen staatliche Intentionen gerichtete Umgang der Bevölkerung mit Planungen in beiden Systemen, wie dies bei den Weltfestspielen der Jugend 1973 auf dem Alexanderplatz zu beobachten ist. Die zivilgesellschaftlichen Partizipationsmöglichkeiten in der Stadtplanung können für Westdeutschland zunächst als systematische Partizipationsausweitung seit Ende der 1960er Jahre charakterisiert werden.[52] Dabei waren im Bereich partizipativer Maßnahmen partielle Erfolge zu verzeichnen, wie das Beispiel der Einführung der behutsamen Stadterneuerung Ende der 1970er Jahre als Reaktion auf Proteste gegen die Kahlschlagsanierung zeigt.[53]

In der DDR gab es vor allem in den frühen 1960er Jahren Ansätze von Partizipation in Architektur- und Planungsprozessen, etwa bei der Etablierung von Möbelprogrammen für die Innenraumgestaltung der neu eingeführten Plattenbauserie P2 im Jahre 1962.[54] Doch fanden die staatlich initiierten Partizipationsmöglichkeiten in beiden Systemen

---

[51] Max Welch Guerra, Fachdisziplin und Politik. Stadtplanerische Fachdebatte und gesellschaftspolitische Reformbestrebungen an der Hochschule für Architektur und Bauwesen Weimar, in: Bernhardt/Flierl/Welch Guerra, Städtebau-Debatten, S. 42–69, hier v.a. S. 62–66.
[52] Hartmut Häußermann/Dieter Läpple/Walter Siebel, Stadtpolitik, Frankfurt a. M. 2008, S. 225–245.
[53] Michael Bollé (Hrsg.), Hardt-Waltherr Hämer, Architekt HBK. Behutsame Stadterneuerung, Berlin 2007, S. 56–72.
[54] Stefan Haas, „Wir bauen Wohnungen". Bürgerbeteiligung in der DDR am Beispiel der Wohnungsbaupolitik in den 1950er Jahren, in: Thomas Großbölting (Hrsg.), Friedensstaat, Leseland, Sportnation? DDR-Legenden auf dem Prüfstand, Berlin 2009, S. 250–268.

Inszenierung und eigensinnige Aneignung. Weltfestspiele der Jugend und Studenten in Ost-Berlin 1973; Quelle: Wikimedia Commons

ihre systemspezifischen Grenzen. In der DDR machte sich neben den grundsätzlich stärker eingeschränkten zivilgesellschaftlichen Artikulationsmöglichkeiten in erster Linie die Ressourcenknappheit bemerkbar. In der bundesdeutschen Politik dominierte in den 1960er Jahren ein starkes Vertrauen in wissenschaftliche Expertise und Planung, was die Seriosität partizipativer Elemente als Teil des Planungsprozesses in Frage stellte. Zugleich stand der kapitalistische Verwertungsdruck vielen Partizipationsansätzen entgegen.[55] Wenn aber die Partizipationsrealität als Gradmesser für die jeweilige demokratische Verfasstheit und Reformbereitschaft des Systems zum Maßstab genommen werden soll, dann ist für die DDR eher eine grundsätzliche Reformunfähigkeit zu konstatieren, während sich in Westdeutschland partielle Partizipationsfenster öffneten und dort insgesamt eine größere Reformbereitschaft als Antwort auf Bürgerproteste vorhanden war, ohne dass es letztlich zu rundum anerkannten Partizipationsmodellen kam.

---

[55] Klaus Selle, Stadtentwicklung und Bürgerbeteiligung – Auf dem Weg zu einer kommunikativen Planungskultur? Alltägliche Probleme, neue Herausforderungen, in: Informationen zur Raumentwicklung (2007) 1, S. 63–71.

Für West-Berlin lassen sich prototypische, extrem erfolgreiche Kämpfe gegen staatliche Planungen exemplifizieren am Kampf gegen die megalomane autogerechte Stadtplanung in Form von Stadtautobahnen seit 1955. Gegen diese richtete sich in West-Berlin die Bürgerinitiative Westtangente. Ihr gelang es 1976, den Senat zur Aufgabe des ursprünglich geplanten Stadtautobahnsystems mit riesigen Tangenten mitten durch dicht bebaute Gebiete in den Bezirken Kreuzberg oder Schöneberg zu zwingen.[56] Das zweite Beispiel ist der Kampf der Hausbesetzerszene gegen den Abriss von Altbauten im Zuge der Kahlschlagsanierung der 1960er Jahre sowie ähnliche Aneignungsprozesse mit Hilfe der Besetzung von städtischen Freiräumen wie am Berliner Lenné-Dreieck 1988.[57]

Auch in der DDR regte sich auf mehreren Feldern Widerstand gegen staatliche Planungsmaßnahmen und -fehler, die aber anders akzentuiert waren.[58] So protestierten einige DDR-Bewohner vehement gegen den grassierenden Wohnungsmangel und die sich verschlimmernden Sanierungsdefizite durch massenhaftes Schwarzwohnen, das vom auf diesem Feld inzwischen weitgehend planungsunfähigen Staat häufig geduldet bzw. durch Finanz- oder Materialzuweisungen sogar gefördert wurde.[59] Deutlich politischer angelegt waren die in den 1980er Jahren entstehenden Bürgerinitiativen gegen den Altstadtabriss in DDR-Städten,[60] die beispielsweise im Kampf gegen den Abriss von Gründerzeitvierteln in der Rykestraße im Berliner Bezirk Prenzlauer Berg informelle strategische Bündnisse mit Mitarbeitern der Bauakademie der DDR eingingen.[61]

---

[56] Udo Dittfurth, Verkehrsplanung in West-Berlin. Ein Bericht aus dem ideologischen Sektor, in: Günter Schlusche u.a. (Hrsg.), Stadtentwicklung im doppelten Berlin. Zeitgenossenschaften und Erinnerungsorte, Berlin 2014, S. 226–241, hier S. 228ff.
[57] Stephan Noe, Über die Mauer in den Osten, in: Spiegel Online, 27.6.2008, URL: www.spiegel.de/einestages/kalter-krieg-bizarr-a-950098.html [12.11.2016].
[58] Dieter Rink, Bürgerbewegungen und Kommunalpolitik in Ostdeutschland, in: Susanne Benzler/Udo Bullmann/Dieter Eißel (Hrsg.), Deutschland-Ost vor Ort. Anfänge der lokalen Politik in den neuen Bundesländern, Opladen 1995, S. 75–98.
[59] Udo Grashoff, Schwarzwohnen. Die Unterwanderung der staatlichen Wohnraumlenkung in der DDR, Göttingen 2011.
[60] Brian Ladd, Altstadterneuerung und Bürgerbewegung in den 1980er Jahren in der DDR, in: Holger Barth (Hrsg.), Planen für das Kollektiv. Dokumentation des 4. Werkstattgesprächs vom 15.–16. Oktober 1998, Erkner b. Berlin 1999, S. 89–96.
[61] Blankenburg, Stadterneuerung, S. 259f.

4. Fazit

Zur Grundsignatur von Stadt- und Architekturplanung gehörte ab Mitte der 1950er bis in die 1970er Jahre hinein in Ost- und West-Deutschland eine ausgeprägte Fortschrittsgläubigkeit und die Überzeugung, dass das Neue dem Alten grundsätzlich überlegen sei. Beides führte zu erheblichen Eingriffen in funktionierende Strukturen. Ebenfalls für beide Systeme kennzeichnend war ein weitreichender Anspruch der Stadtplanungen, der als „Planungseuphorie" oder als Steuerungsmodell für den Umgang mit Wachstumskrisen und zur Erhaltung politischer Stabilität bezeichnet werden kann.[62] Deutlich unterscheidbar ist aber der Umgang mit planerischen Misserfolgen wie z.B. der Kahlschlagsanierung in West-Berlin oder dem Zerfall der Altbauten in Ost-Berlin. In der Bundesrepublik dominierte eine systemische Anpassungs- und Reformbereitschaft, die mit institutionalisierten Partizipationsmechanismen einherging. Im günstigen Fall zeichneten sich somit Lösungen wie die behutsame Stadterneuerung ab. Hingegen wurden in der DDR zwar ebenfalls kleinere planerische Anpassungen und Änderungen vorgenommen, aber keine wirklichen Reformen. Dennoch sollten die innerfachlichen sowie die wenigen zumeist gescheiterten Reformansätze innerhalb der SED im Planungssystem Ostdeutschlands analysiert sowie ihre zumeist vergessenen Akteure namhaft gemacht werden.

Zieht man die vorhandenen Spielräume der Bevölkerung für Partizipations- und Aneignungsprozesse in der Stadtplanung als systematische Gradmesser für die grundsätzliche Demokratiefähigkeit des jeweiligen politischen Systems heran, so lässt sich für Westdeutschland eine größere Adaptionsfähigkeit und Flexibilität in Planungsprozessen z.B. durch Maßnahmen einer bewohnerorientierten Planung konstatieren. Für die DDR sorgten die insgesamt eher defizitären Mechanismen der Stadtplanung mit dem Versagen bei der Sanierung von Altstadtbereichen für eine graduelle Delegitimation des Gesamtsystems, die letztlich zum Kollaps der SED-Herrschaft beitrugen.

Die Erzeugnisse der Planung von Städtebau und Architektur in Ost- und West-Berlin aus der Zeit der Systemkonkurrenz der 1960er bis 1980er Jahre bilden insgesamt einen lebendigen Erinnerungsort und geradezu ein Freiluftmuseum für Planungskulturen in Deutschland.

---

[62] Welch Guerra, Räumliche Planung, S. 287.

Mit ihnen sollte aufgrund ihres hohen Zeugniswerts (z.B. im Ensemble westlich des Berliner Fernsehturms[63]) möglichst behutsam und differenziert umgegangen werden.

---

[63] Paul Sigel/Kerstin Wittmann-Englert (Hrsg.), Freiraum unterm Fernsehturm. Historische Dimensionen eines Stadtraums der Moderne, Berlin 2015.

Silke Mende
Ausstieg aus der Megamaschine?
Planungskritik in den Neuen Sozialen Bewegungen

Für das Selbstverständnis und die Ideenwelt von Protestbewegungen, vor allem in der jüngeren Zeitgeschichte, ist visuelle Kommunikation ein zentrales Element.[1] Die nebenstehende Karikatur aus der Frankfurter Sponti-Zeitschrift „Pflasterstrand" bündelt Erfahrungen von Entfremdung, Anonymität und Ohnmacht.[2] Sie ist geradezu symptomatisch für die Gegenwartskritik des alternativen Milieus und eines signifikanten Teils der Neuen Sozialen Bewegungen in den 1970er und 1980er Jahren.

Die von Matthias Horx stammende Zeichnung, betitelt als „Abenteuer in Technokazien. Karl Pappnase und Dr. Freakowski", nimmt mit der „Maschine" ein paradigmatisches Motiv auf, das im Alternativ- und Protestmilieu weit verbreitet war. Der Topos von der „Maschine", zugespitzt im Begriff der „Megamaschine", avancierte zu einem Zentralbegriff der Kritik an den Ausformungen der modernen Industriegesellschaft, der unterschiedliche Themen und Aspekte miteinander verband. Jenseits dessen ist „Maschine" im Sinne von Hans Blumenberg ein „prägnantes Programmwort der Weltdeutung" und einer der metaphorischen Prototypen in der Geschichte politischer Sprache.[3] Der Begriff bedient ganz unterschiedliche ideengeschichtliche Traditionslinien; er war und ist anschlussfähig für linke wie rechte Technikkritik.

---

[1] Am Beispiel der Friedensbewegung: Kathrin Fahlenbrach/Laura Stapane, Mediale und visuelle Strategien der Friedensbewegung, in: Christoph Becker-Schaum/Philipp Gassert/Martin Klimke (Hrsg.), „Entrüstet Euch!" Nuklearkrise, NATO-Doppelbeschluss und Friedensbewegung, Paderborn 2012, S. 229–246; Benjamin Ziemann, The Code of Protest: Images of Peace in the West German Peace Movements, 1945–1990, in: Contemporary European History 17 (2008), H. 2, S. 237–261. – Zentrale Überlegungen des vorliegenden Beitrags finden sich bereits in: Silke Mende, „Nicht rechts, nicht links, sondern vorn". Eine Geschichte der Gründungsgrünen, München 2011, insb. S. 322–406.
[2] Die Karikatur in: Pflasterstrand 90 (1980), S. 20f.
[3] Hans Blumenberg, Paradigmen zu einer Metaphorologie, Berlin 2013, S. 91–110, Zitat: S. 93 sowie Ahlrich Meyer, Mechanische und organische Metaphorik politischer Philosophie, in: Archiv für Begriffsgeschichte 13 (1969), S. 128–199.

Karikatur von Matthias Horx: „Abenteuer in Technokazien: Karl Pappnase und Dr. Freakowski", abgedruckt in: Pflasterstrand 90 (1980), S. 20f.; Rechteinhaber: Matthias Horx

Doch welche für die Neuen Sozialen Bewegungen charakteristischen Themen lassen sich, ausgehend von dieser Karikatur, mit Blick auf unsere Fragestellung nach Planung und Planungskritik auffächern? Folgender Ausschnitt des Bildes verrät, dass in diesem Fall an erster Stelle eine Kritik an Parteien und Wahlen im Konkreten sowie „dem Staat" und der Bonner Parteiendemokratie im Allgemeinen geübt wird. Mit Blick auf den fremdbestimmten und stimmlosen „Herrn Schmidt" entspinnt sich folgender Dialog:

„Aber Herr Schmidt: Jetzt werfen Sie doch Ihren Stimmzettel in die Urne. Schließlich geht es darum, wer diese Maschine hier demokratisch regieren darf."

„Lass ihn doch! Du siehst doch, dass er nicht mal Erst- und Zweitstimme unterscheiden kann!"[4]

Ausschnitt aus Abb. S. 199

Obwohl die Zeichnung in erster Linie jene Parlamentarismus- und Parteienkritik widerspiegelt, die signifikante Teile der Neuen Sozialen Bewegungen charakterisierte, bildet sie auch ein grundsätzliches Unbehagen dieses Milieus an Technokratie und Machbarkeitsglauben sowie an der „Kälte" der „verwalteten Welt" ab. Ausgehend davon konzentriert sich der folgende Beitrag auf drei für diesen Band zentrale Themenfelder, die aus zeitgenössischer Perspektive eng miteinander

[4] Pflasterstrand 90 (1980), S. 20f.

verwoben waren: erstens die Wahrnehmung von Planung und Technik sowie einzelne Grundzüge von Planungskritik in den Neuen Sozialen Bewegungen, zweitens die Frage nach den damit verbundenen Fortschrittsverständnissen sowie drittens das Thema Staatsskepsis und Demokratievorstellungen, wozu auch Formen der Selbstorganisation in den Bewegungen zählten.

Der Schwerpunkt liegt auf dem Zeitraum von den späten 1960er bis zu den frühen 1980er Jahren sowie auf Westdeutschland. Im Mittelpunkt stehen die Neuen Sozialen Bewegungen, die sich an der Wende zu den 1970er Jahren rund um das Thema „Lebensqualität" formierten. Vor allem die Sozialwissenschaften grenzen sie idealtypisch von den „alten" sozialen Bewegungen ab, allen voran von der Arbeiterbewegung, die sich stärker über klassische industriegesellschaftliche Themen und Kategorien wie „Arbeit", „Klasse" und „Kapital" definierte.[5] Im Folgenden geht es hauptsächlich um die Umwelt-, die Anti-AKW- und die Friedensbewegung, weniger um die Frauen- oder die „Dritte-Welt"-Bewegung, wobei sich auch zu diesen Bezüge herstellen ließen. Schließlich werden die in der zweiten Hälfte der 1970er Jahre entstehenden grünen, bunten und alternativen Listen in den Blick genommen, die eng mit den damaligen Protestbewegungen verbunden, wenn auch keinesfalls deckungsgleich mit ihnen waren.

1. Planungskritik

Obwohl die Fortschritts- und Technikkritik historisch deutlich weiter zurückreicht, ist die Gegenwartskritik der Neuen Sozialen Bewegungen vor dem Hintergrund der „langen" 1960er Jahre zu sehen, zumal diese für viele ihrer Akteure den zentralen Erfahrungsraum darstellten.[6] Die Geschichtswissenschaft hat diese Dekade recht einhellig als Jahrzehnt von Zukunftseuphorie und Fortschrittsoptimismus, Planungsdenken und Machbarkeitsglauben charakterisiert. Über gesellschaftliche Gruppen- und Parteigrenzen hinweg herrschte großes Vertrauen in Technokratie und Planung auf der Basis wissenschaftlicher

---

[5] Roland Roth/Dieter Rucht, Einleitung, in: dies. (Hrsg.), Die sozialen Bewegungen in Deutschland seit 1945. Ein Handbuch, Frankfurt a.M. 2008, S. 9–36, hier S. 13–17.
[6] Zu den Traditionen der Technik- und Fortschrittskritik: Rolf Peter Sieferle, Fortschrittsfeinde? Opposition gegen Technik und Industrie von der Romantik bis zur Gegenwart, München 1984.

Expertise. Im Bereich der Energiepolitik fand dies in der Akzeptanz der Kernkraft seinen Ausdruck, die mehrheitlich als verheißungsvolle Zukunftstechnologie wahrgenommen wurde.[7] In Abgrenzung zu diesem zeithistorischen Kontext formierten sich an der Wende zu den 1970er Jahren die ersten Bürgerinitiativen. Sie traten als Opposition gegen die spür- und sichtbaren Folgen einer aus ihrer Sicht verfehlten Planungspolitik in den Bereichen Stadt-, Verkehrs- und Raumplanung zusammen und kritisierten so beispielsweise Luftverschmutzung und Verkehrslärm. Die Wendung vom Konkreten zum Allgemeinen erfolgte einerseits über interne Vernetzungen, andererseits insbesondere durch die Auseinandersetzung mit dem Thema Kernenergie. Für zahlreiche Anhänger der Neuen Sozialen Bewegungen war diese keinesfalls eine verheißungsvolle Zukunfts-, sondern eine symbolbeladene Reiztechnologie. Sie wurde zu einem regelrechten Dachthema, das ganz unterschiedliche Aspekte der Kritik zu bündeln vermochte. In Auseinandersetzung mit der Kernkraft wurde das schwindende Vertrauen in die Beherrschbarkeit von Technik, die Risikoanfälligkeit technischer Großsysteme sowie die Vergeblichkeit menschlicher Machbarkeitsutopien durchdekliniert.[8]

Damit rückten die Prämissen planerischen Denkens in den Blick. Nicht mehr bloß konkrete Beispiele von Planungspolitik, sondern auch die übergreifenden Ideen und Ordnungsmuster, die dem zugrunde lagen, gerieten zur Zielscheibe. Das konnte, wie das folgende Zitat zeigt, in eine umfassende Kritik der hoch technisierten, modernen Industriegesellschaft münden:

„Wir stellen fest, daß wir zunehmend verwaltet und manipuliert werden, daß wir zu Rädchen in einem Getriebe geworden sind, das wir nicht mehr durchschauen können. Darum haben wir uns entschlossen, unsere Sache selbst in die Hand

---

[7] Gabriele Metzler, Am Ende aller Krisen? Politisches Denken und Handeln in der Bundesrepublik der sechziger Jahre, in: HZ 275 (2002), S. 57–103; Michael Ruck, Ein kurzer Sommer der konkreten Utopie. Zur westdeutschen Planungsgeschichte der langen 60er Jahre, in: Axel Schildt/Detlef Siegfried/Karl Christian Lammers (Hrsg.), Dynamische Zeiten. Die 60er Jahre in beiden deutschen Gesellschaften, Hamburg 2000, S. 362–401.
[8] Albrecht Weisker, Expertenvertrauen gegen Zukunftsangst. Zur Risikowahrnehmung der Kernenergie, in: Ute Frevert (Hrsg.), Vertrauen. Historische Annäherungen, Göttingen 2003, S. 394–421; Anselm Tiggemann, Die „Achillesferse" der Kernenergie in der Bundesrepublik Deutschland. Zur Kernenergiekontroverse und Geschichte der nuklearen Entsorgung von den Anfängen bis Gorleben, 1955 bis 1985, Lauf an der Pegnitz 2004.

zu nehmen. [...] Bislang wird in unserer Industriegesellschaft so gewirtschaftet, produziert und konsumiert, als ob man Natur, Umwelt und soziale Beziehungen unbegrenzt belasten könne. Es zählen nur noch wirtschaftliches Wachstum (gemessen an Geld) und Rentabilität. [...] Annehmlichkeiten, die uns der technische Fortschritt brachte, werden zunehmend teurer. Sie werden heute schon bezahlt mit Arbeitshetze, psychischer Belastung und Gesundheitsverschleiß am Arbeitsplatz. Rationalisierung bringt Arbeitsplatzunsicherheit und Arbeitslosigkeit. [...] Apparate, Maschinen und totale Planung verstellen den Weg, unser Leben selbst zu gestalten."[9]

In dieser Passage aus einem Programmentwurf der „Bremer Grünen Liste" (BGL) werden unterschiedliche Formen von „Entfremdung" und ein offenbar tiefsitzendes Unbehagen gegenüber der planerischen Moderne gebündelt. Zum Ausdruck kommt ein Gefühl der Beklommenheit gegenüber der verwalteten Welt. Wie im eingangs eingeführten und auch hier wieder anzutreffenden Bild der „Maschine" spielen, um abermals Hans Blumenberg aufzugreifen, Begriffe mit „mechanischer Hintergrundmetaphorik"[10] eine prominente Rolle. Neben der „Maschine" waren das die „Apparate". In den Texten und Zeitschriften der Bewegungen wurden diese Begriffe geradezu ubiquitär verwendet, um eine Vielfalt vermeintlicher Defizite der modernen Industriegesellschaft zu kritisieren.

Jenseits längerer Traditionslinien, die Verbindungen zur Kulturkritik der Jahrhundertwende, aber auch zu Argumentationsmustern der Technikkritik in den 1950er Jahren deutlich machen, waren hierfür vor allem aktuelle Bezugspunkte prägend. Das gilt etwa für das von den Protestbewegungen breit rezipierte Werk des amerikanischen Architekturtheoretikers und Soziologen Lewis Mumford. Es trug den einprägsamen Titel „Mythos der Maschine" und war 1967 und 1970 in den USA in zwei Bänden erschienen. In Deutschland wurde es einbändig aufgelegt, erstmals 1974 und dann 1977 breitenwirksamer als Fischer-Taschenbuch. Als Alternative zur alle Lebensbereiche bestimmenden „Megamaschine" skizzierte Mumford die mögliche Rückkehr zu einem organischen Weltbild, in dessen Mittelpunkt wieder der Mensch stehe und nicht die „Herrschaft der Apparate".[11] Noch einflussreicher war die

---

[9] Archiv des Hamburger Instituts für Sozialforschung, Nachlass Rudi Dutschke, RUD 510,07, Bremer Grüne Liste. Wählerinitiative Bremen/Bremerhaven. Programmentwurf Februar 1979, S. 1.
[10] Vgl. den Abschnitt „Organische und mechanische Hintergrundmetaphorik", in: Blumenberg, Paradigmen, S. 91–110.
[11] Lewis Mumford, Mythos der Maschine. Kultur, Technik und Macht, Wien 1974 (erste Auflage: ders., The Myth of the Machine I: Technics and Human Develop-

von Ernst Friedrich Schumacher geprägte Devise „Small is beautiful". In seinem gleichnamigen, 1973 veröffentlichten Bestseller plädierte der deutsch-britische Nationalökonom für mittlere Technologien und forderte, so der Haupttitel der 1977 erschienenen deutschen Ausgabe, eine „Rückkehr zum menschlichen Maß".[12] Beide Ausdrücke avancierten zu beliebten und oft bemühten Schlagworten innerhalb der Neuen Sozialen Bewegungen und wurden zu viel genutzten Topoi in deren Diskussionen über Dezentralisierung, Kleinräumigkeit und Subsidiarität. Darüber hinaus bedienten sie sich auch Argumentationsmustern aus dem Bereich der Populärkultur, wenn etwa beklagt wurde:

„Wir wollen keine Nummern in ihren lächerlichen Lochkarten sein. Wir sind Menschen und lassen uns nicht leise weinend und würdelos zu den traurigen Figuren der schwarzen Utopie des George Orwell machen: 1984 – wir sind schon nahe dran."[13]

Dennoch verwahrten sich zahlreiche Anhänger der Protestbewegungen gegen den pauschalen Vorwurf der Fortschrittsfeindlichkeit: „Unsere Gegner", so der einflussreiche Bundesverband Bürgerinitiativen Umweltschutz (BBU), „werden uns Maschinenstürmerei, Technik- und Fortschrittsfeindlichkeit vorwerfen. Sie werden behaupten, wir wollten ins Mittelalter oder gar die Steinzeit zurückkehren."[14] Tatsächlich wäre es verkürzend, die Neuen Sozialen Bewegungen *in toto* mit diesem Etikett zu belegen. Stattdessen existierten innerhalb der Gruppen recht unterschiedliche Fortschritts- und Zukunftsverständnisse nebeneinander.

---

ment, New York 1967 sowie ders., The Myth of the Machine II: Pentagon of Power, New York 1970).

[12] Ernst Friedrich Schumacher, Die Rückkehr zum menschlichen Maß. Alternativen für Wirtschaft und Technik. „Small is Beautiful", Reinbek bei Hamburg 1977 (erste Auflage: ders., „Small is beautiful". Economics as if People Mattered, London 1973).

[13] Archiv Grünes Gedächtnis (künftig: AGG), B.I.1., Nr. 425, Entwürfe für ein grünes Programm. Kurzprogramm, Präambel, Grundsatzerklärung, Achberg 1980, S. 5.

[14] BBU, Orientierungspapier: Entwurf, in: Jan Peters (Hrsg.), Alternativen zum Atomstaat. Das bunte Bild der Grünen. Standpunkte – Widersprüche – Hoffnungen in der Ökologie- und Alternativbewegung, Berlin 1979, S. 367–378, hier S. 369.

2. Krisen-, Zukunfts- und Fortschrittsverständnisse

Während die 1970er Jahre von der zeithistorischen Forschung zunächst häufig insgesamt als krisenhaftes Jahrzehnt apostrophiert wurden, wird diese These inzwischen zunehmend differenzierter diskutiert.[15] Dabei ist auf die Vielfalt von Krisendiskursen und deren mitunter strategische Funktion hinzuweisen.[16] Insbesondere für die hier im Mittelpunkt stehenden Neuen Sozialen Bewegungen trifft die Krisendiagnose weitgehend zu. Deren Umwelt- und Wachstumsdiskussionen waren häufig apokalyptisch grundiert und hatten sich unter anderem am Bericht über die „Grenzen des Wachstums" an den *Club of Rome* aus dem Jahr 1972 entzündet.[17] In den Protestbewegungen war von epochalen Veränderungen und den berühmten „fünf Minuten vor Zwölf" die Rede. Neben der Ökologieproblematik bot das im Zuge der Debatte um die westliche „Nachrüstung" im „Zweiten" Kalten Krieg um 1980 auf die politische Tagesordnung drängende Friedensthema eine Projektionsfläche für endzeitlich anmutende Szenarien. Gerade der „Fortschritt" wurde in den 1970er Jahren zum Gegenstand intensiver Debatten. Das unterschied diese Dekade markant von der vorhergehenden, die durch weitgehenden Fortschrittsoptimismus gekennzeichnet gewesen war.

Mitte der 1970er Jahre verliehen die Neuen Sozialen Bewegungen dem Denken über Fortschritt und Zukunft vor allem durch ihre Kritik an der Kernkraft und dann verstärkt durch die Nachrüstungsdebatte eine veränderte Qualität. So erinnert sich Wilhelm Knabe, dessen poli-

---

[15] Zusammenfassend und mit einem gegenläufigen Deutungsangebot: Morten Reitmayer, Nach dem Boom – eine neue Belle Époque? Versuch einer vorläufigen Synthese, in: ders./Thomas Schlemmer (Hrsg.), Die Anfänge der Gegenwart. Umbrüche in Westeuropa nach dem Boom, München 2014, S. 13–22; vgl. auch: Rüdiger Graf, Öl und Souveränität. Petroknowledge und Energiepolitik in den USA und Westeuropa in den 1970er Jahren, München 2014.
[16] Ursprünglich hat dies Rüdiger Graf mit Blick auf die Weimarer Republik als einem oft als Krisenzeit apostrophierten Zeitraum getan: Rüdiger Graf, Die Zukunft der Weimarer Republik. Krisen und Zukunftsaneignungen in Deutschland 1918–1933, München 2008.
[17] Patrick Kupper, „Weltuntergangs-Vision" aus dem Computer. Zur Geschichte der Studie „Die Grenzen des Wachstums" von 1972, in: Jens Hohensee/Frank Uekötter (Hrsg.), Wird Kassandra heiser? Die Geschichte falscher Ökoalarme, Stuttgart 2004, S. 98–111; Elke Seefried, Towards the 'Limits to Growth'? The Book and its Reception in West Germany and Britain 1972/73, in: German Historical Institute London Bulletin 33 (2011), H.1, S. 3–37.

tisches Engagement nicht zuletzt aus Protesten gegen umweltschädliche Industrie- und Autobahnprojekte herrührte, an die Gründungszeit der Grünen wie folgt:

„Für uns hieß ökologische Politik, den Schwerpunkt auf das Überleben der Menschheit und der Erde zu richten. Also den Zeithorizont nicht nur auf morgen oder die nächste Wahl zu verengen, sondern weit in die Zukunft auf die kommenden Generationen zu richten. Zweitens sagten wir: global denken, vor Ort handeln. Also für unser Land und die Menschen hier Politik zu machen, aber nicht egoistisch, sondern immer auch unter dem Aspekt, wie sich unser Handeln weltweit und auf die gesamte Menschheit auswirkt. Drittens bedeutet der ökologische Ansatz, in Kreisläufen und vernetzten Systemen zu denken, statt in linearen Beziehungen."[18]

In Abgrenzung zu linearem Denken war vor allem in den Reihen der Umweltbewegung von Kreisläufen und Regelkreisen, Gleichgewicht und Vernetzung die Rede. Dies konnte an das Kreislaufdenken von Ökologie und Kybernetik anknüpfen und schlug sich in vielfältigen Adaptionen und Popularisierungen nieder. Zugleich bot es abermals Bezugspunkte zu unterschiedlichen Traditionen ganzheitlichen, organischen Denkens.[19]

Vor allem aber, und das scheint mit Blick auf das Planungsdenken noch bedeutsamer, geriet eine argumentative Verkopplung in die Kritik, welche die fortschrittsoptimistischen 1960er Jahre charakterisiert hatte und die Begriffe Fortschritt, Technik und Wohlstand eng aufeinander bezog.[20] Nun, in den 1970er Jahren, unter dem Eindruck der wirtschaftlichen Krise, in denen die Risiken wissenschaftlicher Technik- und Naturbeherrschung allenthalben wahrgenommen wurden, schien ein solches, vornehmlich auf Technik und Wohlstand rekurrie-

---

[18] Wilhelm Knabe, „DIE GRÜNEN haben die Ökologie sträflich vernachlässigt", in: Michael Schroeren (Hrsg.), Die Grünen. 10 bewegte Jahre, Wien 1990, S. 155–162, hier S. 159.
[19] Patrick Kupper, Die „1970er Diagnose". Grundsätzliche Überlegungen zu einem Wendepunkt der Umweltgeschichte, in: AfS 43 (2003), S. 325–348, hier S. 338, sowie Alexander Schmidt-Gernig, Das Jahrzehnt der Zukunft. Leitbilder und Visionen der Zukunftsforschung in den 60er Jahren in Westeuropa und den USA, in: Uta Gerhardt (Hrsg.), Zeitperspektiven. Studien zu Kultur und Gesellschaft, Stuttgart 2003, S. 305–345; grundlegend dazu: Elke Seefried, Zukünfte. Aufstieg und Krise der Zukunftsforschung, 1945–1980, München 2015, S. 262–265.
[20] Gabriele Metzler, Konzeptionen politischen Handelns von Adenauer bis Brandt. Politische Planung in der pluralistischen Gesellschaft, Paderborn 2005, S. 80.

rendes Fortschrittsverständnis erschöpft. Unterschiedliche Strömungen innerhalb der Protestbewegungen suchten deshalb, die Trias von Fortschritt, Technik und Wohlstand auf verschiedene Weise zu entkoppeln. Der Einfachheit halber seien hier nur die zwei miteinander konkurrierenden Hauptströmungen unterschieden.[21]

Es gab erstens eine ideologische Richtung, die im Kontext der grün-alternativen Bewegung allerdings in der Minderheit war. Im Rahmen einer umfassenden Moderne-Kritik hinterfragte sie das Fortschrittsverständnis der Aufklärung auf grundsätzliche Weise und stellte das damit verbundene anthropozentrische Weltbild rundweg infrage. So nahm die Überzeugung, der Mensch müsse zu einem neuen Gleichgewicht mit sich und der Natur gelangen, einen festen Platz in den spirituellen Fluchtbewegungen der 1970er Jahre ein. Unter den Stichworten *deep ecology* und „Gaia-Prinzip" erhielten Überzeugungen Auftrieb, welche die Natur als „handelndes Subjekt, als Gegenüber der Menschheit" betrachteten und den Anthropozentrismus der Moderne kritisierten.[22] Dieses Denken war auch für eine Reihe konservativer Protagonisten vor allem der Umweltbewegung paradigmatisch, die häufig mit organischen Denkmustern argumentierten und bei denen die Übergänge zu biologistischen sowie völkisch-nationalistischen Denkmustern fließend waren. Im Kontext der sich im letzten Drittel der 1970er Jahre parteipolitisch formierenden grünen Bewegung fand dieser Denkstil unter anderem in der „Grünen Aktion Zukunft" (GAZ) seinen Niederschlag, einer vom ehemaligen CDU-Bundestagsabgeordneten Herbert Gruhl gegründeten Partei. Gruhl hatte mit seinem 1975 veröffentlichten Bestseller „Ein Planet wird geplündert" weit in die Neuen Sozialen Bewegungen hineingewirkt. Zu den Gründern der GAZ, die 1979/80 in den

---

[21] Zur Vielfalt von Fortschrittsverständnissen auch: Elke Seefried, Rethinking Progress. On the Origin of the Modern Sustainability Discourse, 1970–2000, in: JMEH 13 (2015), H. 3, S. 377–399.
[22] Jens Ivo Engels, Naturpolitik in der Bundesrepublik. Ideenwelt und politische Verhaltensstile in Naturschutz und Umweltbewegung 1950–1980, Paderborn 2006, Zitat: S. 297; vgl. Karen Gloy, Das Verständnis der Natur, Bd. 2: Die Geschichte des ganzheitlichen Denkens, München 1996, S. 162 und 169f.; Pascal Eitler, Körper – Kosmos – Kybernetik. Transformationen der Religion im ‚New Age' (Westdeutschland 1970–1990), in: Zeithistorische Forschungen/Studies in Contemporary History, Online-Ausgabe, 4/2007, H. 1/2, URL: http://www.zeithistorische-forschungen.de/site/40208753/default.aspx [18.7.2017].

Grünen aufging, gehörte auch das ehemalige CSU-Mitglied Helmbrecht von Mengershausen, der mit Blick auf den „Fortschritt" festhielt:

> „Es wird häufig übersehen, daß der sogenannte technische Fortschritt nicht nur die Natur zerstört, sondern auch enorme kulturzerstörerische Wirkungen hat: das in vielen Jahrhunderten großer Kultur gewachsene Gesicht unserer alten Städte und Dörfer ist weithin auf das widerlichste und brutalste durch eben diesen ‚Fortschritt' entstellt und verwüstet. Gigantische Betonbunker und Glaspaläste zerstören das Antlitz unserer Städte, Reihenhaussiedlungen, Bungalows, Miethäuser das unserer Dörfer. Selbst vor den geschmacklosesten Modernisierungen alter Bauernhäuser, liebenswerter Zeugen einer tausendjährigen, durch den technischen Fortschritt restlos zerstörten bäuerlichen Kultur, schreckt man nicht zurück. Durch diesen Vernichtungsfeldzug gegen die Zeugen der Kultur vergangener Jahrhunderte wurde bereits weitaus mehr Bausubstanz zerstört als durch die Bomben des Zweiten Weltkrieges."[23]

Vor allem im letzten Satz – wie auch im oben zitierten Ausspruch der Bremer Grünen, welche die „totale Planung" kritisieren – klingen irritierende historische Vergleiche zur NS-Zeit an. Zumindest bei Teilen der Neuen Sozialen Bewegungen wie auch der frühen Grünen waren solch fragwürdige historische Analogien durchaus verbreitet.[24]

Hinsichtlich des Fortschrittsverständnisses bildete jedoch, zweitens, eine andere ideologische Strömung stärker die Breite der Protestbewegungen ab und wies vor allem Verbindungen zu den Gruppen der undogmatischen Linken auf. Von dieser Seite wurde eine differenziertere Kritik am „Fortschritt" formuliert und hauptsächlich eine Blickverengung auf die technischen und materiellen Aspekte des Fortschrittsbegriffs moniert, wie sie vor allem in den „langen" sechziger Jahren stattgefunden habe. Dem wurde eine Wiederbesinnung auf die humanistischen Grundlagen des aufklärerischen Fortschrittsbegriffs entgegengestellt, der sich gerade die Linke zu stellen habe. So sprach der bekannte Kernkraftkritiker Klaus Traube auf einem Kongress des Sozialistischen Büros in Hamburg vom Grundkonsens, der über das Modell der Industriegesellschaft bestehe und den es aufzukündigen gelte, denn:

> „[...] dieser Grundkonsens beruht letzten Endes auf einem Fortschrittsbegriff, auf einer Utopie, die liberalistisch ist, die sich auch eingeschlichen hatte in die traditionelle Linke, auf einem Fortschrittsbegriff, der anknüpft an

---

[23] AGG, A-Knabe, Wilhelm, Nr. 34, Helmbrecht von Mengershausen, Für ein Europa der Wahrheit. Wider die Heuchelei [1979].
[24] So fand auch das Schlagwort vom „atomaren Holocaust" häufig Verwendung. Vgl. Mende, Nicht rechts, S. 379–382.

Verteilungsgleichheit, aber im materiellen Sinne gemeint, den Wohlstand in den Vordergrund gerückt hat. [...] Und mit der Aufkündigung dieses Konsenses wandelt sich der Fortschrittsbegriff zurück zu dem emanzipatorischen Fortschrittsbegriff der Aufklärung, und dort liegt eigentlich das eigentlich [sic!] sozialistische Motiv, denn dieser emanzipatorische Fortschrittsbegriff ist ja der der sozialistischen Bewegung immer gewesen, auch von Marx gewesen."[25]

Die von Traube verlangte Rückbesinnung auf den humanistisch-emanzipatorischen Gehalt eines im Kern aufklärerischen Fortschrittsbegriffs forderten insbesondere jene Anhänger der Protestbewegungen, die in der (Neuen) Linken sozialisiert worden waren, wo sie zunächst häufig selbst einem marxistisch hergeleiteten ökonomischen Fortschrittsverständnis das Wort geredet hatten. Im Kontext ihrer Erfahrungen in den Neuen Sozialen Bewegungen hatten viele jedoch ideologische Lern- und Transformationsprozesse durchlaufen und ihr Verständnis vom Fortschritt verändert.

Diese Beobachtung ist um einen weiteren Trend zu ergänzen, der in den Umweltdiskussionen der 1980er Jahre aufkam und vor allem die 1990er Jahre prägen sollte: Konzepte, welche zeitgenössische Umweltpolitiker und Sozialwissenschaftler als „ökologische Modernisierung" etikettierten und welche die Vereinbarung von Umweltschutz und Wirtschaftswachstum ermöglichen sollten. Zudem finden sich in den Diskussionen Vorstellungen von qualitativem Wachstum und nachhaltigem Wirtschaften wieder. Gleichzeitig lassen sich verstärkte Versuche erkennen, mittels Umwelttechnologie und anderer sanfter Technologien Moderne und Ökologie miteinander zu versöhnen, nicht zuletzt unter Stichworten wie „Green Economy" oder „Green Capitalism". Auch in diesen Fällen bildeten Ökologie und Fortschritt, technologischer Fortschritt zumal, keinesfalls mehr einen Widerspruch.[26]

Das knüpft an eine Diagnose von Andreas Wirsching an, der betont hat, dass die Planungs-, Technik- und Fortschrittskritik, die Teile der bundesdeutschen Gesellschaft seit den mittleren 1970er Jahren geprägt habe, gegen Ende der 1980er Jahre von einem „neuen Optimismus,

---

[25] APO-Archiv Berlin, Ordner: SB Berlin/Nord 1, Plenum 1.10.78, in: AG Alter Öko im Sozialistischen Büro Hamburg, Kleiner Nachschlag zum Großen Ratschlag, Dezember 1978, S. 8–15, hier S. 10f.
[26] Vgl. Martin Bemmann/Birgit Metzger/Roderich von Detten (Hrsg.), Ökologische Modernisierung. Zur Geschichte und Gegenwart eines Konzepts in Umweltpolitik und Sozialwissenschaften, Frankfurt a.M. 2014; Seefried, Rethinking Progress, S. 395f.

einer neuen Planungseuphorie und einem neuen Technokratismus" abgelöst worden sei, so dass markante Teile der bundesdeutschen Gesellschaft gerade dem technischen Fortschritt im Bereich der digitalen Informations- und Kommunikationstechnologien offen, wenn nicht gar begeistert gegenüber standen. Auch mit Blick auf die Fortschrittsverständnisse und Krisenrhetoriken der Neuen Sozialen Bewegungen lässt sich ab Mitte der 1980er Jahre tendenziell von einem Rückgang apokalyptischer Diskurse zugunsten neuer, alternativer Zukunftsentwürfe sprechen.[27]

3. Staatskritik und Konzepte von Selbstorganisation

Ausgehend vom Thema Planungskritik lohnt es schließlich, drittens, einen knappen Blick auf die Staats- und Demokratieverständnisse der Neuen Sozialen Bewegungen zu werfen. Als Bezugspunkt dienen kann ein häufig weit gespannter Ökologie-Begriff, der es insbesondere der alternativen und teilweise „ergrünten" Linken erlaubte, nahezu jede Gegenwartskritik unter diesem neuen modischen Rubrum zu subsumieren. So argumentierte ein Frankfurter Sponti: „Ökologie ist für uns mehr als Umwelt, genauso wie Ökonomie seit Marx mehr als Wirtschaft ist. Ökologie kritisiert *alle* Verhältnisse, in denen Lebewesen unterdrückt, ausgebeutet und zerstört werden."[28] Und in einem anderen Artikel der Sponti-Zeitschrift „Pflasterstrand" wird das Prinzip „Natur als Politik" wie folgt aufgeschlüsselt: „Kampf gegen den zentralisierenden Machtanspruch der Technokratie, gegen Unterdrückung, Ausbeutung, Verwertungsdenken und Entmündigung der äußeren Natur und der inneren Natur des Menschen. Es ist kein Zurück zur Natur, sondern die Proklamation der Rechte des natürlichen Lebens."[29]

Über solch eine Argumentation fand auch eine zumal für die linksradikale Szene charakteristische tiefsitzende Skepsis gegenüber dem

---

[27] Andreas Wirsching, Durchbruch des Fortschritts? Die Diskussion über die Computerisierung in der Bundesrepublik, in: ZeitRäume. Potsdamer Almanach des Zentrums für Zeithistorische Forschung 2009, S. 207–218, Zitat: S. 207. Vgl. auch ders., Abschied vom Provisorium. Geschichte der Bundesrepublik Deutschland 1982–1990, München 2006, S. 361–398 und S. 434–444; außerdem: Seefried, Rethinking Progress.
[28] Reinholds unterbliebene Rede zur Kandidatur für Platz 7, in: Pflasterstrand 26 (1978) vom 23.3. bis 5.4.1978, S. 28 [Hervorhb. i. Orig.].
[29] Grüne Liste. Natur als Politik, in: Pflasterstrand 18 (1977) vom 3.11. bis 16.11.1978, S. 30ff., hier S. 32.

Staat Eingang in die Debatten. Gleichzeitig kam ein spezifisches Politik- und Demokratieverständnis zum Tragen, das für weite Teile der Neuen Sozialen Bewegungen kennzeichnend war. Dieses ist im Kontext jener „großen Ernüchterung" zu verorten, wie sie für den Bereich wirtschaftlicher und politischer Planung skizziert worden ist, aber auch für das Ende einer Politik „innerer Reformen" vor dem Hintergrund der terroristischen Bedrohung notiert werden kann.[30]

Für die Protestbewegungen muss hier abermals die Bedeutung des Kernenergiekonflikts unterstrichen werden. Konkrete negative Erfahrungen mit der Staatsgewalt – sei es am Bauzaun, in den Verwaltungen oder in den Gerichtssälen – beförderten selbst bei manchem bisher staatstreuen Anhänger von Bürgerinitiativen eine zunehmend kritische Haltung gegenüber „dem Staat" und seinen Vertretern. Zum Symbol für dessen als bedrohlich empfundene Allmacht wurde das wirkmächtige Stichwort vom „Atomstaat", das der bekannte Zukunftsforscher Robert Jungk mit seinem gleichnamigen, 1977 erschienenen Bestseller geliefert hatte. In ihm waren alle vermeintlichen Übel vereint. Es symbolisierte wie kaum ein anderes Bild den technokratischen Planungs- und Überwachungsstaat, welcher eine menschenfeindliche Technologie gegen den erklärten Willen vieler Bürger rücksichtslos durchsetze.[31]

Jenseits solch abstrakter Fundamentalkritik wurde, durchaus konkreter, in vielen Zusammenhängen der Vorwurf der „Bürgerferne" und der „Verfilzung" laut – zeitgenössische Schlagworte, die mit etablierten Traditionen der Parlamentarismuskritik kombiniert werden konnten. Die Kritik am Staat als einer alles erfassenden Maschine und an den etablierten Parteien als deren seelenlosen „Apparaten" verweist abermals auf das eingangs erwähnte mechanische Wortfeld, aus dem

---

[30] Tim Schanetzky, Die große Ernüchterung. Wirtschaftspolitik, Expertise und Gesellschaft in der Bundesrepublik 1966 bis 1982, Berlin 2007; Stephan Scheiper, Der Wandel staatlicher Herrschaft in den 1960er/70er Jahren, in: Klaus Weinhauer/Jörg Requate/Heinz-Gerhard Haupt (Hrsg.), Terrorismus in der Bundesrepublik. Medien, Staat und Subkulturen in den 1970er Jahren, Frankfurt a.M. 2006, S. 188–216.
[31] Robert Jungk, Der Atom-Staat. Vom Fortschritt in die Unmenschlichkeit, München 1977. Vgl. dazu: Thomas Dannenbaum, „Atom-Staat" oder „Unregierbarkeit"? Wahrnehmungsmuster im westdeutschen Atomkonflikt der siebziger Jahre, in: Franz-Josef Brüggemeier/Jens Ivo Engels (Hrsg.), Natur- und Umweltschutz nach 1945. Konzepte, Konflikte, Kompetenzen, Frankfurt a.M. 2005, S. 268–286.

viele Anhänger der Protestbewegungen mit Vorliebe schöpften. Andererseits gilt es zu betonen, dass Rhetorik und Praxis nicht nur in diesem Fall häufig auseinanderklafften. Denn gerade in der Frühphase der Neuen Sozialen Bewegungen, in den späten 1960er und frühen 1970er Jahren, gab es zwischen ihnen und staatlichen Stellen durchaus Kooperationen und Überschneidungen, teilweise sogar Abhängigkeiten.[32] Und in grünen Parteiprogrammen der 1980er Jahre findet sich neben staatskritischen Passagen immer wieder der Ruf nach einem interventionistischen Staat als Problemlöser.

Doch vor dem Hintergrund ihrer Staatsskepsis und einer vehement geäußerten Kritik an den etablierten Parteien entwarfen die Neuen Sozialen Bewegungen wie auch die frühen Grünen eigene Organisationsformen und Demokratieverständnisse, gruppiert um die Vokabeln „Selbstorganisation", „Dezentralität" und „Transparenz". Dies lehnte sich an die soziale Praxis vor allem der Alternativbewegung an, welche Sven Reichardt treffend mit „,Wärme' als Modus sozialen Verhaltens" beschrieben hat.[33] Neben unterschiedlichen Gemeinschaftsformen war damit eine Reihe von politischen Konzepten verbunden, die als „Graswurzeldemokratie", „direkte Demokratie" oder „Basisdemokratie" beschrieben wurden. „Statt die Gesellschaft von oben her aus dem Zentrum der Macht zu verändern", so der Umweltaktivist Wolfgang Sternstein, „soll sie von unten, von der gesellschaftlichen Basis her verändert werden. Wie Graswurzeln ein dichtes Geflecht im Boden, so sollen auch die alternativen Wohn-, Arbeits- und Lebensgemeinschaften ein dichtes gesellschaftliches Geflecht ohne Über- und Unterordnung bilden."[34] Damit schließt sich abermals der Kreis zum Maschinenbild des Anfangs, denn der „kühle Funktionär", der „seelenlose Bürokrat", der politische Angelegenheiten anonym, mechanisch und teilnahmslos verwaltet, bildete die Negativfolie für den grün-alternativen Gegenentwurf.[35]

[32] Vgl. Engels, Naturpolitik.
[33] Sven Reichardt, „Wärme" als Modus sozialen Verhaltens? Vorüberlegungen zu einer Kulturgeschichte des linksalternativen Milieus vom Ende der 1960er bis Anfang der 1980er Jahre, in: vorgänge 44 (2005), H. 3/4, S. 175–187.
[34] Wolfgang Sternstein, Keine Macht für niemand!, in: Bernd Guggenberger/ Claus Offe (Hrsg.), An den Grenzen der Mehrheitsdemokratie. Politik und Soziologie der Mehrheitsregel, Opladen 1984, S. 282–296, hier S. 288.
[35] Zu den Traditionen dieser Topoi und Argumentationsmuster: Thomas Mergel, Der Funktionär, in: Ute Frevert/Heinz-Gerhard Haupt (Hrsg.), Der Mensch des 20. Jahrhunderts, Frankfurt a. M. 1999, S. 278–300.

4. Ausblick

Obwohl die harsche Planungskritik der bundesdeutschen Protestbewegungen in den 1970er und 1980er Jahren zuvorderst auf die Industriegesellschaften des Westens zielte, bezogen viele Wortmeldungen auch deren östliche Pendants mit ein. So betonte der dem alternativen Milieu nahestehende und bei den frühen Grünen aktive Künstler Joseph Beuys, „daß sich das privatkapitalistische Wirtschaftssystem des Westens von dem staatskapitalistischen des Ostblocks" im Falle der Naturausbeutung nicht grundsätzlich unterscheide: „Die Vernichtung der Naturgrundlage wird weltweit praktiziert, und so muß jeder, dem an einem Ausweg aus diesem Dilemma gelegen ist, nach völlig neuen Modellen suchen, die bis jetzt weder im Osten noch im Westen realisiert worden sind."[36] Die Mehrzahl derjenigen, die in den westdeutschen Protestbewegungen aktiv waren, hatten von der DDR und den Industriegesellschaften der Warschauer-Pakt-Staaten keineswegs ein besseres Bild als von jenen des Westens. Denn aus ihrer Sicht beruhten beide Industriesysteme auf denselben verhängnisvollen ökonomischen Wachstumsmechanismen. Anders als diejenigen Gruppen, die der kommunistischen „alten Linken", etwa der DKP nahestanden, machte man sich in den Reihen der Neuen Linken meist keinerlei Illusionen über die Sicherheit von Kernkraftwerken im Ostblock.

Weiterführend wäre danach zu fragen, wie die zeitgleich zu den westdeutschen Protestbewegungen entstehenden Umwelt- und Friedensbewegungen der DDR in diese Perspektive einzubeziehen wären. Welche Konvergenzen und Divergenzen zu den Diskursen in der Bundesrepublik bestanden, bliebe ebenso zu klären wie die Frage, ob der Kategorie von „Planung und Planbarkeit" für die kritische Auseinandersetzung mit dem DDR-Staat, der dem Planungsparadigma in einer sozialistischen Variante ebenfalls verpflichtet war, eine ebenso zentrale Rolle zukam wie für die Formulierung von Gegenwartskritik durch die Protestbewegungen auf der anderen Seite der Mauer.

---

[36] Joseph-Beuys-Archiv auf Schloss Moyland, Bedburg-Hau: FIU-220-960-04, Joseph Beuys, Die großen Leiden der Natur, o. D.

Abkürzungen

AA	Auswärtiges Amt
AAL	Asien, Afrika, Lateinamerika. Zeitschrift des Zentralen Rates für Asien-, Afrika- und Lateinamerikawissenschaften in der DDR
AAPD	Aktenedition zur Auswärtigen Politik der Bundesrepublik Deutschland
AfS	Archiv für Sozialgeschichte
AGB	Arbeitsgesetzbuch der DDR
AGG	Archiv Grünes Gedächtnis
AKW	Atomkraftwerk
APAG	Atlantic Policy Advisory Group
APO	Außerparlamentarische Opposition
BA	Bundesarchiv
BBU	Bundesverband Bürgerinitiativen Umweltschutz
BdA	Bund der Architekten (der DDR)
BGL	Betriebsgewerkschaftsleitung
BGL	Bremer Grüne Liste
BMBW	Bundesministerium für Bildung und Wissenschaft
BMFT	Bundesministerium für Forschung und Technologie
BMI	Bundesministerium des Innern
BMwF	Bundesministerium für wissenschaftliche Forschung
BMZ	Bundesministerium für wirtschaftliche Zusammenarbeit
BNP	Bruttonationalprodukt
BRD	Bundesrepublik Deutschland
CAD	Computer-Aided Design
CDU	Christlich-Demokratische Union Deutschlands
ČSFR	Tschechoslowakische Föderative Republik
ČSSR	Tschechoslowakische Sozialistische Republik
CSU	Christlich-Soziale Union in Bayern
DDR	Deutsche Demokratische Republik
DFG	Deutsche Forschungsgemeinschaft
DGB	Deutscher Gewerkschaftsbund
DKP	Deutsche Kommunistische Partei
DWK	Deutsche Wirtschaftskommission
EDV	Elektronische Datenverarbeitung
EG	Europäische Gemeinschaft
FDGB	Freier Deutscher Gewerkschaftsbund
FDP	Freie Demokratische Partei
GAZ	Grüne Aktion Zukunft
GG	Geschichte und Gesellschaft
GMD	Gesellschaft für Mathematik und Datenverarbeitung
HA	Hauptabteilung
HBK	Hochschule der bildenden Künste

Abkürzungen

HZ	Historische Zeitschrift
IBA	Internationale Bauausstellung
IIASA	Internationales Institut für Angewandte Systemanalyse
IG	Industriegewerkschaft
IIB	Institut für Internationale Beziehungen
IRS	Leibniz-Institut für Raumbezogene Sozialforschung
ITE	Industrie-Institut zur Erforschung technologischer Entwicklungslinien
IWF	Internationaler Währungsfonds
JMEH	Journal of Modern European History
KPdSU	Kommunistische Partei der Sowjetunion
KSZE	Konferenz für Sicherheit und Zusammenarbeit in Europa
LDPD	Liberal-Demokratische Partei Deutschlands
MBFR	Mutual and Balanced Force Reductions
MfAA	Ministerium für Auswärtige Angelegenheiten
MOGEVUS	Molekulare Grundlagen der Entwicklungs-, Vererbungs- und Steuerungsprozesse
NATO	North Atlantic Treaty Organization
NDPD	National-Demokratische Partei Deutschlands
NÖS(PL)	Neues Ökonomisches System (der Planung und Leitung der Volkswirtschaft)
OECD	Organisation für wirtschaftliche Zusammenarbeit und Entwicklung
ÖSS	Ökonomisches System des Sozialismus
PA AA	Politisches Archiv des Auswärtigen Amtes
RGW	Rat für gegenseitige Wirtschaftshilfe
SBZ	Sowjetische Besatzungszone
SED	Sozialistische Einheitspartei Deutschlands
SPD	Sozialdemokratische Partei Deutschlands
SPK	Staatliche Plankommission
UdSSR	Union der Sozialistischen Sowjetrepubliken
UN(O)	United Nations (Organization)
UNCTAD	United Nations Conference on Trade and Development
US(A)	United States (of America)
VEB	Volkseigener Betrieb
VfZ	Vierteljahrshefte für Zeitgeschichte
VVB	Vereinigung Volkseigener Betriebe
VSWG	Vierteljahrsschrift für Sozial- und Wirtschaftsgeschichte
WVO	Warschauer Vertragsorganisation
WSI	Wirtschafts- und Sozialwissenschaftliches Institut
WWI	Wirtschaftswissenschaftliches Institut
ZBZ	Zentrum Berlin für Zukunftsforschung
ZK	Zentralkomitee

Autorinnen und Autoren

Dr. Agnes Bresselau von Bressensdorf, wissenschaftliche Mitarbeiterin und persönliche Referentin des Direktors am Institut für Zeitgeschichte München – Berlin.

Dr. Detlev Brunner, Privatdozent und wissenschaftlicher Mitarbeiter am Lehrstuhl für Deutsche und Europäische Geschichte des 19. bis 21. Jahrhunderts der Universität Leipzig.

Dr. Harald Engler, Stellvertretender Abteilungsleiter der Historischen Forschungsstelle am IRS – Leibniz-Institut für raumbezogene Sozialforschung in Erkner.

Dr. Dierk Hoffmann, wissenschaftlicher Mitarbeiter am Institut für Zeitgeschichte München – Berlin und apl. Professor für Neuere Geschichte an der Universität Potsdam.

Dr. Andreas Malycha, wissenschaftlicher Mitarbeiter am Institut für Zeitgeschichte München – Berlin.

Dr. Silke Mende, wissenschaftliche Mitarbeiterin am Institut für Zeitgeschichte München – Berlin und Privatdozentin an der Universität Tübingen.

Dr. Matthias Peter, wissenschaftlicher Mitarbeiter am Institut für Zeitgeschichte München –Berlin.

Dr. Wilfried Rudloff, wissenschaftlicher Mitarbeiter in der Quellensammlung zur Geschichte der deutschen Sozialpolitik der Akademie der Wissenschaften und Literatur Mainz in Kassel.

Dr. Elke Seefried, Dipl.-Betriebswirtin (FH), Zweite Stellvertretende Direktorin des Instituts für Zeitgeschichte München – Berlin und Professorin für Neueste Geschichte an der Universität Augsburg.

Dr. Sebastian Voigt, wissenschaftlicher Mitarbeiter am Institut für Zeitgeschichte München – Berlin.

Dr. Hermann Wentker, Leiter der Abteilung Berlin des Instituts für Zeitgeschichte München – Berlin und apl. Professor für Neuere und Neueste Geschichte an der Universität Potsdam.

www.ingramcontent.com/pod-product-compliance
Lightning Source LLC
Chambersburg PA
CBHW021148160426
43194CB00007B/738